AF337061

DES PRINCIPES

DU NOUVEAU

CODE D'INSTRUCTION CRIMINELLE

(Discussion du projet et commentaire de la loi)

PAR

ADOLPHE GUILLOT

JUGE D'INSTRUCTION A PARIS

PARIS

L. LAROSE ET FORCEL

Libraires - Éditeurs

22, RUE SOUFFLOT, 22

1884

DES PRINCIPES

DU NOUVEAU

CODE D'INSTRUCTION CRIMINELLE

TOURS, IMPRIMERIE ROUILLÉ-LADEVÈZE, RUE CHAUDE, 6.

DES PRINCIPES

DU NOUVEAU

CODE D'INSTRUCTION CRIMINELLE

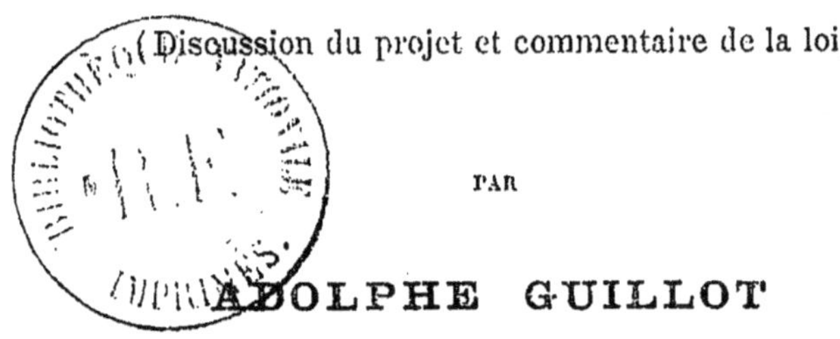

(Discussion du projet et commentaire de la loi)

PAR

ADOLPHE GUILLOT

JUGE D'INSTRUCTION A PARIS

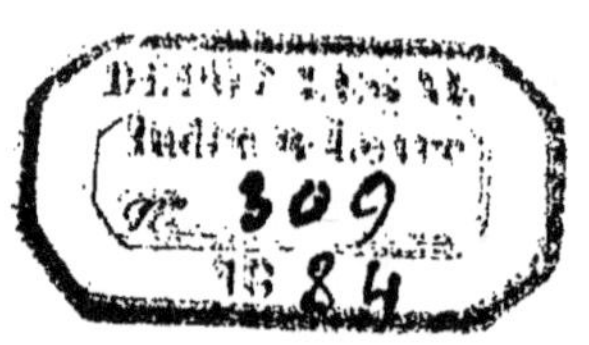

PARIS

L. LAROSE ET FORCEL

Libraires-Éditeurs

22, RUE SOUFFLOT, 22

—

1884

AVANT-PROPOS

La réforme du Code d'instruction criminelle modifie profondément le texte et l'esprit de nos lois.

Le juge d'instruction, qu'elle atteint plus particulièrement, va se trouver aux prises avec de nouveaux devoirs et des difficultés imprévues.

Forcé de rompre brusquement avec des habitudes, des traditions, une jurisprudence, qui réglaient sa marche et lui servaient de guide, il ne pourra pas, dès le premier jour, trouver des formules, des procédés de nature à concilier le respect de la loi et les exigences de la pratique.

Le ministère public, investi d'un pouvoir excessif, le défenseur, avec ses prérogatives trop étendues, devront, de leur côté, observer une bien grande modération, pour ne pas se livrer à des empiétements qui aboutiraient soit à des conflits, soit à une abdication non moins fatale.

Le moment est proche où l'expérience va être tentée ; dès à présent les magistrats doivent envisager cette situation nouvelle, se préoccuper des devoirs qu'ils auront à remplir, des efforts qu'ils devront faire pour sauvegarder de leur mieux les intérêts publics et ne rien perdre de leur indépendance.

Le meilleur moyen de se tenir prêt, c'est d'étudier, dès à présent, les innovations projetées, de signaler leurs tendances, de se bien pénétrer de leur esprit.

Cette étude ne sera donc pas seulement un examen du projet, elle sera aussi le commentaire anticipé de la loi; il restera bien peu de chose à ajouter pour le compléter après le vote définitif.

Il importe avant tout de ne pas perdre de vue, au milieu des détails et des améliorations apportées très heureusement à l'ancien Code, la doctrine qui semble dominer le projet tout entier, et contre lequel il est encore temps de protester et de réagir.

Cette doctrine, c'est la confiscation de l'action publique par le pouvoir ministériel, l'affaiblissement de l'autorité personnelle du juge inamovible.

Telle est la caractéristique du projet.

Les principes les plus élevés sont en cause.

Devront-ils succomber sans avoir trouvé des défenseurs ?

Aujourd'hui le public frivole s'occupe des choses judiciaires en s'amusant au récit des faits et gestes des criminels, il se soucie fort peu des principes d'où dépendent, avec la puissance de la magistrature, les garanties des libertés civiles et l'égalité dans la distribution de la justice.

Si d'amicales sollicitations nous ont déterminé à réunir dans un volume des pages auxquelles la Gazette des Tribunaux[1] avait déjà fait un trop bienveillant accueil, c'est en nous persuadant que les plus modestes eux-mêmes ne sauraient se récuser, quand il s'agit de signaler un péril social, de secouer cette indifférence funeste, à la faveur de laquelle, les droits les plus incontestables, peuvent périr sans qu'aucune protestation se fasse entendre.

[1] Février et mars 1884.

Notre seule ambition est de convier de plus habiles à traiter ces questions, de provoquer des critiques sur nos idées, de soulever des objections, de servir ainsi la cause souvent délaissée de la vérité et de la justice.

« En vain le magistrat se flatterait-il, a dit d'Aguesseau, de connaître la vérité et d'aimer la justice, s'il ne défendait avec fermeté la vérité qu'il connaît et la justice qu'il aime. »

TABLE DES MATIÈRES

DES PRINCIPES

DU NOUVEAU

CODE D'INSTRUCTION CRIMINELLE

CHAPITRE I

—

PRÉLIMINAIRES DU PROJET. — SES TENDANCES. — EXCLUSION DE L'ÉLÉMENT
PRATIQUE. — AFFAIBLISSEMENT DE L'AUTORITÉ MORALE ET MATÉRIELLE
DU JUGE. — EXTENSION DU MONOPOLE DU MINISTÈRE PUBLIC.

Le perfectionnement de la loi pénale a toujours séduit
les esprits généreux ; le désir si légitime d'adoucir les
misères humaines, d'atteindre un degré supérieur de moralité, de justice, n'est pas le privilège de notre temps ; on
retrouve dans les écrits des plus anciens juriconsultes le
germe fécond des améliorations apportées successivement
aux lois de procédure criminelle ; cette constante aspira-
tion vers le progrès a quelquefois fait perdre de vue les
réalités et les exigences de la pratique ; mais les illusions
sont toujours dignes de respect quand les intentions sont
droites ; celui qui recherche avec bonne foi, sans passion,
sans parti pris, sans aucun souci de popularité ni d'intérêt
personnel, le bien du prochain, le soulagement de ses in-
fortunes, peut s'égarer sans doute, mais il mérite du moins
qu'on rende hommage aux sentiments qui l'inspirent.

A la suite d'une discussion dont la place marquera dans l'histoire de notre droit criminel, le Sénat a terminé la session de 1882, en modifiant profondément les deux cent vingt-trois premiers articles du Code d'instruction criminelle, par le vote d'un projet de loi que le ministère Dufaure avait préparé dès 1878, dans un sens très libéral; que le ministère Le Royer présenta sans en changer l'esprit, le 27 novembre 1879 ; et que la commission sénatoriale modifia profondément par une exagération imprévue des droits du ministère public.

La Chambre des députés est appelée à examiner cette œuvre importante ; il est permis de souhaiter qu'en assurant aux inculpés plus pratiquement que ne l'a fait le Sénat, les pleines franchises de la défense, elle sache aussi, s'élevant au-dessus de préoccupations mesquines, restituer au magistrat l'indépendance nécessaire que le projet lui enlève et aux citoyens les garanties essentielles qu'il leur retire.

En attendant, le domaine de la libre discussion et de la critique sincère est ouvert à tout le monde, le problème à résoudre mérite de provoquer la contradiction.

Le premier reproche qu'on puisse faire à la réforme, c'est que son application rencontrera des difficultés presque insurmontables.

Est-il aventureux de penser, *a dit un orateur d'une haute expérience,* que la plupart des hommes qui ont approché plus ou moins l'œuvre de la justice, ou qui concourent à son fonctionnement, que la plupart des hommes spéciaux, compétents, et nullement réfractaires à des améliorations possibles, considèrent comme funeste, dans l'ordre des choses judiciaires, la mesure que le projet de loi vous propose d'adopter [1].

Tout s'appuie aujourd'hui sur l'expérimentation. Les sciences ne sauraient avoir d'autre base. Vouloir fonder

---

(1) Discours de M. Grandperret. Séance du 21 mai 1882.

une doctrine, un système, un procédé en dédaignant les données de l'observation, c'est faire une œuvre fragile, qui s'écroulera au premier choc.

La science de la procédure criminelle serait-elle une exception : elle est, au premier chef, sinon une science, le mot est peut-être trop ambitieux, tout au moins un art de pratique et de bon sens ; sans doute, elle a ce grand côté qu'elle est l'instrument du droit et qu'elle puise le principe de son action dans la morale elle-même ; *toutes ses formes*, selon l'expression de Rossi[1], *reviennent toujours à l'obligation de prêter assistance au droit pour le maintien de l'ordre social.* Mais tout en ayant les yeux fixés vers ce but idéal, il ne faut pas trop sacrifier aux considérations d'un ordre purement spéculatif et fermer systématiquement l'oreille aux avertissements des hommes d'expérience.

Une loi de procédure doit donc être facile à manier. Il faut que, plus que toute autre, elle compte avec la réalité au milieu de laquelle doit s'exercer son action :

Un esprit spéculatif, *disait encore Rossi en parlant de ces lois*, ne saurait résoudre dans son cabinet un problème si compliqué et où il faut réserver une si grande part à l'action libre des individus : il faut avoir vu l'homme agir dans des circonstances analogues.

La théorie assurément ne saurait être dédaignée, on n'échappe pas à la puissance des idées générales, mais on s'expose, en ne les soumettant pas au contrôle des faits, à produire des œuvres intéressantes sans doute, mais incapables de vivre ; le théoricien envisage les choses d'une façon abstraite, rien ne l'arrête, parce que rien ne lui coûte, il ne veut pas qu'on lui parle des difficultés matérielles, il laisse à d'autres le soin vulgaire de se débattre avec elles. C'est ainsi que la première commission s'était tirée d'embarras en disposant dans le dernier article (221) « qu'il

---

[1] *Traité de Droit pénal*, t. I, p. 285.

serait statué par un règlement d'administration publique
sur les détails d'exécution de la loi », comme si en matière
pénale, où tout est de droit étroit, les moindres questions
pouvaient être résolues autrement que par la jurisprudence
ou le législateur lui-même[1]. Le praticien, au contraire,
n'aime pas à ajourner les solutions ; il veut voir les choses
telles qu'elles sont, une question n'est vidée à ses yeux
qu'autant qu'il aperçoit la possibilité de la résoudre ; aux
prises avec le fait brutal, il préférera toujours la doctrine
consacrée par l'expérience, aux conceptions les plus sédui-
santes ; loin d'être l'ennemi du progrès, il est le pionnier
qui lui ouvre la voie ; il le fait simplement par pur esprit
de devoir, son œuvre patiente et obscure mérite qu'on lui
applique le mot de La Bruyère : « Le bien ne fait jamais de
bruit, » c'est lui qui fournit les informations les plus sûres,
les observations les plus complètes. Aussi on peut affirmer
que les réformes destinées à survivre ont toujours été celles
qu'une pratique intelligente et éclairée avait préparées et
provoquées.

Ces vérités ne sauraient être contestées ; n'ont-elles pas
été complètement méconnues dans la préparation de la loi ;
n'est-il pas à craindre, en même temps, que l'élimination de
l'élément pratique n'ait eu un motif regrettable, c'est-à-dire
une certaine défiance vis-à-vis de la magistrature ; l'un des
orateurs qui est intervenu dans la discussion avec le plus
d'autorité, n'a-t-il pas eu le droit de dire :

Après avoir lu attentivement le projet de loi et y avoir sincèrement réfléchi, je me suis demandé s'il n'était pas dirigé plutôt
contre le juge d'instruction que contre les prévenus[2]?

Certaines matières, à raison de leur caractère purement
technique, ont l'heureux et rare privilège de ne pas tomber

---

[1] Rapport supplémentaire de M. Dauphin, séance du 27 juin 1882.
[2] Discours de M. Bernard, séance du 23 mai, p. 513.

autant que les autres dans le domaine public ; ce sont habituellement les ingénieurs qui construisent les chemins de fer, les médecins qui soignent les maladies, et les généraux qui commandent les armées ; mais les questions judiciaires appartiennent un peu à tout le monde, elles présentent un certain fond de banalité sur lequel chacun peut disputer à son aise.

Cependant, il avait toujours été de tradition, lorsqu'il s'agissait d'une réforme importante, de prendre l'avis des corps judiciaires ; on procédait ainsi à de grandes et fructueuses enquêtes. Sans gêner la liberté du législateur, elles contribuaient à éclairer son jugement ; on adressait aux magistrats les plus élevés comme aux plus modestes, des questionnaires détaillés auxquels chacun répondait selon ses observations et ses vues personnelles ; on trouvait là les matériaux les plus précieux et les renseignements les plus sûrs. En compulsant les archives de la Chancellerie, la commission du Sénat aurait recueilli sur toutes les questions soumises à son examen et si souvent discutées, des études très approfondies et d'autant moins suspectes qu'elles n'avaient pas été faites pour les besoins d'une cause déterminée ; aussi ne sommes-nous pas surpris que l'honorable M. Bérenger, se souvenant sans doute du temps ou il était lui-même consulté, ait exprimé le regret que ces documents n'eussent pas été mis à la disposition du Sénat[1].

La sagesse de la Chambre, *constatait en 1845 le député Chaix d'Est-Ange*, aime toujours à être éclairée par ces travaux préparatoires et avant de toucher à des questions judiciaires réglées depuis longtemps par nos Codes, c'est une garantie pour elle de se voir éclairée par les hommes et l'expérience des grands corps judiciaires[2].

[1] Séance du 21 mai. p. 505.
[2] Séance du 25 avril 1845.

Vous avez plus que moi la sagesse et l'expérience, disait à la Cour de Paris, le 3 novembre 1880, M. le procureur général Dauphin, dans un discours de rentrée où il exposait les réformes qu'il devait, l'année suivante, soutenir devant le Sénat, et il ajoutait : *Il vous appartient de décider si je suis resté dans une juste mesure.* [1]

Ce n'était pas dans une audience solennelle que la Cour pouvait répondre. Nous n'avons pas entendu dire qu'elle eût été consultée dans des conditions où elle aurait pu exprimer librement son avis.

Souvent aussi on avait vu d'éminents chefs de parquet se plaire à réunir les magistrats, à délibérer avec eux, à provoquer leur opinion sur des questions de législation ou d'administration intérieure, et se soumettre ainsi, sans rien perdre de leur autorité, au contrôle, toujours si salutaire, de la discussion et de l'expérience.

On assure que ces anciennes traditions ont été un peu trop abandonnées dans la préparation de la loi ; il serait malséant à coup sûr de discuter les titres des hommes éminents qui ont figuré dans les commissions, et nous n'avons pas besoin de déclarer une fois de plus que si nous entendons apprécier librement les doctrines, nous voulons aussi professer le plus profond respect pour les personnes ; mais on peut, tout en reconnaissant leur mérite, exprimer sans témérité cette pensée qu'une grande et large consultation à laquelle la Magistrature, le Barreau auraient été conviés, n'eût pas été à dédaigner, et se serait trouvée moins exposée à des résolutions de parti pris, qu'un comité où l'idée du ministre et du Parlement, qui l'ont institué, tend toujours à dominer.

Je préférerais de beaucoup, *a dit avec esprit l'honorable M. Bernard*, l'opinion d'un bon juge d'instruction : elle ferait bien mieux mon affaire ; pourquoi ? Parce que ce serait un homme pratique,

---

[1] *Les réformes dans l'administration de la justice.*

parce que dans sa pratique des affaires il voit les difficultés et qu'il pourrait vous renseigner sur ces difficultés [1].

Au cours de la discussion, plusieurs orateurs signalèrent encore cette cause d'erreur ; l'un d'eux fit remarquer que pas un seul juge d'instruction n'avait été entendu ; le compte rendu officiel constata certains murmures qui accueillirent cette réflexion. Le Sénat assurément n'avait pas voulu contester la compétence évidente des magistrats dans lesquels s'incarne en quelque sorte la procédure criminelle, mais il avait laissé voir que la loi était dirigée contre eux et que dans le débat on entendait les considérer comme les accusés, sans même leur accorder les privilèges de la défense.

Si la méthode contradictoire, que la réforme préconise avec raison en faveur des inculpés, avait été appliquée à l'égard des juges, elle eût dissipé les préjugés, les illusions de certains esprits et montré les choses sous leur véritable aspect. Les faits mieux connus, mieux appréciés, auraient proclamé hautement que la pratique, loin d'être routinière, peut revendiquer l'honneur de tous les procédés humains, équitables, libéraux, compatibles avec le respect de la loi, et que les abus qu'elle déplore auraient depuis longtemps disparu, si on avait écouté ses légitimes remontrances.

Ce n'est pas assurément parce que le projet limite les pouvoirs du magistrat instructeur, qu'on peut l'appeler une loi de défiance, mais parce qu'il se dégage de son esprit général un sentiment d'hostilité incontestable. A toutes les époques, des lois ont été faites pour régler les attributions de l'autorité judiciaire, mais ces lois n'étaient pas inspirées par les mêmes préoccupations, elles cherchaient à protéger le citoyen sans déconsidérer le magistrat ; elles

---

[1] Séance du 23 mai 1882, p. 14.

prévoyaient sagement l'abus, mais sans prendre pour point de départ l'indignité présumée de ceux qui détiennent l'autorité judiciaire.

Il n'y a ni exagération ni amertume dans ces réflexions ; elles se présentent à l'esprit de tout le monde, même à l'étranger ; ceux qui savent tout ce qu'il y a d'honneur dans notre Magistrature, n'ont pu se défendre d'un certain sentiment de tristesse en voyant le rapporteur de la loi belge, M. Thonissen, le savant professeur de l'Université de Louvain, s'emparer de certains passages de l'exposé des motifs du gouvernement français pour les opposer au tableau plus ressemblant qu'il a tracé lui-même des magistrats de son pays :

Il n'y aurait pas à hésiter, malgré les inconvénients, *a-t-il dit,* en parlant de l'assistance de l'avocat aux interrogatoires, si nos juges d'instruction s'étaient réellement écartés de leur mission, s'ils avaient méconnu leurs devoirs au point de jouer le rôle funeste que leur attribue le rédacteur du projet français... Mais telle n'est pas la situation en Belgique ; que des juges d'instruction aient parfois oublié que leur mission ne consiste pas à se faire les agents passifs du ministère public..., ces abus, malgré toutes les affirmations contraires, n'ont été que de rares exceptions, ils ne se sont jamais présentés avec le caractère d'un vice inhérent à la procédure.

- Nous ne connaissons ni ces pratiques fâcheuses dont on a parlé ailleurs et qui jettent le trouble dans l'intelligence de l'inculpé, ni ces tortures morales destinées à lui arracher un aveu équivoque.

On voit par là combien est opposé l'esprit qui a inspiré les réformateurs des deux côtés de la frontière ; en Belgique, la loi est faite avec le concours des magistrats ; en France, elle est faite contre eux ; d'un côté, on leur rend hommage, de l'autre on les accuse ; si dans notre pays, où la passion se mêle à tout, on leur avait accordé le témoignage d'estime et de confiance que, dans un langage si digne, l'homme d'État étranger aimait à rendre à ses concitoyens ; si, comme lui, on n'avait vu que de regrettables exceptions dans certains faits toujours cités à raison même de leur rareté, on serait arrivé à faire une œuvre viable, au lieu de tomber dans des exagérations qui compromettront fatalement un jour ou l'autre ce que la loi contient de bon.

Le pays réclamait-il des réformes à ce point de vue? le Code de 1808, avec les libérales interprétations de la jurisprudence, était-il une de ces législations surannées avec lesquelles l'esprit moderne ne saurait s'accommoder? Les doctrines de quelques écrivains, les articles de certains journaux, des pamphlets anonymes et souvent grossiers, pouvaient-ils être considérés sérieusement comme ces grands et irrésistibles mouvements d'opinion que le xviiiᵉ siècle, par exemple, a vus naître[1]? Alors surgissent de toute part, altérées souvent par l'esprit révolutionnaire, les grandes idées chrétiennes, de justice et d'humanité.

Montesquieu, dans l'*Esprit des Lois*, proclame qu'une procédure criminelle réglée sur les principes de la justice est la première garantie de la liberté; Voltaire emploie toute sa verve à réhabiliter Calas, en même temps qu'il offre un prix considérable à l'auteur du meilleur mémoire sur la réforme de la loi pénale.

Rousseau écrit le *Contrat social* et contribue à l'adoucissement des mœurs judiciaires, Beccaria, dans son *Traité des délits et des peines*, atteste qu'il doit tout aux livres français : *Ce sont eux*, dit-il, *qui ont développé dans mon âme les sentiments d'humanité*. L'avocat général Servan devient populaire par son discours sur les abus de la procédure criminelle. Louis XVI, qui, comme on l'a dit avec une fine raison[2], éprouvait autant d'amour pour l'humanité que les philosophes en recommandèrent, est le premier à

---

[1] *De l'influence de la philosophie au* xviiiᵉ *siècle sur les réformes de la procédure criminelle.* — Léon Renault. — 1862.

[2] *Les cahiers des États généraux en* 1789 *et la législation criminelle,* par Albert Desjardins, professeur à la faculté de droit de Paris. — 1884.

adoucir par la déclaration du 24 août 1780 et l'édit
du 4 mai 1788, les prescriptions rigoureuses de l'ordonnance de 1670.

Tous les ordres de l'État sont unanimes pour réclamer
*que l'homme soumis à l'épreuve d'une poursuite crimi-
nelle jouisse de toute l'étendue de liberté et de sûreté pour
sa défense qui peut se concilier avec l'intérêt social.*

Il est incontestable qu'à cette époque la réforme des lois
pénales s'imposant à tous les esprits, ou, pour mieux dire,
à tous les cœurs, était dans le mouvement général des
idées. Ce même peuple toujours inconstant, qui peu de
temps après allait dresser l'échafaud sur la place publique
et briser l'image même de la justice, s'était pris d'une
noble passion pour les doctrines humanitaires.

Mais aujourd'hui, où est ce mouvement d'opinion? Nous
le cherchons vainement. Que de fois nous avons constaté
dans le monde judiciaire, pour la réforme actuellement
proposée, une complète indifférence, une sorte de dédain?
La loi, votée par le Sénat, passé inaperçue, elle a été dis-
cutée sans retentissement au dehors, sur des documents
quelquefois insuffisants [1], sans que le gouvernement s'y soit
beaucoup intéressé, quelquefois en son absence [2]; et si
d'éminents orateurs de la minorité n'avaient réussi, sinon
à convaincre le Sénat, du moins à s'imposer à son attention distraite par des préoccupations politiques alors très
vives, la commission aurait remporté la plus facile des
victoires.

La différence des temps et des circonstances explique à
merveille que l'opinion ne se soucie plus de ce qu'elle ré-
clamait autrefois avec tant de véhémence. Au siècle dernier
on avait raison de prendre parti pour l'accusé contre une
législation qui ne le protégeait pas assez; aujourd'hui il

[1] Séance du 23 mai, p. 514.
[2] Séance du 24 mai, p. 539.

faudrait être aveugle pour ne pas voir que c'est la sécurité de la société qui court les plus graves périls ; le monde s'agite dans les convulsions dont nul ne peut prévoir le dénouement ; le respect des personnes et des choses n'existe plus ; les croyances qui suppléaient à l'insuffisance de la loi humaine, sont tournées en dérision ; ceux qui souffrent demandent à la violence la solution des questions sociales ; on ne peut plus compter sur l'opinion pour arrêter le débordement des mœurs. A peine une loi sur la liberté de la presse est-elle faite qu'il faut la modifier pour que la rue ne soit pas infectée par des écrits orduriers ; nous sommes obligés de chercher au delà des mers des déserts assez vastes pour contenir la foule des malfaiteurs que nos lois et nos prisons sont incapables de corriger ; les crimes autrefois légendaires deviennent l'événement de chaque jour, leur contagion s'infiltre partout, par le reportage, par le feuilleton, par le livre ; ils augmentent dans une proportion effrayante ; on est obligé, pour ne pas surcharger les cours d'assises, detourner la loi en correctionnalisant les affaires ; la moyenne des individus arrêtés à Paris seulement dans le courant de l'année s'élève à quarante-sept mille, et la police compte plus de quatre-vingt mille abjectes créatures dont le métier est l'unique et infâme ressource d'individus, prêts à commettre tous les crimes[1] ; tandis que cette armée du mal fait sans cesse de nouvelles recrues et perfectionne sa puissance destructive, la Magistrature s'affaiblit, battue en brèche de toute part, par ceux-là mêmes auxquels elle procure une sécurité relative, elle sent disparaître de plus en plus ce respect public qui faisait une partie de sa force ; l'action dissolvante des attaques, des calomnies sous lesquelles elle succombe, se manifeste sous toutes les formes ; le juge a sans cesse besoin de toute sa patience, de toute sa fermeté pour réprimer sans éclat

---

[1] Rapport du chef de la sûreté.

les fantaisies d'un témoin qui ne veut pas prêter serment, d'un autre qui, avec insolence, refuse de déposer, ou d'un inculpé déclarant que ses principes politiques lui interdisent de répondre à un juge d'instruction.

Est-ce à un moment où, de l'aveu de tous, se manifestent de tels symptômes d'anarchie, que le bon sens public peut souhaiter une loi qui viendrait désarmer et affaiblir encore l'autorité du magistrat.

Sans doute nous n'entendons pas prétendre que le Code de 1808, né d'une sage conciliation entre le droit ancien et le droit nouveau, ne puisse être amélioré. Les œuvres de l'homme sont imparfaites, et c'est par un perpétuel effort qu'on parvient à les corriger ; aussi faut-il approuver hautement les dispositions du projet qui, dans l'intérêt des accusés, rendent obligatoires certains procédés d'instruction adoptés depuis longtemps par la pratique ; mais était-il bien nécessaire de prendre ce prétexte pour modifier profondément nos lois, et n'était-ce pas d'autres changements qu'il aurait fallu proposer si on avait voulu satisfaire aux vœux des hommes de progrès.

Le reproche que l'on peut adresser au Code, c'est d'être profondément empreint de cet esprit de centralisation que la puissance impériale avait développé l'excès. Il place d'une façon trop absolue la protection des intérêts privés dans les mains de l'État, il ne compte pas assez sur leur énergie, sur leur initiative, et les mettant en tutelle, il craint de leur abandonner les moyens de se protéger eux-mêmes ; il est amené ainsi à étendre le domaine de l'arbitraire et du pouvoir discrétionnaire de l'administration, à charger le ministère public d'une responsabilité écrasante, à lui donner une puissance qui n'est pas sans péril pour l'indépendance du juge et pour le droit individuel. Nous aurions compris que de grands esprits, héritiers des doctrines professées avec tant d'éclat par l'école libérale depuis la chute du premier Empire, ennemis de la théorie du monopole de l'État, aussi funeste dans l'ordre économique que dans l'ordre moral, aient conçu la pensée de faire subir à nos lois une réforme assurant une plus large part à l'action personnelle des citoyens, les associant davantage à l'œuvre de la défense sociale, et donnant au juge d'instruction, pour mieux protéger les libertés publiques, une inamovibilité plus réelle et de plus complètes garanties d'indépendance. Mais, il faut bien le dire, c'est dans un sens diamétralement opposé que la réforme se poursuit ; cette fois encore une déception paraît réservée à ceux qui rêvent des institutions judiciaires destinées avant tout à faire respecter le droit et à le protéger contre toutes les atteintes. Il semble que les auteurs du projet se soient attachés à pourchasser en quelque sorte, dans les moindres replis du Code les rares dispositions qui pouvaient encore fournir au citoyen, lésé par un acte délictueux, le droit de veiller lui-même à la conservation de ses intérêts, qu'ils aient voulu faire disparaître tous les tempéraments, admis jusqu'à ce jour au monopole excessif de l'État, et réparer suivant un mot heureux, « les erreurs libérales du législateur impérial. »

Il faut rendre justice à la première commission, encore animée par le souffle de Dufaure ; elle avait compris la nécessité de modérer par de prudentes exceptions le monopole du ministère public, de prévenir les usurpations du pouvoir exécutif et de la police sur le domaine judiciaire, et de faire des magistrats autre chose que des instruments passifs de l'administration. Les hommes qui composaient cette commission étaient des hommes de progrès et non de réaction, le fameux programme de Nancy représentait assez exactement leurs idées. Ils avaient souhaité avec Odilon-Barrot, Prevost-Paradol et tant d'autres, l'établissement de fortes institutions judiciaires, inaccessibles aux caprices passagers de la politique, capables de contribuer à la défense des droits individuels et à l'affermissement des libertés publiques. Leur seule préoccupation était d'assurer le respect de la loi, et mettant au-dessus des passions des partis leur amour de la liberté et du droit, ils auraient pu, au regard de tous les gouvernements, répéter ces mots d'un éminent [publiciste :

La liberté est si sainte et si douce, que je la prendrais de quelque main qu'elle sorte ; je serais heureux de la devoir à un Washington ; elle me réconcilierait avec un Stuart, et j'en saurais même gré à un Cromwel, s'il pouvait me la donner[1].

Aussi cette commission s'était-elle efforcée non seulement de consolider les garanties pouvant servir de contrepoids aux abus de la centralité, mais de les augmenter dans une mesure un peu plus large, quoique encore insuffisante ; elle confirmait le droit d'évocation des cours d'appel, afin de prévenir les défaillances des procureurs généraux, elle donnait à la chambre des mises en accusation un rôle plus important, elle permettait à la partie civile de saisir directement le juge d'instruction pour éviter que ses intérêts ne fussent compromis par l'inaction du ministère public, elle reconnaissait au juge le droit, d'ailleurs rarement contesté, de comprendre dans la poursuite tous les coupables sans exception, et non pas seulement ceux que le parquet aurait choisis, elle témoignait du désir le plus louable de mettre la distribution de la justice pénale à l'abri de toutes les ingérences, elle renfermait dans ses attributions une police envahissante, elle lui reprenait ses conquêtes sur le pouvoir judiciaire, elle entendait distinguer le fonctionnaire du magistrat, et elle poussait si loin le souci de l'indépendance de ce dernier, qu'au risque de se priver des services les plus précieux, elle ne voulait pas que les juges suppléants fussent chargés de l'instruction, dans la crainte qu'ils n'eussent pas une entière liberté d'action et une autorité suffisante vis-à-vis du ministère public[2].

---

[1] Vivien. — *Études administratives.*
[2] V. exposé des motifs de M. Le Royer.

La commission du Sénat n'a eu aucune de ces préoccupations ; elle a trouvé que le Code de 1808 faisait une trop petite part au ministère public, et elle s'est attachée à l'étendre. La nouvelle doctrine du projet, subitement transformé, c'est l'absorption par l'État de l'action judiciaire, c'est la subordination des intérêts privés à la volonté gouvernementale, c'est la suppression d'un contrôle indépendant, et dans certains cas l'asservissement du juge.

Les cours, dépouillées d'une de leurs plus utiles prérogatives, n'auront plus le droit d'évocation, l'ouverture d'une instruction dépendra de la volonté souveraine des procureurs généraux, un citoyen lésé dans ses intérêts sera dans l'impuissance d'obtenir justice, s'il ne plaît pas au gouvernement de faire la lumière sur les faits dénoncés. Le juge aura un pouvoir limité, des obstacles de toute nature seront placés entre lui et la recherche de la vérité, il verra devant lui des coupables sans pouvoir les atteindre, ses recherches devront se renfermer dans les étroites limites que les réquisitions du parquet lui auront assignées, et pendant ce temps le préfet de police, libre de ses mouvements, affranchi du contrôle qui s'exerce sur les magistrats continuera à jouir des prérogatives exorbitantes de l'article 10, et pourra, s'il n'a pas le sentiment de la légalité, si facile à perdre quand on est tout-puissant, se livrer au dépens de la fortune, de la liberté des citoyens ou du respect dû à l'autorité judiciaire, à des actes regrettables.

Il est nécessaire que des réformes aussi considérables ne passent pas inaperçues et que l'opinion publique puisse en comprendre les conséquences ; c'est un devoir pour ceux qui ont le souci du droit de tenir ce langage, dans lequel il ne faut voir qu'un profond amour de la légalité et de la liberté ; nous trouvons d'ailleurs une très grande satisfaction à nous appuyer sur les autorités les moins suspectes.

Les réformateurs du Sénat, *écrivait dernièrement un des publicistes les plus autorisés du «Journal des Débats[1]»*, ont cru découvrir dans la législation de Napoléon Ier des dispositions entachées d'un libéralisme dangereux. Dans les dispositions qui ont été votées au Luxembourg, cette préoccupation se traduit par une sorte de parti pris de restreindre autant que possible les attributions des magistrats inamovibles, et d'augmenter au delà de toute mesure les attributions du ministère public ; il est permis de se demander s'il est utile pour un pays de transformer l'administration de la justice en instrument de règne et si le dernier mot du progrès en ces matières de législation criminelle consiste à accorder au garde des sceaux, dans les affaires pénales de droit commun, les pouvoirs dont jouit le ministre de la Guerre dans les procédures en vigueur devant les juridictions militaires.

Il ne faut donc pas prendre le change sur le véritable caractère du projet voté par le Sénat : s'il réalise quelques améliorations, il supprime d'un autre côté des garanties qui paraissaient acquises par une longue possession, et fait payer à la vraie liberté les frais des concessions faites à la défense des inculpés.

On a dit avec raison qu'en passant par le Sénat, la loi avait perdu ses ailes; peut-être certains esprits craignent-ils que la Chambre ne lui en rende de trop vastes : cela vaudra mieux que les mutilations infligées aux libertés qu'abritait encore notre vieux Code. Nous espérons que dans la discussion qui se poursuit, le Parlement se souviendra des nobles paroles inscrites dans le rapport de sa commission :

Plus on attache de prix à la liberté, plus il est nécessaire de la placer sous la protection d'une magistrature indépendante du pouvoir.

---

[1] Numéro du 1er août 1882.

CHAPITRE II

—

I. — L'œuvre de la justice se poursuit, en matière civile
aussi bien qu'en matière criminelle, au milieu de difficultés
sans nombre ; elles proviennent moins des problèmes juri-
diques soulevés par l'application des textes aux faits de la
cause, que de la passion, souvent même de la mauvaise foi
des parties dont les intérêts sont en jeu ; plus ces parties
sont puissantes, plus elles sont habiles, plus la force, le
crédit, les moyens d'action dont elles disposent sont considérables, plus il importe que le juge puisse trouver dans
son autorité une sauvegarde contre des entreprises dangereuses ; c'est surtout dans ses fonctions s'exerçant au criminel qu'il a besoin d'être protégé ; placé entre deux forces
également redoutables, venant de côtés différents, le mal
avec ses ressources infinies, la société avec son pouvoir immense, il succomberait, s'il n'avait avec la vertu morale,
les moyens légaux de déjouer les ruses de l'un, de résister
à la domination de l'autre.

L'objectif de toute législation criminelle doit être d'établir un équilibre aussi parfait que possible entre les intérêts divers se heurtant dans ces luttes ardentes.

Une information judiciaire met en présence le pouvoir
social représenté par le ministère public, l'intérêt privé

dans la personne du prévenu qui se défend et de la partie civile, auxiliaire ardent de l'accusation; enfin le juge, au-dessus d'eux, avec la mission de les maintenir par son calme, par son impartialité dans la limite de leurs droits respectifs.

Suivant les temps, une part plus ou moins large a été faite au ministère public, à l'avocat, au juge, et s'il est arrivé quelquefois que l'un des trois ait eu un pouvoir trop prépondérant, on a rarement contesté, au point de vue doctrinal, la nécessité de leur coopération.

Les lois morales, le sentiment de l'équité font partie de la substance même de la nature humaine et procèdent d'un foyer éternellement allumé. L'histoire de l'humanité nous montre, à côté des puissants opprimant les faibles, des juges courageux sachant résister aux clameurs de la foule ou aux séductions du pouvoir, et bien des siècles se sont écoulés depuis qu'un grand avocat s'écriait devant le prétoire :

> Le droit, c'est ce qui ne cède point au crédit, ce que la puissance ne peut livrer, et que l'argent ne peut corrompre; qu'on l'opprime, qu'on le trahisse, ou même qu'on apporte une vigilance moins scrupuleuse à l'observer, il n'est plus rien qui soit assuré [1].

Ces paroles sont de tous les temps, et si parfois le respect des libertés de la défense et de l'indépendance du magistrat a reçu quelque atteinte, cela tenait à des circonstances passagères et non pas à la négation des principes eux-mêmes ; la plupart des hommes qui ont eu le malheur d'attacher leur nom à des lois arbitraires, n'ont fait le plus souvent que céder aux apparentes nécessités des événements au milieu desquels ils s'agitaient. Ce serait une grande présomption que de nous estimer au-dessus de nos devanciers par cela seul que nous vivons dans des conditions différentes. A la veille de la Révolution l'avocat géné

[1] *Pro Cœcina*, 27.

ral Servan, flétrissant la mémoire de Pussort, s'écriait, dans un discours célèbre, à propos de l'ordonnance de 1670 :

Depuis un siècle, nous n'avons cessé de sentir dans nos lois criminelles sa main violente qui applique le sceau des lois comme un fer ardent sur la cire molle.

Servan parlait alors comme un orateur avide de popularité plutôt qu'avec le calme et la sagesse de l'historien ; il oubliait l'état dans lequel était la France au lendemain des guerres civiles qui avaient répandu le désordre partout. Les événements ne se prêtent pas toujours à des concessions libérales, et, sans médire des auteurs du projet de 1882, on peut supposer que, s'ils eussent vécu en 1670, ils auraient trouvé plus opportun de fortifier la répression que de l'affaiblir, de même que Pussort, s'il avait été notre contemporain, n'aurait pas soutenu devant le Sénat toutes les doctrines de l'ordonnance.

Elle convenait bien à cette époque tourmentée dont Louis XIV lui-même a dit :

Le désordre régnait partout; en jetant sur les diverses parties de mon État non des yeux indifférents, mais des yeux de maître, j'étais sensiblement touché de n'en voir pas une qui ne méritât et qui ne se pressât d'y porter la main[1].

Comment donc s'étonner que le sentiment égoïste, si on veut, mais essentiellement humain, de l'intérêt social l'ait emporté sur tout autre chez une nation qui venait de traverser des crises douloureuses ? Elle était, et l'histoire abonde en exemples de cette nature, prête à sacrifier sans réserve aux besoins pressants de sa conservation; les garanties dues aux accusés furent réléguées au second rang, les moyens destinés à atteindre le coupable et à le frapper par des châtiments terrifiants semblèrent justifiés par les

---

[1] *Mémoires du Roi.*

circonstances, on aurait cru faire injure à la vertu en té-moignant le moindre ménagement pour le crime et s'asso-cier aux ennemis de la paix publique en adoucissant la rigueur des lois. L'équilibre que doit souhaiter la justice entre l'accusation et la défense se trouva ainsi rompu. N'assistons-nous pas aujourd'hui à l'évolution contraire, sans qu'elle soit peut-être aussi justifiée? Les moyens de répression ne perdent-ils pas chaque jour de leur énergie? Nos lois criminelles ne semblent-elles pas s'inspirer trop facilement des idées journalières, et le moindre incident de Cour d'assises ne devient-il pas un prétexte pour affaiblir l'autorité du juge et faire une nouvelle brèche aux principes de notre droit pénal?

C'est en se tenant à l'abri de ces courants contraires, en dehors de ces engouements passagers, qu'il faut rechercher sans parti pris et avec un amour sincère de la justice, com-ment il convient d'assurer à chacun des trois éléments de toute information judiciaire, l'accusation, la défense et le jugement, une part proportionnée à leurs devoirs, à leurs droits et à leurs intérêts.

II. — L'accusation est représentée par le ministère public, agissant spontanément ou sur une dénonciation ; il peut exercer l'action publique d'office et sans avoir besoin d'être requis et mis en mouvement par la partie lésée ; il a le de-voir de livrer aux Tribunaux tous ceux qu'il suppose être coupables et souvent même, avant de requérir le juge d'in-struction, il procède avec le seul concours de la police, à des enquêtes préparatoires, qui impriment à l'affaire, en dehors des garanties du Code, une direction qu'il deviendra plus tard difficile de modifier ; c'est de lui qu'émane l'acte initial, l'acte duquel découleront souvent des conséquences irréparables.

Par l'inculpation même, il manifeste une opinion dans le sens de la culpabilité ; sans doute, on peut dire théoriquement qu'il se contente d'adresser des réquisitions au magistrat instructeur pour faire des recherches dans le sens de la vérité ; mais, comme on ne peut admettre qu'il ait saisi le juge à la légère, qu'il se soit contenté d'indices superficiels, de vagues rumeurs ou de dénonciations anonymes, on peut craindre que dans la sincérité de sa conviction il ne fasse trop d'efforts pour la faire partager au juge et ne cherche à donner à l'enquête, par le droit de réquisition dont il dispose, une impulsion conforme à ses vues. Son ardeur, pour être inspirée par l'amour du bien, n'en devra pas moins être contenue ; ce n'est pas parce que les membres du ministère public ont prêté le serment du magistrat, parce que l'intérêt social est leur seule préoccupation, qu'ils peuvent échapper aux erreurs humaines. Ce n'est ni méconnaître leur mérite et la loyauté de leurs intentions, que de leur refuser une infaillibilité absolue, ni prendre une précaution injurieuse que de souhaiter au-dessus d'eux, dans une région inaccessible à la passion, la neutralité du juge.

La première condition d'une bonne organisation de l'instruction criminelle, c'est que le ministère public, étroitement renfermé dans son rôle, ait les moyens légaux de soutenir les intérêts de la société sans avoir le pouvoir de diriger lui-même les investigations du juge, de le tenir sous sa dépendance.

III. — En face de l'accusation, nous trouvons la défense, c'est-à-dire l'avocat, car depuis longtemps, grâce au dévouement du Barreau et au progrès de nos lois, les seuls inculpés qui n'aient pas un avocat sont ceux qui refusent leur ministère gratuit.

Un membre du conseil des prisons, que le gouvernement avait envoyé en 1822 étudier sur place la procédure anglaise, et qui en était revenu fort entiché, soutenait néanmoins dans son rapport ce paradoxe que l'intervention de l'avocat est inutile, sinon dangereuse.

Tous les éléments véritables de la décision dans une affaire criminelle, disait-il, sont à la portée de l'homme le plus simple, il n'a besoin du secours de personne pour sentir ce qu'une déposition a d'incertain et de contradictoire, son bon sens et sa conscience le lui disent avec certitude, l'accusé seul suffit à l'explication des circonstances qui paraissent le charger et sait très bien dissiper les doutes et établir son innocence ; aussi n'est-ce point par là que l'assistance d'un avocat lui est si souvent utile, c'est par les suppositions que cet avocat sait créer avec art, par les objections qui embarrassent la raison peu exercée des jurés et par les terreurs dont son éloquence perfide remplit les âmes timorées[1].

Nous aimons mieux les paroles toujours vraies, que prononçait Lamoignon à propos de l'article 8 de l'ordonnance de 1670 :

Il est possible que quelques criminels se soient échappés des mains de leur juge et exemptés des peines par les moyens de leurs conseils, mais si le conseil a sauvé quelques coupables, ne peut-il pas arriver aussi que des innocents périssent faute de conseil ; or il est certain qu'entre tous les maux qui peuvent arriver dans la distribution de la justice, aucun n'est comparable à celui de faire mourir un innocent : il vaudrait mieux absoudre mille coupables.

Loin de redouter l'intervention de l'avocat, nous déclarons hautement la considérer comme indispensable à tous les points de vue, dès le début de l'instruction.

En premier lieu, la simple équité l'exige ; le juge reçoit les réquisitions du parquet, il entretient avec lui des rapports de tous les instants ; ne doit-il pas prêter une oreille également attentive aux observations de la défense ?

En second lieu, cette intervention est profitable à l'œuvre de la justice. Nous n'entendons pas dire que le magistrat puisse trouver dans l'avocat un allié ; celui-ci se doit avant tout à son client : si son droit ne va pas jusqu'à altérer la vérité, son devoir n'est pas de la révéler. Souvent même, pour être plus à l'aise, il préférera l'ignorer ; il aimera mieux s'imaginer qu'il a sauvé un innocent que de se

---

[1] *De l'administration de la justice criminelle en Angleterre*, par M. Cottu, conseiller à la Cour royale, secrétaire général du Conseil des prisons.

vanter d'avoir arraché un criminel à son juste châtiment. Que de fois n'en avons nous pas vu obéir à ce sentiment délicat, au point de préférer attendre que l'instruction fût avancée pour demander un permis de communiquer, dans la crainte d'être embarrassé par des révélations prématurées.

Un jour, un stagiaire nommé d'office avait si consciencieusement ou si naïvement, comme l'on voudra, interrogé son client, que celui-ci lui avait fait des aveux dont il était terrifié ; il s'empressa de raconter ses angoisses à un maître et le pria de se charger du fardeau de la défense. Celui-ci accepta, et voyant la surprise de son jeune confrère, lui dit avec son fin sourire : « Soyez tranquille, à moi, il n'avouera rien. »

D'ailleurs les inculpés eux-mêmes comprennent à merveille que des aveux gêneraient leurs défenseurs, et bien souvent pour les mettre à l'aise, ils les trompent tout autant que s'ils étaient de simples juges d'instruction.

Mais si l'avocat représente des intérêts privés, il n'en contribue pas moins à rendre l'instruction plus parfaite, en y introduisant là contradiction : jamais une culpabilité n'est mieux établie que lorsque toutes les objections de la défense ont été contrôlées : un juge qui écarterait systématiquement le défenseur, qui, interprétant d'une façon étroite le principe du secret de l'instruction, refuserait à l'avocat la communication du dossier, se montrerait aussi imprudent que mal avisé, il se priverait d'un des meilleurs moyens d'éviter les erreurs ; rien ne profite plus à la vérité que ces fréquents entretiens avec la défense, que ces communications officieuses dans lesquelles chacun peut apporter la plus parfaite loyauté sans que la discrétion professionnelle ait à en souffrir ; rien n'éprouve comme la discussion, et c'est bien souvent en écoutant l'avocat, en lui permettant de suivre l'information pas à pas dans tous ses développements, que le juge s'aperçoit de certaines lacunes, comprend la valeur de certains arguments et s'affermit dans sa conviction.

Mais il ne faut pas, par une exagération regrettable, attribuer à l'avocat des droits qui seraient la négation même du pouvoir du juge, qui compromettraient le succès des recherches délicates par des communications maladroites. Il ne faut pas oublier que, derrière l'avocat, il y a les intérêts, les passions d'un inculpé, que lui même dans la lutte est exposé à des entraînements que connaît moins le ministère public, dont le rôle est plus élevé et moins personnel.

IV. — Quelquefois aussi c'est la partie civile que l'avocat représente avec ses ardeurs, ses haines ; on le voit s'associer à toutes les sévérités du parquet, sans en avoir le désintéressement et le calme, les recherches de la justice n'aboutissent jamais assez vite au gré de son impatience , et la loi n'a pas assez de rigueur pour satisfaire son ressentiment.

V. — Placé entre ces intérêts contraires, le magistrat instructeur doit rester l'homme de la loi impartiale et calme. Il est bien le juge dans la véritable acception du mot. Ses ordonnances sont des jugements ; à plusieurs reprises il a été déclaré dans la discussion du projet, qu'elles devaient toujours être motivées[1]. Elles s'imposent avec la même autorité au ministère public, dont elles repoussent l'action, qu'au prévenu dont elles constatent la culpabilité. Juge unique n'ayant pas la ressource des délibérations pour former son opinion et en partager la responsabilité, il n'a que les lumières de son esprit pour se guider dans les cas les plus difficiles, et celui-là ne serait pas digne de remplir ces fonctions qui ne sentirait combien elles sont souvent pénibles à porter.

---

[1] Séance du 16 mai, p. 477, 480.

Il est vrai qu'elles ont aussi un côté plein d'attrait. Quels éléments variés et inépuisables d'analyse et de recherche n'offrent-elles pas ! problèmes de toute nature, mystères du cœur humain, conceptions audacieuses et compliquées des passions, questions de droit civil, de droit commercial, de science, de finance, non pas sous la forme froide et procédurière des instances civiles, mais sous une forme vivante et souvent dramatique. Il y a peu de fonctions qui fournissent à l'esprit de plus intéressants sujets d'étude, au cœur de plus fortes émotions, qui vous mêlent davantage au mouvement de la société, et vous permettent d'exercer une action plus directe et plus personnelle.

Tous les magistrats qui les ont remplies pendant longtemps, peuvent l'attester avec plus d'humilité que de fierté, un homme consciencieux se sentira toujours au-dessous d'une tâche aussi lourde, et sera effrayé de sa propre faiblesse, en considérant les qualités qui lui seraient nécessaires.

Leur pouvoir est immense, *comme le faisait remarquer le rapporteur de la loi du* 17 *juillet* 1856, d'un trait de plume ils arrachent un homme à sa famille, à ses affaires, ils ordonnent sa détention, ils le gardent plusieurs mois en prison selon les nécessités de l'instruction. Ces fonctions commandent le sentiment élevé des garanties sociales, mais aussi cette inspiration de la raison, ce mouvement du cœur qui indique et détermine les limites où la rigueur doit s'arrêter.

En l'état actuel de notre procédure criminelle, disait aussi dans un remarquable discours un avocat général de la Cour de Paris,

Il n'y a pas de fonction plus redoutables que celle de juge d'instruction, il n'y en a pas qui soit plus difficile et plus laborieuse, elle exige indépendamment des qualités ordinaires indispensables à tous les magistrats, des qualités spéciales et rares de pénétration et de réserve, de méthode et de clarté, d'impassibilité et de bienveillance[1].

---

[1] *De l'avancement de la magistrature*, discours de rentrée, par M. Camille Bonchez, 3 novembre 1881, p. 48.

Ces garanties que nous voulons trouver chez les juges d'instruction, n'avaient-elles pas été une des préoccupations du législateur de 1808, et les magistrats ne s'étaient-ils pas rendus dignes de la confiance publique? Il est permis de le penser, si on en juge par les hommages que les criminalistes compétents se sont souvent plu à leur rendre.

Au cours de la discussion devant le Sénat, on a vu non seulement les adversaires du projet, mais ses auteurs eux-mêmes, au risque de se priver de leurs propres arguments, être d'accord pour rendre justice à l'institution du juge d'instruction.

C'est ainsi que le rapporteur lui-même est venu déclarer :

Je n'ai aucune qualité pour leur décerner des éloges ; ce serait plutôt les leurs que je solliciterais ; il est certain que personne ne doute de la loyauté de nos juges d'instruction ; personne au monde n'a un soupçon sur le désir qu'ils auraient de trouver absolument des coupables ; cela n'est jamais entré dans l'idée d'un magistrat. Il n'y a pas d'hommes plus honnêtes, qui aient plus de scrupules de conscience ni plus d'inquiétude au moment où il s'agit de prendre certaines mesures vis-à-vis des inculpés [1].

Et, de son côté, l'honorable M. Bernard, apportant le témoignage d'une vieille expérience ajoutait :

Dans ma longue carrière du Barreau, auquel j'ai été attaché pendant près de trente-quatre ans, j'ai vu se mouvoir autour de moi bien des instructions criminelles ; je vous avoue franchement que, si j'ai quelquefois entendu quelques objections, quelques critiques, elles ont été excessivement rares. La vérité est qu'en règle générale les informations se font convenablement, et ceux qui approchent les juges d'instruction et les voient à l'œuvre peuvent facilement se faire cette conviction [2].

---

[1] Séance du 7 mai, p. 407.
[2] Séance du 23 mai, p. 514.

Nous pourrions multiplier ces citations ; ne faut-il pas en conclure qu'une législation qui permet à un pays d'avoir des juges d'instruction dignes de ces éloges n'est pas si mauvaise qu'on veut bien le dire.

Il existe un lien intime entre le mérite des magistrats et la valeur d'une législation ; une mauvaise loi d'instruction criminelle rendra plus difficile le recrutement de bons juges et amènera tôt ou tard un abaissement de leur dignité et de leur caractère, au grand dommage des justiciables. Sans doute si on ne considère que le nombre, on en trouvera toujours, mais c'est la qualité qu'il faut rechercher en pareille matière ; un magistrat ayant une valeur morale s'éloignera le plus vite possible d'un service où son autorité se trouvera amoindrie, où son indépendance sera menacée, où il sentira autour de lui d'injustes défiances. Sans doute le Code n'assurait pas encore au juge d'instruction des garanties aussi complètes qu'on aurait pu le désirer, néanmoins il lui permettait de remplir sans trop de difficultés et de conflits le rôle élevé qui lui appartient ; nous n'aurions aucune inquiétude pour la bonne administration de la justice, si les juges d'instruction de l'avenir ne devaient pas, dans l'accomplissement de leur mission, rencontrer plus d'obstacles que leurs prédécesseurs.

Mais est-il bien sûr qu'il en soit ainsi ? Ce qui peut effrayer dans le projet, c'est qu'il semble détruire l'équilibre dont nous parlions en commençant, et diminuer l'autorité du juge, son influence morale, son action matérielle au profit du ministère public et de l'inculpé.

Nous verrons ailleurs si ces craintes sont fondées et comment l'on pourrait, sans compromettre les intérêts de la société et sans transformer radicalement l'esprit de nos lois, donner aux inculpés de raisonnables garanties, réglementer les pouvoirs du ministère public et assurer l'indépendance du juge, de façon que l'harmonie de ces trois éléments, l'accusation, la défense, le jugement, devienne le gage d'une justice plus parfaite.

CHAPITRE III

—

On a dit, avec raison, que la principale préoccupation des auteurs du projet était de donner aux procureurs généraux qui *sont dans la main du gouvernement* suivant l'expression de l'honorable rapporteur, un pouvoir absolu. N'y a-t-il pas de la part de ceux qui préconisent ces théories une certaine témérité à ne pas prévoir les conséquences funestes dont nous serions les témoins et les victimes le jour où la raison d'État et la loi, les principes et les intérêts seraient en désaccord. L'indépendance et la neutralité du juge avaient toujours été considérées comme la première des garanties ; il était permis de penser que le progrès des temps fortifierait sa puissance au lieu de l'affaiblir.

A une époque récente, dans un discours de rentrée, l'avocat général que nous avons déjà cité, se plaisait à lui rappeler la grandeur de son rôle.

Entre les officiers du ministère public et la magistrature inamovible il ne devrait y avoir aucun rapport hiérarchique ; nous ne sommes, messieurs, nous ne devons être ni au-dessus, ni au-dessous d'aucun d'entre vous ; nous sommes des fonctionnaires désignés pour remplir auprès de vos compagnies un office spécial, déterminé ; vous restez, vous, les magistrats. Placés les premiers auprès de vous, nous devenons vos collaborateurs de tous les instants, honorés de votre confiance, justement fiers de votre estime et de votre sympathie réciproque, nous n'avons qu'un pas à faire pour monter sur vos sièges élevés, mais je ne voudrais pas qu'on pût être jamais tenté d'en descendre pour en occuper un, quel qu'il soit parmi les nôtres.

Il n'est pas possible de mieux marquer la différence des rôles du ministère public et du juge, de démontrer avec plus de force la nécessité impérieuse de maintenir comme une des bases de notre ordre judiciaire l'indépendance absolue des deux pouvoirs.

Le magistrat qui siège à l'audience civile ou criminelle se trouve, surtout sous le régime de l'inamovibilité, dans une situation bien facile vis-à-vis des membres du Parquet. Il lui suffit de prêter une attention courtoise à leurs conclusions. Il trouve, s'il se croit obligé de les repousser, une force morale dans l'assistance de ses collègues, et comme les débats se passent en public, s'il se rencontrait, par hasard, un magistrat du parquet capable de vouloir exercer une pression mauvaise sur la conscience du Tribunal, il en serait empêché par la crainte de l'opinion. Dans le service de l'instruction, au contraire, le juge est isolé ; il n'a, pour le soutenir, que la fermeté de son caractère, le sentiment de sa responsabilité. Il s'établit entre lui et le Parquet, par suite d'un contact perpétuel, une intimité de relations, qui peut avoir son charme, mais qui n'est pas sans péril. Les rapports personnels, les conversations familières remplacent les conclusious solennelles et les débats de l'audience, où chacun reste dans son rôle. Le juge sera d'autant plus exposé à se laisser dominer, d'autant plus perplexe, s'il est d'un avis opposé, que le parquet lui témoignera plus d'égards, et, en vérité, ne serait-il pas profondément regrettable qu'il fût contraint, pour maintenir son indépendance intacte, de vivre en mauvaise intelligence avec le ministère public? L'administration de la justice n'a rien à gagner à ces luttes intestines, le plus sage est de les prévenir en mettant obstacle aux velléités d'empiètement et de domination qui les font toujours naître. Comment le juge pourrait-il inspirer confiance aux prévenus. Comment ceux-ci ne verraient-ils pas en lui un adversaire, s'il devenait à leurs yeux l'homme de la poursuite, l'instrument docile du ministère public.

L'ancien Code assurément n'est point parfait, on peut lui faire le reproche de ne pas avoir suffisamment songé à assurer l'indépendance du juge. Le projet vient aggraver ces inconvénients; il confirme, il fortifie les moyens déjà bien efficaces par lesquels le ministère public peut essayer de diriger les instructions à son gré.

Ces moyens, que nous allons examiner en détail sont les suivants : 1° nomination du juge; 2° faculté de le révoquer; 3° distribution des dossiers ; 4° surveillance du procureur général ; 5° communication des procédures; 6° exécution des ordonnances.

I. *Nomination du juge*. — L'empereur aurait voulu que le juge d'instruction fût désigné par le Tribunal lui-même. Cette idée n'a pas prévalu ; c'est un décret du chef de l'Etat qui confère au juge titulaire ou au simple suppléant les fonctions de l'instruction; ce décret n'est en réalité que la confirmation des désignations faites par les chefs du parquet. Comme il s'agit d'un service qui les intéresse spécialement, ils s'occupent seuls de l'organiser. Les présidents des Cours et des Tribunaux ont pris l'habitude d'abandonner presque complètement cette partie de l'administration intérieure afin de réserver autant que possible leur influence sur le personnel de l'audience. On peut donc affirmer qu'en fait la nomination du juge se fait

par le parquet ; il est peut-être bon d'appeler sur ce point
l'attention des esprits soucieux de mettre sur le même
pied le ministère public et l'inculpé.

Le projet conserve ce mode de nomination, et il écarte
la proposition de ne confier les fonctions d'instruction
qu'aux juges titulaires, pour lesquels l'indépendance est
plus facile que pour les suppléants, qui, jeunes encore, au
début de leur carrière judiciaire ne sauraient, suivant
l'exposé des motifs du projet, « avoir toute leur liberté
d'action vis-à-vis du ministère public [1]. »

Il conviendrait, selon nous, de substituer à la nomination par le pouvoir exécutif le principe du roulement applicable aux chambres civiles, avec cette seule différence,
qu à l'expiration de son mandat, le juge pourrait, avec son
assentiment, être maintenu pour une nouvelle période, également renouvelable, par une décision de la chambre d'accusation, mieux placée que toute autre pour apprécier sa
capacité. Le service de l'instruction est bien moins un honneur qu'une charge ; on ne doit pas supposer qu'il puisse
se trouver dans un Tribunal des magistrats incapables de
remplir au moins pendant un certain temps une partie essentielle de leur ministère.

II. *Faculté de révocation.* — Les juges d'instruction
étaient et seront encore nommés pour une période triennale, et renouvelables par une sorte de tacite reconduction ;
il faut au moins ce temps pour acquérir l'expérience particulière qu'exigent ces difficiles fonctions, et puis comme
le disait Ayrault, *quand le fil d'une accusation est dénoué
et renoué bien souvent, on perd, on onblie le bout et le
commencement.*

Le service de l'instruction est obligatoire pour trois
ans, un juge ne peut s'en décharger qu'en donnant sa dé-

---

[1] P. 23 de l'exposé des motifs, — art 40, 41 de la loi.

mission de magistrat ; de telle sorte que si, pendant cette période, il a un conflit avec le Parquet, il ne lui sera loisible de se retirer qu'à la condition de résigner complètement ses fonctions ; mais au moins le gouvernement n'est-il pas également engagé vis-à-vis de lui ? A-t-il le droit de lui retirer arbitrairement l'instruction en dehors des cas où peut s'exercer l'action disciplinaire ? Il ne semble pas que la logique, que l'équité permettent de soutenir une opinion contraire :

Le délai qui a été établi, enseigne Faustin Hélie[1], soit pour former l'expérience du juge, soit pour empêcher qu'il ne fût dessaisi des affaires qu'il a commencées, et par conséquent pour assurer à la fois son instruction et son indépendance, n'est-il pas une condition de l'exercice de ses fonctions ?

Nous croyons que cette doctrine était, tout récemment encore, celle de la Chancellerie. Elle a été écartée par le projet. Les juges ne pourront être obligés de remplir les fonctions de l'instruction que pendant trois ans, mais ils seront nommés sans assignation de délai, de telle sorte qu'ils seront révocables à toute heure[2].

Il est regrettable que pendant chaque période triennale l'instruction puisse être enlevée arbitrairement au jugé auquel elle avait été confiée. Plus que tout autre il a besoin d'être protégé par une inamovibilité spéciale, ou, si ce mot effraye, par un système quelconque de garanties équivalentes ; autrement on sera toujours disposé à voir en lui un agent des volontés du Parquet, subissant dans tous ses actes la crainte d'une disgrâce perpétuellement suspendue sur sa tête, le gouvernement qui le révoquera sera facilement soupçonné de l'avoir fait en vue d'une affaire déterminée.

---

[1] T. IV, p. 69.

[2] Art. 40, séance du 10 mai, p. 438, observations de M. Balbie.

Par la nature même de ses fonctions, il est un peu trop séparé du reste du Tribunal, on serait presque tenté de croire qu'il n'en fait plus partie.

Il est bien convoqué aux assemblées générales, mais, à Paris notamment, on l'a complètement écarté des audiences civiles, contrairement au vœu et au précepte de la loi. L'article 51 du décret du 30 mars 1808 voulait que le directeur du jury, dont les attributions lui ont été transportées, fût attaché à une chambre et assistât à l'audience toutes les fois que ses fonctions le lui permettraient ; les articles 12, 13 et 36 du décret 18 août 1810 disposent que le juge d'instruction sera attaché à une chambre. L'article 55 du Code d'instruction criminelle dit formellement qu'il conserve séance au jugement des affaires civiles. Nous regrettons que les juges d'instruction aient renoncé à cette partie de leur ministère: nous voudrions les voir astreints à siéger au moins une fois par semaine, ce qui pourrait se concilier avec les nécessités du service. Le projet semble, au contraire, s'attacher à effacer en eux le caractère de magistrat de droit commun pour les spécialiser dans leur service, loin des utiles travaux de l'audience, au lieu de répéter qu'ils conserveront *séance au jugement* des affaires civiles, il se borne à dire qu'ils conserveront *séance* suivant le rang de leur réception. En effaçant les mots : *jugement des affaires civiles*, ne veut-on pas leur laisser un simple rang de préséance sur le tableau, et les cantonner plus étroitement dans ce service de police judiciaire, dont le procureur général serait le chef suprême.

L'isolement est souvent une cause de faiblesse ; en outre le juge d'instruction, moins que tout autre, està l'abri des attraits de l'avancement et des menaces de la disgrâce, sa carrière dépend presque complètement de celui dont il reçoit les réquisitions, c'est-à-dire du procureur de la République lui-même.

Sans doute, nous nous empressons de le proclamer, il

n'est pas rare, quoi qu'en ait dit Prévost-Paradol [1], de rencontrer des magistrats indifférents aux mesquins intérêts de carrière ; ils savent ce qu'on gagne de repos d'esprit, d'estime de soi-même et des autres, à se tenir en dehors des compétitions et des rivalités ambitieuses, modération d'ailleurs sans mérite dans un corps où le plus humble est, par certains côtés, l'égal du plus grand, puisque tous les deux, sous des robes de [couleur différente, sont revêtus du même caractère ; mais, enfin, ces idées ne sont peut-être pas celles de tout le monde, et on ne peut nier que le juge d'instruction, révocable à toute heure, ne se trouve placé dans des conditions de nature à exciter les défiances des justiciables.

Nous sommes convaincu que son indépendance sera toujours respectée ; mais, enfin, il ne suffit pas de s'en rapporter aux hommes ; il faut placer les garanties dans les institutions elles-mêmes. Or, si l'on veut tenir la balance égale entre l'accusateur et l'accusé, est-il bon que le juge ait tout à attendre et tout à craindre de l'accusateur lui-même ?

III. *Distribution des dossiers*. — Ce n'est pas un droit à dédaigner que celui de choisir son juge.

Il est défendu [2], à ceux qui ont le pouvoir d'instituer et de destituer les juges, *enseignait Denisart*, d'user de ce pouvoir pour donner un certain juge à une certaine cause ; cette règle a lieu même contre les évêques, à qui il n'est pas plus permis de donner un official particulier pour une cause, qu'à un seigneur de donner un juge particulier pour une affaire.

Celui qui dispose des juges, *disait encore Henrion de Pansey*, est bien vite soupçonné de disposer des jugements.

C'est le procureur de la République, c'est-à-dire la

---

[1] *La France Nouvelle*, p. 158.
[2] V° *juge*, p. 553.

partie poursuivante, qui fait la répartition des dossiers entre les différents juges d'instruction ; ne sera-t-il pas bien tenté de choisir celui dout les vues s'accorderont le mieux avec les siennes ? Supposons que dans une première affaire un juge ait rendu une ordonnance contraire aux conclusions du Parquet, que la même question se représente quel.jue temps après, ou que lamême personne soit poursuivie de nouveau, le Parquet aura intérêt à charger un autre magistrat. Sans doute, les plus honorables scrupules le retiendront toujours ; mais n'est-ce pas déjà beaucoup qu'il en ait eu le droit, et que l'opinion jugeant sur des apparences, puisse s'imaginer, surtout dans certaines affaires, qu'il se dirige dans la distribution des dossiers par la considération des tendances, des sympathies, des opinions supposées du magistrat. Sans compter que, lorsque l'instruction aura été faite par le juge désigné par le Parquet, ce sera devant la chambre de son choix que l'inculpé sera renvoyé. Nous ne voulons pas insister davantage ; il ne s'agit ici que de principes, nous pouvons sans méconnaître l'incontestable impartialité du Parquet et sans lui témoigner une injuste défiance, rappeler les paroles de Berryer au Corps législatif[1]:

C'est le procureur général qui est chargé de la poursuite, et c'est lui qui choisit le juge ! et nous sommes én France, dans ce pays d'ordre légal, dans ce pays de rois justiciers, dans ce pays où les institutions de justice ont toujours été si fortes, si respectées; c'est dans ce pays-là qu'on admet des juges choisis par celui-là même qui doit solliciter la condamnation. Je dis que c'est là un état de choses intolérable.

Demandons-nous seulement, sans plus de commentaires, si cette égalité absolue que le projet veut établir entre l'inculpé et le ministère public, ne reçoit pas une singulière atteinte par le droit que celui-ci s'est attribué de désigner le juge.

Le décret du 30 mars 1808, qui a réglé le mode de dis-

[1] Séance du 14 février 1868.

tribution des affaires, ne paraissait pas admettre qu'elle pût se faire autrement que par le président du Tribunal [1]; c'est ainsi qu'on a procédé pendant longtemps ; on verra par le passage suivant du rapport annuel adressé au président du Tribunal de la Seine par un des juges sur les travaux de la présidence, comment les choses se passaient dans la pratique il y a peu d'années encore[2].

La grande instruction est confiée à douze juges d'instruction, au nombre desquels se trouvent deux juges suppléants ou juges auditeurs ; c'est entre ces douze juges que le président fait journellement la distribution de toutes les affaires qui doivent leur être renvoyées ; tous les soins du président ont pour objet de distribuer les affaires les plus graves à ceux de messieurs les juges d'instruction qui ont le plus d'expérience ; de répartir les affaires entre eux de manière qu'ils se trouvent chargés autant que possible d'un nombre égal d'affaires, pour que l'instruction puisse se faire avec la même célérité. A cet effet le président se fait représenter chaque jour un tableau contenant les noms des juges d'instruction placés sous les trois divisions qui suivent : 1° affaires dans lesquelles il y a des détenus; 2° affaires sujettes à l'instruction, dans lesquelles il n'y a pas de détenus; 3° affaires dans lesquelles M. le procureur du roi a requis qu'il fût déclaré n'y avoir lieu à suivre; et à l'aide de ce tableau il répartit également chaque nature d'affaires à messieurs les juges d'instruction ; mais au moment où le président fait la distribution, il ne peut apprécier d'une manière précise la longueur de l'instruction que peut nécessiter chaque affaire, et souvent il arrive qu'une seule affaire exige, du juge d'instruction, des travaux qui emploient tout son temps pendant des semaines et quelquefois des mois entiers. Pour se tenir au courant des cabinets de chacunde messieurs les juges d'instruction, il importe que le président se fasse remettre tous les mois des états particuliers dressés par les greffiers, qui lui font connaître le nombre d'affaires existant dans chaque cabinet, en distinguant celles dans lesquelles il y a des détenus, celles dont l'instruction est commencée, celles communiquées au ministère public, et enfin celles qui sont retardées pour l'exécution des commissions rogatoires ou autres causes, etc.

[1] Art. 55, 56. — Voir aussi l'arrêté dn 26 avril 1802. — Art. 15, 17, 40.
[2] 1839.

Ces règles ont été modifiées à une date relativement récente par l'usage et non par la loi ; petit à petit, sous le prétexte de faciliter le service, les présidents laissèrent tomber entre les mains des chefs de Parquet cette partie si essentielle de leur fonction ; aujourd'hui la distribution des dossiers se fait exclusivement par le procureur ; les notices dont parle le rapport que nous venons de citer lui sont remises. On voit par là combien son action sur le juge, son influence sur la marche des affaires se trouvent arbitrairement augmentées ; l'intérêt de la société sera toujours le seul mobile de ses résolutions. Qui oserait répondre cependant qu'un homme, fût-il revêtu de la plus haute fonction, ne se laissera pas entraîner par les ardeurs de la lutte, et qu'une circonstance ne se présentera jamais où il sera bon qu'il puisse se retrancher derrière un obstacle légal pour résister à ceux qui voudraient lui imposer un choix intéressé.

IV. *Communications des procédures.* — Le Code de 1808 donne au Parquet le droit d'intervenir dans la poursuite en cours par la demande de communication des pièces. Ce droit appartient également au procureur général et au garde des sceaux ; nous verrons au chapitre des interrogatoires qu'il a été étendu, mais dans des conditions restreintes, aux inculpés eux-mêmes ; cette faculté pour le ministère public de se faire remettre le dossier à toute époque, n'a rien que de très naturel, elle est la conséquence logique de son droit de réquisition; elle n'aurait donc jamais donné lieu à aucune contestation, si elle n'était devenue l'occasion de graves abus. Le Code ne voulant pas que la communication pût retarder trop longtemps la marche de la procédure, en avait fixé la durée à vingt-quatre heures (art. 61), et à trois jours pour les réquisitions définitives (art. 127)[1]; mais la pratique ne tenait pas le moindre compte de ces délais, les communications entraînaient des len-

---

[1] Ces délais ont été reproduits dans les articles 150 et 162 du projet.

teurs parfois excessives; il arriva même, il y a quelques années, dans une affaire de presse où il existait desdiver gences de vue entre le ministère public et le juge, que, celui-ci, après avoir communiqué le dossier et l'ayant réclamé vainement pendant plusieurs mois, apprit par hasard, que peu, de jours après son départ en vacance, une ordonnance, conforme aux réquisitions du Parquet, avait été, sans nouvel acte d'instruction, rendue par un autre magistrat, irrégulièrement saisi ; en effet le juge que le Parquet est tenu de désigner nominativement dans le réquisitoire instructif ou sur la cote du dossier, a seul qualité, tant qu'il conserve ses fonctions, pour rendre l'ordonnance, de même qu'une chambre saisie par la citation, est seule compétente pour statuer. Il n'y aurait plus de justice si un gouvernement pouvait promener un dossier de cabinet en cabinet, de chambre en chambre, jusqu'à ce qu'il ait trouvé des juges à son gré[1]. Cet incident eut un grand retentissement; le magistrat[2], protesta avec dignité en adressant au [garde des sceaux sa démission motivée. Ces faits furent révélés au Sénat[3], le rapporteur qui, paraît-il, en connaissait l'exactitude, s'empressa de déclarer qu'il fallait en prévenir le retour; il fut le premier à accepter un amendement de M. Brunet, permettant au juge, trois jours après avoir prévenu la partie civile et l'inculpé, de régler la procédure sans réquisitions, lorsqu'un mois se seraécoulé sans que le ministère public ait rendu le dossier avec ses réquisitions [4].

C'est assurément une amélioration, dont il faut savoir gré à ceux qui l'ont obtenue : mais elle a besoin d'êtrecomplétée.

Il serait d'abord utile de spécifier que la faculté accordée au juge s'appliqueraégalement à la communication au pro-

---

[1] *Le Français*, 1ᵉʳ novembre 1879. — *Le Soleil*, 11 novembre. — *Moniteur Officiel*. — *La France*, 12 novembre.

[2] M. Delahaye.

[3] Séance du 4 août 1882, p. 1003.

[4] Art. 162 du projet.

cureur général prévue au cours de l'instruction par l'article 224 du projet[1].

En second lieu, nous trouvons le délai d'un mois beaucoup trop long. L'honorable M. Brunet avait demandé quinze jours, c'était bien suffisant ; nous ne voyons vraiment pas de bonne raison pour que cette durée de vingt-quatre heures, de trois et de huit jours, suivant les cas, fixée pour la communication soit au procureur de la République, soit au procureur général, puisse être arbitrairement portée à un mois ; un si longtemps est-il nécessaire pour que le Parquet de première instance puisse en référer au procureur général et celui-ci au garde des sceaux. Il ne faut pas oublier que pendant cette suspension de la procédure, les preuves disparaîtront, des coupables s'échapperont, des intérêts resteront en souffrance et les inculpés verront se prolonger leur prévention. Assurément les anciens délais de vingt-quatre heures et de trois jours étaient trop courts, il en résultait que la loi n'était jamais appliquée et qu'on agissait comme si elle n'existait pas. Dans les grandes villes, où les substituts sont accablés de travail, il arrive parfois que la communication pour les réquisitions définitives dure aussi longtemps que l'instruction elle-même ; le délai de quinze jours, proposé par M. Brunet était très suffisant, on ferait encore au ministère public une situation largement privilégiée, puisque le projet, comme nous le verrons en traitant des interrogatoires, n'accorde à la défense qu'une communication prise sur place et pendant quarante-huit heures seulement[2].

Enfin, la faculté de rendre l'ordonnance sans réquisition est-elle bien pratique ? Sera-t-il toujours possible au juge de statuer sans avoir le dossier ? Quel ne serait pas, par exemple, son embarras en matière de faux s'il n'avait sous

---

[1] Art. 224.—Le procureur général peut, en tout état de l'instruction, ordonner l'apport des pièces, il ne peut les conserver pendant plus de huit jours.

[2] Article 151 du projet.

les yeux les pièces fausses pour rédiger ses qualifications?
et comment la juridiction de jugement, Tribunal ou Cour
d'assises, s'en tirerait-elle si la procédure écrite ne lui
était pas représentée ? Ne serait-il pas préférable d'attacher la sanction d'une responsabilité personnelle à l'inob-
servation des délais et de prescrire au juge, en cas de refus
par le Parquet de rendre le dossier complet, de saisir directement, par une ordonnance motivée et notifiée à la
partie civile, la chambre des mises en accusation, qui rendrait un arrêt enjoignant la restitution du dossier au magistrat compétent et pourrait évoquer l'affaire.

V. *Droit de réquisition.* — Nous nous sommes occupé
dans le précédent article des abus auxquels pourrait donner lieu la communication de la procédure à la partie pu-
plique, nous aurons bien peu de mots à dire de l'usage régulier qu'elle est appelée à en faire ; il consiste dans les
réquisitions qu'elle adresse au juge pour obtenir de lui une
mesure d'instruction ; bien que le juge ait le droit de procéder d'office à tous les actes d'information sans consulter le procureur de la République, et qu'il ne soit pas tenu
d'accomplir ceux qui lui sont demandés, il n'en est pas
moins vrai que les réquisitions qui lui sont faites peuvent souvent exercer une grande influence sur la marche
de l'affaire ; aussi l'une des meilleures dispositions du
projet est peut-être celle qui vient contrebalancer l'action
du ministère public, en accordant à l'inculpé et à la partie
civile un droit égal de réquisition. De cette façon rien
n'échappera au juge ; ses propres efforts se trouveront
secondés par la lutte d'intérêts qui s'engagera librement
devant lui.

Mais le droit de réquisition du ministère public pourrait
gêner l'indépendance du juge s'il prenait un caractère im-
pératif. Autant le juge doit désirer que le parquet veuille
bien s'intéresser aux procédures, et l'aider par ses con-

seils toujours précieux à ne rien omèttre ; autant il doit craindre qu'il ne cherche à le diriger par une perpétuelle intervention. Il arrive quelquefois, en province, que de jeunes chefs de parquet se montrent disposés, par ardeur ou par inexpérience, à se poser en tuteurs du juge d'instruction, à ne lui laisser l'initiative d'aucun acte, à prétendre faire marcher l'enquête à coup de réquisitions ; ce sont là des pratiques fâcheuses; *l'autorité du juge,* dit Faustin Hélie, avec son sentiment toujours si vrai de la dignité du magistrat, *est la sauvegarde des prévenus, car le juge est placé au-dessus des parties, au-dessus des intérêts ou des passions qui les animent, il ne doit vouloir, il ne veut que la justice.*

Le ministère public doit donc user de son droit de réquisition le moins souvent possible, avec tact, avec mesure, non pas, en quelque sorte, par avance, avant même que le juge ait eu le temps de prendre une décision, mais seulement lorsque celui-ci paraît résolu à ne pas agir, et compromet par sa faiblesse les intérêts publics.

Pendant longtemps on s'était demandé si le juge, saisi par un réquisitoire à fin d'informer, pouvait refuser de procéder à l'information, de façon à arrêter l'exercice de l'action publique à sa naissance même. Avant que la loi du 19 juillet 1856, réunissant les pouvoirs de l'instruction à ceux de la chambre du conseil, ait conféré au juge le pouvoir de statuer sur la plainte, on disait, dans le sens de la négative : le juge est institué uniquement pour faire acte d'instruction, il ne lui appartient pas de se prononcer sur le mérite de la plainte ; l'argument a disparu par suite de la modification considérable résultant de cette loi. Le projet nous paraît avoir consacré les vrais principes en décidant (art. 47 et 48) que le juge pourra, sans faire aucune procédure, rendre une ordonnance motivée disant qu'il n'y a lieu à instruire, s'il estime qu'il est incompétent, que l'action publique n'est pas recevable ou éteinte, que le fait ne constitue ni crime, ni délit, ni contravention. Il devra seulement user de ce droit avec réserve. Il sera bien rare que son opinion puisse se former avant qu'il ait fait un acte d'instruction, et trop de précipitation aurait quelque chose d'offensant pour le Parquet.

VI. *Exécution des ordonnances.* — Le ministère public tire encore un pouvoir considérable du droit qui lui appartient de faire exécuter les ordonnances du juge ; l'article 28 du Code actuel dispose que les officiers du ministère public pourvoiront à l'envoi, à la notification et à l'exécution des ordonnances. Le nouvel article 28 reproduit cette règle, et l'article 157 ajoute : « Toute ordonnance du juge d'instruction est communiquée au ministère public.

Ces articles ont été votés sans discussion : ils demandaient cependant certaines explications. Dans la pratique il est admis, parce que l'instruction ne serait pas possible sans cela, que le juge peut, sans l'entremise du Parquet, agir extérieurement pour l'accomplissement de certaines parties de son service, telles que commissions rogatoires, mandats d'amener et de perquisition, demandes de renseignements. L'arrêté du 14 décembre 1825, qui leur donne franchise pour leur correspondance officielle, n'est que la consécration de leur droit. Le projet a-t-il voulu le modifier ? De quelles ordonnances a-t-il voulu parler ? de toutes en général, de celles spécialement qui exigent l'emploi de la force publique, ou de celles seulement susceptibles d'opposition, dans les termes de l'article 157 nouveau ? Une définition nous semble nécessaire pour prévenir des difficultés dans la pratique.

Nous regrettons aussi que le projet n'ait pas comblé une des lacunes du Code en rendant obligatoire, par une sanction, l'exécution des ordonnances du juge. Nous avons vu tout à l'heure que le Sénat avait jugé nécessaire de prendre des précautions pour empêcher le ministère public de retenir le dossier ; mais à quoi serviront-elles si aucune garantie n'est prise pour assurer l'exécution de l'ordonnance ? le ministère public sera-t-il libre de confisquer l'ordonnance après avoir confisqué le dossier ? Pourra-t-il exercer sur les actes des juges une sorte de veto, déjouer toutes leurs combinaisons par une exécution tardive ou incomplète ? Le danger est d'autant plus à redouter que le parquet n'exécute pas par lui-même, et qu'à Paris surtout il emploie des agents qui souvent cherchent à échapper à son autorité. Ne sait-on pas que les bureaux de la Préfecture de police ont la prétention de se placer entre lui et les commissaires de police ? Si l'honorable rapporteur y avait songé, il ne lui eût peut-être pas été bien difficile de trouver des exemples frappants, bien qu'heureusement fort rares, dans des faits de notoriété publique et de montrer au Sénat, qui en eût certainement été frappé, de malheureux commissaires de police placés entre le juge, qui, la loi à la main, leur donnait des ordres, et un préfet qui, disposant de la force, leur prescrivait de ne pas obéir.

Tous les publicistes s'accordent à déclarer que la principale condition d'une justice impartiale se trouve dans l'autorité du juge sur les actes de l'instruction. C'est à la loi à assurer l'exécution de ses ordres ; la Chambre y pourvoira sans doute en introduisant dans le projet une disposition formelle. Ne serait-ce pas aussi une garantie que de donner à la partie civile le droit de saisir directement le Tribunal ou la chambre des mises en accusation, devant lesquels le juge aurait renvoyé l'inculpé, dans le cas où, après un certain délai, le ministère public resterait inactif.

Dans l'état actuel, le droit de citer en police correctionnelle un prévenu qui y a été renvoyé par ordonnance du juge d'instruction, appartient au ministère public seul et nullement à la partie civile, de telle sorte, qu'en cas d'inexécution, la partie civile qui a obtenu une ordonnance du juge est dans une situation pire que si l'instruction lui avait été refusée, elle se trouve privée de la possibilité de porter l'affaire à l'audience[1].

VI. *Surveillance du procureur général.* — A toutes les formes par lesquelles se manifeste l'action du Parquet s'ajoute la surveillance du procureur général ; il nomme le juge, récompense ses services ou le révoque, il lui distribue les dossiers, lui manifeste ses désirs par des réquisitions; on voudrait enfin qu'il puisse exercer sur lui une surveillance qui, si elle n'était pas limitée, ressemblerait beaucoup à une direction.

Comparons l'ancien Code avec la loi nouvelle, et voyons lequel des deux respectait le mieux l'indépendance du juge.

Les articles 57 et 279 du Code de 1808 disposent que les juges d'instruction sont sous la surveillance du procureur général près la Cour d'appel, mais ils ajoutent : *Quant aux fonctions de police judiciaire :* comme juges ils sont soumis à l'action disciplinaire de droit commun résultant de la loi d'organisation générale du 20 avril 1810.

Le projet, par une innovation considérable, sur laquelle on ne saurait trop appeler l'attention, les maintient sous cette surveillance, non plus seulement pour les fonctions de police judiciaire, mais pour les fonctions de l'instruction elle-même (art. 9 et 43)[2]. Ce ne sera donc plus l'officier de police judiciaire, mais le juge que le procureur général aura sous sa surveillance.

A l'époque où le Code fut promulgué, le magistrat instructeur, par les attributions qui lui étaient données, était un officier de police judiciaire plutôt qu'un juge. Il n'avait aucune juridiction sur l'action publique. Il ne lui appartenait pas de statuer sur le mérite ou l'inopportunité de l'in-

---

[1] Jugement du tribunal de Versailles, 7 décembre 1880. — Affaire Cottu contre le journal *la Patrie.*

[2] Art. 43. — Les juges d'instruction sont, quant aux fonctions de l'instrucion, sous la surveillance du procureur général près la Cour d'appel.

formation requise. Il n'avait de pouvoir que pour faire des actes d'instruction. Il ne redevenait juge que quand il prenait séance au jugement des affaires civiles.

La loi du 17 juillet 1856, que nous avons déjà citée, a rétabli le juge d'instruction dans l'intégrité dc son caractère magistral. En l'investissant des attributions réservées jusque-là à la chambre du conseil, elle lui a donné ce qui constitue la véritable dignité de sa fonction, c'est-à-dire le droit de juger. C'est lui désormais qui prononce sur la mise en prévention, et les recherches auxquelles il se livre, ne sont que les actes préparatoires de ses ordonnances. Devait-on, depuis cette loi, le considérer encore comme un officier de police judiciaire? Pourquoi lui laisser un titre qui ne correspond plus à son rôle? Quel rapport juridique y a-t-il entre ses fonctions et celles d'un garde-champêtre ou d'un commissaire de police, qui n'exercent aucune juridiction, aucun office de magistrature.

On objectera que les juges d'instruction sont officiers de police judiciaire, parce qu'ils peuvent recevoir des plaintes. Nous aurons dans un autre chapitre l'occasion de démontrer qu'ils reçoivent ces plaintes à titre de juge afin de statuer sur elles.

Il convient donc à notre avis de cesser de leur appliquer une qualification qui, tant qu'elle a été juste, pouvait légitimer la surveillance du procureur général, mais aujourd'hui elle n'a plus sa raison d'être et prête à des confusions regrettables.

Cependant, non seulement le projet la laisse subsister, mais il en aggrave, comme nous l'avous dit, les conséquences, en étendant l'autorité du chef du Parquet aux fonctions de l'instruction elle-même[1].

Quelle est la portée de cette nouvelle et trop vague rédaction? même à l'époque où le juge d'instruction pouvait

---

[1] Séance du 10 mai, p. 431. M. de Gavardie.

être considéré comme un officier de police, tout le monde admettait que le procureur général ne pouvait pas, sous prétexte de surveillance, lui ordonner d'instruire dans un sens plutôt que dans un autre, et de prendre telles ou telles mesures. On était unanime pour reconnaître que son droit se bornait à adresser des réquisitions, que le juge ne pouvait être contraint de décerner des mandats, que l'appréciation des faits de nature à les motiver était complètement laissée à ses lumières, à sa conscience ; que ce serait compromettre le résultat de l'instruction que de l'entraver dans l'exécution du plan qu'il s'est formé pour découvrir la vérité[1].

Mais les droits du juge seront-ils également respectés le jour où la surveillance du procureur général s'appliquera *aux fonctions de l'instruction elle-même* ; malgré les déclarations rassurantes qui ont été faites à la tribune, on a le droit de s'effrayer de l'addition intentionnelle de ces derniers mots ; les orateurs, même les plus sincères, ne peuvent pas toujours tenir ce qu'ils ont promis et d'ailleurs ils ne sauraient répondre de leurs successeurs.

Quoi donc? on lit à chaque pas dans le rapport, dans les discours, que l'inculpé doit être l'égal du ministère public, qu'il doit avoir les mêmes droits, et voici que tout à coup le juge se trouve placé sous le contrôle de la partie publique, si puissamment armée. Comment celui-ci, déjà faible, isolé, fera-t-il pour maintenir son autorité intacte? qui donc dans un conflit pourra dire où finit la surveillance et où commence la direction? Si le Parquet demande une arrestation, s'il presse la solution d'une procédure pour en arrêter le développement, s'il ne fait pas exécuter les ordres du juge, dira-t-on qu'il surveille les fonctions de l'instruction ou qu'il en dirige les actes?

---

[1] Legraverend, t. I, p. 173. — Bourguignon, jurisp. des C. crim. sur l'art. 57. — Carnot, *Inst. crim.*, t. I, p. 284. — Faustin Hélie, t. V, p. 238. — Arrêt C. de Paris, 13 mai 1835. — Id. Caen, 11 fév. 1837. — Confirmé par la Cour de cass.

le ministère public n'a-t-il pas, par le droit de réquisition, un moyen d'obtenir des satisfactions légitimes? n'a-t-il pas, en cas de refus du juge, la faculté de faire opposition à son ordonnonce? l'action disciplinaire à laquelle est soumise la magistrature tout entière, serait-elle donc impuissante à atteindre le juge d'instruction?

Il doit, disait Carnot[1], *conserver toute l'indépendance d'un juge.*

Or, que deviendrait cette indépendance, la plus haute garantie de la justice, sous le régime de cette surveillance spéciale se substituant aux règles du droit commun.

Nous venons, par cette étude des principaux rapports entre les parquets et les juges d'instruction, de montrer quels sont les moyens d'action du ministère public. Nous avons dit, en toute sincérité, que ses pouvoirs nous semblaient trop étendus pour ne pas imposer certaines préoccupations à ceux qui pensent que les intérêts publics et privés seraient mal défendus par une Magistratnre étroitement soumise à la direction du Gouvernement lui-même.

Notre pensée serait bien mal comprise si on nous prêtait un sentiment injuste a l'égard de cette grande institution du ministère public, à laquelle on est toujours fier d'avoir appartenu. Personne n'apprécie plus que nous l'esprit élevé qui l'anime; mais de même que les précautions prises contre les erreurs du juge n'ont rien d'offensant pour sa personnalité, de même aussi on peut demander des garanties contre les abus de pouvoir du Parquet, sans pour cela manquer au respect qui lui est dû. *Par cela seul que l'abus est possible,* dit le rapporteur de la loi belge, *le législateur d'un pays libre est obligé de fournir aux citoyens le moyen de s'en préserver.*

Si l'on devait considérer toutes les règles de procédure comme des marques de défiance offensante à l'égard de la Magistrature, il n'y aurait plus de loi. Un grand orateur,

---

[1] *Instr. crim.*, t. I, p. 285.

mettant sous la protection de son éloquence la dignité de
la Magistrature, et demandant que la composition des
chambres correctionnelles ne fût pas abandonnée au choix
du Gouvernement, s'exprimait ainsi :

Quelle est donc, je vous en prie, dans l'ordre social, quelle est
donc la garantie légale contre les abus du pouvoir, contre des
actes contraires à la loi, contre des moyens d'éluder la loi, quelle
est donc la garantie sociale donnée par toutes nos lois sur toutes
les questions dans lesquelles le droit et la vérité du droit doivent
être protégés, quelle est donc la disposition qui n'est pas un acte
de défiance, c'est évidemment pour s'en préserver qu'on demande
des garanties [1].

Non seulement, les dépositaires de l'autorité publique
ne doivent pas s'offenser de ces garanties, mais ils doivent
être les premiers à en reconnaître la nécessité. Elles sont
pour eux une force, car elles les protègent contre leurs
erreurs et contre leurs défaillances.

Nous ne voulons ni abaisser la dignité du Parquet ni
affranchir d'un contrôle salutaire un juge exposé plus que
tout autre à de déplorables erreurs. Mais loin de trouver
une sauvegarde dans l'action prépondérante du Parquet,
dans la substitution de la surveillance des procureurs généraux à l'autorité des Cours d'appel, nous les considérons
comme un accroissement des droits du pouvoir central et
comme la négation même de toute garantie.

Nous voulons simplement que chacun reste à sa place.
Nous demandons que le magistrat instructeur soit indépendant à l'égal du juge civil, qu'il n'ait à se défendre contre
aucune velléité de domination, justifiée par un texte imprudent ; l'autorité du ministère public n'en sera pas affai-
blie, il se renfermera dans son rôle superbe de partie poursuivante, dans son droit de réquisition, et tout homme
innocent ou coupable pourra se dire, en entrant dans la
chambre d'instruction : Je suis vraiment devant un juge ne
relevant que de sa conscience et de la loi !

[1] Séance du Corps législatif du 14 février 1868. Discours de Berryer.

CHAPITRE IV

—

DU DROIT DU JUGE D'INSTRUCTION D'INCULPER D'OFFICE LES CO-AUTEURS
OU COMPLICES

Sous l'ancien régime, le roi, dans lequel s'incarnait l'idée de la souveraineté absolue, pouvait user, sous le contrôle des parlements, de ses prérogatives pour soustraire un coupable à l'action des lois. Colbert écrivant à M. de Novion, premier président du parlement de Paris, lui disait :

> Sa Majesté, voulant empêcher la suite fâcheuse pour le commerce qu'aurait la recherche qui a été commencée des usuriers à Paris, m'ordonne de vous écrire qu'elle n'estime pas de son service de faire aucunes poursuites pour elle contre ceux qui pourraient en être accusés et en particulier contre M. Kaissel, maître des comptes[1].

Ce droit de suspendre le cours de la justice, soit par une faveur personnelle, soit par des raisons d'État, n'avait rien que de naturel à une époque où la plénitude de la justice résidait tout entière dans la royauté ; les lettres d'abolition, comme on les appelait alors, ne pouvaient choquer les idées généralement reçues, mais elles se concilieraient difficilement avec les principes des sociétés modernes : ce serait un spectacle singulier que de voir un état démocratique les faire revivre sous une forme nouvelle. Ne serait-ce pas aller plus loin encore que de donner aux magistrats du Parquet le pouvoir de placer, hors des

---

[1] Lettres de Colbert, 24 novembre 1680. — T. VI, p. 63.

atteintes de la loi pénale et des poursuites du juge, les coupables assez puissants pour obtenir cette faveur.

Telles seraient cependant les conséquences du système que le Sénat a adopté. Aux termes du nouvel article 50[1], le juge d'instruction, emprisonné dans la lettre étroite du réquisitoire introductif, ne pourrait instruire sur des faits autres que ceux à raison desquels il y aurait eu réquisitoire et seulement contre les individus qui y seraient dénommés. Les autres se tiendraient à l'abri, dans le lieu d'asile que leur ménagerait la faveur.

Les ·abus, qui découlaient parfois du privilège d'abolition, ne seraient-ils pas alors autrement fréquents et bien plus dangereux ? Au lieu d'être exercé de haut par le souverain lui-même, le droit de choisir entre des coupables, pour épargner les uns et frapper les autres, tombera t entre les mains du moindre chef de parquet.

Dans l'état actuel de notre législation, le juge d'instruction, dans lequel se résument, pour ainsi dire, tous les pouvoirs de la justice criminelle, a la faculté de décerner le mandat d'amener et le mandat de dépôt, sans réqui_ sitions et même sans conclusions du procureur de la République. On a pensé, en effet, que rien ne serait plus préjudiciable à la découverte de la vérité que les lenteurs devant résulter d'une intervention du parquet. Le droit de procéder à des arrestations d'office implique nécessairement le droit d'inculper, puisque la loi exige que la personne frappée par le mandat soit interrogée dans le plus bref délai. Sans doute le premier paragraphe de l'article 61 du Code paraît imposer au juge l'obligation de ne faire aucun acte de poursuite, en dehors de la délivrance des mandats, sans communiquer sa procédure au parquet. Il peut cependant, aux termes de l'article 87, procéder, de sa

---

[1] Art. 50. — Le juge d'instruction ne peut instruire que sur les faits et à l'égard des individus qui sont l'objet du réquisitoire du procureur de la République.

propre autorité, à des visites domiciliaires. Il est donc absolument maître, en ce qui concerne les actes les plus graves de ses fonctions ; l'article 61, expliqué dans les discussions préparatoires, a toujours été interprété dans ce sens que si le parquet peut demander à toute époque communication de la procédure et requérir des actes d'instruction, le juge a le droit, de son côté, de prescrire, sans conclusions préalables, les mesures dont il entend prendre la responsabilité.

Les termes de l'article 61 [1] n'expriment donc pas très clairement la pensée du législateur. La pratique a dû leur donner un sens susceptible de se concilier avec les nécessités de la procédure ; aussi les membres de la première commission avaient-ils pensé avec raison qu'il convenait de le faire disparaître et de le remplacer par un texte plus en harmonie avec la réalité des choses. Ils avaient admis le pouvoir absolu, qu'en fait le juge d'intruction avait toujours exercé, et son droit, incontesté dans la pratique, de procéder d'office à tous les actes de nature à amener la manifestation de la vérité (art. 36 du projet du Gouvernement).

Dans la commission nommée par M. Dufaure, aucune difficulté ne s'était élevée à ce sujet.

Il est utile de déclarer, *avait dit M. Ribot*, que le juge une fois saisi, a la complète liberté de ses mouvements, qu'il peut continuer d'office la procédure [2].

Et l'exposé des motifs du projet du Gouvernement s'exprimait ainsi :

[1] Art. 61 du Code. — Hors les cas de flagrant délit, le juge d'instruction ne fait aucun acte d'instruction ou de poursuite qu'il n'ait donné communication de la procédure au procureur de la République qui pourra, en outre, requérir cette communication à toutes les époques de l'information, à la charge de rendre les pièces dans les vingt-quatre heures. — Néanmoins le juge d'instruction délivrera, s'il y a lieu, le mandat d'amener et même le mandat de dépôt, sans que ces mandats doivent être précédés des conclusions du procureur de la République.

[2] Séance du 19 février 1879.

Dès qu'il est régulièrement saisi, le juge d'instruction jouit d'une latitude complète pour prescrire spontanément, sans qu'une réquisition du ministère public ou du plaignant soit nécessaire, toutes les mesures d'information qu'il juge opportunes.

La commission du Sénat, dirigée par des idées différentes, n'a pas osé cependant méconnaître ces principes et ces usages ; mais soucieuse avant tout d'assurer la domination du Parquet, elle a introduit dans le texte, que le Sénat a voté, une restriction de la plus grande importance. Sans doute, le juge pourra continuer à procéder d'office à tous les actes d'instruction, mais à la condition qu'il marchera docilement, servilement, sans regarder ni à droite, ni à gauche, dans la voie étroite que le ministère public lui aura tracée. Il sera libre de faire ce qu'il voudra, excepté de porter dans l'affaire une lumière complète ; en un mot, ses recherches devront s'arrêter devant ceux des coupables, coauteurs ou complices, que le Parquet n'aura pas désignés nominativement dans le réquisitoire introductif.

Cette théorie nouvelle a causé, il faut bien le dire, une véritable surprise parmi les hommes qui ont l'expérience des affaires criminellss ; elle changerait d'excellentes habitudes consacrées par le temps, elle arrêterait à chaque instant la marche, déjà si difficile, des instructions judiciaires, et elle troublerait les idées qu'on se fait généralement de l'impartialité de la justice.

Un crime a été commis. Sur les premières apparences, par des rapports de police, par la rumeur publique, un coupable est signalé, une instruction est ouverte dans ces termes : *Vu les pièces ci-jointes, d'où résulte contre..., etc., une inculpation de... requiert qu'il plaira à monsieur le juge d'instruction informer par les voies de droit.* Que doit faire le magistrat ? Son rôle n'est-il pas clairement tracé ? Il va mettre en mouvement toutes les forces dont il dispose, pour dissiper les obscurités dont l'affaire est encore enveloppée. Il va examiner scrupuleusement toutes les hypothèses sans s'attacher seulement à celle qui résulte du réquisitoire. Il mettra tous ses soins à découvrir la vérité, sans s'inquiéter de savoir si ses recherches n'aboutiront pas à la justification de l'inculpé, à la révélation d'un autre coupable. Le jour où il aura constaté que le parquet s'était trompé dans ses suppositions, où il aura démasqué le véritable auteur du crime, des complices ignorés jusque-là, ne manquerait-il pas au premier de ses devoirs, s'il hésitait à étendre la main sur eux, non pas tant pour satisfaire les intérêts de la répression que pour proclamer l'innocence du premier inculpé ?

C'est ainsi que la conscience publique, guidée par le sentiment naturel de la justice et de l'honnêteté, comprend la mission du magistrat ; c'est ainsi que lui-même s'efforce actuellement de la remplir.

La loi nouvelle semble sacrifier ces principes élevés au désir de donner au Gouvernement un pouvoir discrétionnaire dans la distribution de la justice pénale. Sans doute, si le parquet juge opportun de laisser au juge une complète liberté d'action, au lieu de désigner l'inculpé dans le réquisitoire, il se servira de ces mots : *contre inconnu ou tous autres que l'information fera découvrir ;* mais s'il lui plaît de restreindre les recherches à un seul coupable, les autres deviendront sacrés, et l'instruction ne devra pas s'en occuper.

Comment se fait-il que cette théorie soit née tout à coup dans l'esprit de la commission du Sénat ? Quelle circonstance mystérieuse a donc pu lui suggérer l'idée de cette réforme ? Un juge d'instruction aurait-il, par des inculpations imprudentes, atteint des innocents ? Des scandales résultant de poursuites engagées à la légère avaient-ils ému l'opinion publique ? Des erreurs judiciaires ou des acquittements retentissants avaient-ils été le résultat de l'initiative imprudente du magistrat ? De tels faits eussent été de trop précieux arguments pour qu'on eût manqué de les citer et d'en faire grand bruit s'ils avaient existé. A leur défaut l'honorable rapporteur de la commission a été obligé de se livrer à des hypothèses purement chimériques. Il a, choisissant une affaire d'un caractère politique, représenté un juge d'instruction saisi d'une affaire de grève et se plaisant à inculper toute la population ouvrière d'une contrée. Mais, à cette supposition, dont le point de départ serait une absence complète de bon sens, de prudence, de souci de sa propre responsabilité, chez le magistrat investi des fonctions de l'instruction par la confiance du gouvernement lui-même, il convient d'opposer la réalité des faits. Nous serions peu troublé par cette conjecture qu'un juge pourrait donner aux inculpations de complicité une trop grande extension ; mais nous considérerions comme un danger très réel qu'il pût découvrir les vrais coupables, mettre en pleine lumière des complicités flagrantes et se trouver impuissant à les atteindre par le refus du Parquet d'exercer l'action publique.

Ces inconvénients, qui détruiraient bien vite le respect de la justice, ne sont-ils pas mille fois plus à redouter que de prétendus excès de zèle et de sévérité, bien faciles à réprimer, puisque le parquet a toujours le droit de faire appel des ordonnances contraires à ses réquisitions.

N'insistons pas davantage ; il faudrait avoir, comme au Sénat, la liberté de tout dire, pour justifier nos inquiétudes par des exemples. Si l'honorable rapporteur, tenu à moins de réserve, avait bien voulu citer les cas dans lesquels, à sa connaissance, un conflit se serait élevé entre des juges d'instruction et le ministère public sur la nécessité de comprendre dans la poursuite des personnes épargnées par le réquisitoire introductif, on aurait pu voir si, en toute occasion, l'unique préoccupation du juge n'avait pas été d'écarter les considérations étrangères à l'affaire et de faire respecter la loi par tout le monde.

Une instruction judiciaire n'est pas une œuvre de diplomatie ou de politique, elle est une œuvre de justice et de moralité. Ce n'est pas au nom des principes qui sont l'honneur de notre législation, qu'on peut défendre une loi destinée à favoriser dans certains cas l'impunité de coupables privilégiés.

Examinons cependant les motifs soutenus à l'appui de cette thèse. Le principal argument, reproduit bien souvent dans la discussion, est celui-ci : Si le juge pouvait poser des inculpations d'office, il partagerait l'exercice de l'action publique avec le parquet ; or ce dernier doit toujours rester l'unique moteur de cette action.

Nous avons déjà eu l'occasion de rappeler les exceptions que reçoit ce principe, mais il nous paraît hors de cause dans la question spéciale qui nous occupe. Elle est tout à fait indépendante de celle de savoir si, dans certaines circonstances, le juge n'a pas le droit d'ouvrir une instruction d'office ; il nous semble que le rapporteur commettait une confusion lorsqu'il venait dire :

Il n'y a pas plus de raison pour autoriser le juge à ouvrir une instruction sans réquisition au cours d'une information ouverte, qu'il n'y en avait avant l'ouverture de toute instruction.

Sans doute nous pensons, comme nous le dirons dans un autre chapitre, que le plaignant, partie civile, peut contraindre le juge à faire une instruction, mais on peut, sans tomber dans aucune contradiction, repousser cette opinion et admettre, en même temps, le droit pour le juge de compléter les inculpations dans une instruction commencée. La séparation des deux questions a été très nettement indiquée par l'honorable M. Brunet qui, après avoir soutenu le projet de la commission sur la première question, est venu le combattre sur la seconde.

N'est-il pas évident en effet que la situation du ministère public est bien différente, selon que le fait n'a encore donné lieu à aucune poursuite, ou qu'au contraire une instruction a été requise? Dans le premier cas il a réservé son action, dans le second il en a abandonné la direction au magistrat instructeur.

Il est incontestable qu'il appartient en général au ministère public d'apprécier si un délit doit être poursuivi. Nous poussons si loin le respect de ses prérogatives que nous ne reconnaissons pas au juge le droit de faire une instruction sur un fait nouveau imputable à un des individus désignés dans le réquisitoire, à moins bien entendu, comme nous le verrons tout à l'heure, qu'il n'y ait un lien de connexité entre ce fait et celui relevé dans le réquisitoire. Ainsi un individu est inculpé d'usure ; l'information découvre qu'il a commis un assassinat, ou bien elle établit incidemment qu'un crime a été commis par un témoin ou toute autre personne ; dans ce cas, le juge excéderait ses pouvoirs, s'il entamait la poursuite, il doit seulement, comme l'article 20 du Code d'instruction criminelle en impose l'obligation à toute autorité constituée, donner avis au procureur de la République des crimes et des délits dont il a acquis la connaissance ; et, afin de se couvrir en constatant qu'il a exactement rempli cette obligation plus étroite pour lui que pour tout autre, il devra viser dans son ordonnance de soit-communiqué les faits sur lesquels il croit devoir appeler l'attention du ministère public. Son droit ne va pas au delà. Sans doute, il pourra regretter l'inaction du parquet, souffrir des commentaires fâcheux auxquels elle donnera lieu, mais sa responsabilité personnelle sera complètement dégagée, et il dépasserait ses droits s'il se livrait à des actes de poursuite sans en avoir été requis.

Nous n'entendons donc contester en aucune façon que l'initiative de la poursuite n'appartienne principalement au parquet; dans la pratique, toutes les fois que par des déclarations de témoins, des aveux d'inculpés ou à la suite de visites domiciliaires, il arrive au juge de recueillir les indices d'autre délits que ceux compris dans le réquisitoire, il a soin de limiter ses recherches à ce qui est indispensable pour mettre le représentant de l'action publique, non pas en demeure, le mot ne serait pas juste , mais en état de l'exercer.

Il s'agit ici d'un tout autre cas , il n'est pas question de l'ouverture d'une instruction sur un fait nouveau et indépendant , mais du développement à donner à une instruction déjà ouverte.

Lorsque le parquet a mis l'action publique en mouvement il ne peut pas en arrêter le cours ; elle ne lui appartient plus ; son droit d'initiative s'est transformé en un droit de réquisition ; il a la faculté d'intervenir dans la procédure pour solliciter certaines mesures, mais il ne peut mettre un obstacle à son développement régulier. C'était à lui à prévoir, au début, les conséquences de la poursuite et à s'abstenir s'il les redoutait. Une fois la poursuite engagée, il faut qu'elle aille jusqu'au bout, sans se soucier de ceux qu'elle peut désobliger; ce que la société attend du juge ce n'est pas une vérité tronquée, mutilée, honteuse d'elle-même, c'est une vérité absolue et forte ; si le parquet désirait ne pas lever complètement le voile qui la couvrait, il pouvait, en employant la citation directe, n'appeler les regards de la justice que sur un point particulier. En abdiquant un droit qu'il ne peut plus reprendre, en requérant une information , il a ouvert aux recherches le champ le plus étendu.

On veut vainement prétendre que le réquisitoire saisit le juge non pas à l'égard du fait incriminé, mais à l'égard de l'inculpé spécialement désigné ; ainsi lorsque le ministère public ouvre une instruction contre Pierre, inculpé du meurtre de Paul, cela signifierait que le juge aurait à rechercher non par qui Paul a pu être assassiné, mais seulement si Pierre est le meurtrier.

Cette manière étroite de comprendre la recherche de la vérité paraît en contradiction avec l'idée même de la justice, *Il ne faut pas perdre de vue*, disait avec raison M. Brunet, *qu'une information judiciaire est, dans une certaine mesure, plutôt une action réelle qu'une action personnelle; un juge d'instruction n'est pas plus particulièrement chargé d'instruire contre une personne que contre une autre, il est chargé d'instruire sur un fait, de rechercher quel est l'auteur de ce fait*[1].

Voilà les vrais principes; on ne doit pas supposer que le ministère public puisse subordonner l'exécution des lois à des questions de personne; et il ne faut pas lui en donner la faculté. Son unique préoccupation, avant d'ouvrir une instruction, doit être de vérifier si le fait peut donner lieu contre son auteur, quel qu'il soit, à l'application d'une peine. Par conséquent, lorsqu'il saisit le juge, c'est un fait qualifié crime ou délit qu'il lui livre. Le juge pourra, il est vrai, modifier la qualification, substituer, par exemple, une inculpation de vol, de meurtre à une inculpation d'abus de confiance, d'homicide par imprudence; mais ce sera toujours le fait visé dans le réquisitoire qui sera la matière de son information; ce sera sur la preuve de ce fait, de ses circonstances accessoires, suceptibles d'en modifier le caractère juridique que porteront ses recherches. La désignation d'un ou de plusieurs inculpés dans le réquisitoire ne doit être qu'une indication. Y voir une idée restrictive, ce serait la négation même du caractère juridique d'une information ; prétendre limiter les recherches à l'inculpé originaire, considérer, comme une empiètement sur le monopole de l'action publique, des mesures d'instruction s'appliquant à d'autres personnes, ce serait en réalité remettre entre les mains du parquet la direction de la procédure, lui permettre de ressaisir l'action, dont il s'est dépouillé; ce serait en même temps condamner le juge à faire une instruction partiale, à tout ramener à une idée préconçue, à prendre comme objectif de ses investigations non pas la vérité, mais la thèse du ministère public.

[1] Séance des 16 mai, p. 482. M. Grandperret. 28 juillet 1882, p. 915. M. Brunet.

A propos d'un autre article, le Sénat avait paru reconnaître le principe de l'impersonnalité des instructions. L'article 127 du projet, relatif au conseil de l'inculpé, portait ces mots : « Toute personne *contre laquelle* est dirigée une instruction, etc. » Un des membres de la commission , M. Boucher-Cadart, critiqua cette rédaction dans les termes suivants :

Instruire contre un individu me paraît aller absolument à l'encontre de l'impartialité que nous voulons voir dans l'instruction... Nous voulons qu'il soit bien établi que l'instruction n'a d'autre effet, d'autre but que la manifestation de la vérité.

Le Sénat ratifia ces observations par le vote d'un amendement; n'a-t-il pas méconnu lui-même le principe qu'il avait posé en acceptant la théorie contraire, d'après laquelle toute instruction doit être considérée comme restreinte à une individualité déterminée, au lieu d'embrasser les faits dans leur ensemble et abstraction faite des personnes.

Si nous abordons maintenant les autres arguments produits à l'appui de la thèse consistant à restreindre l'instruction à la personne incriminée par le ministère public, nous en rencontrons un qui semble pouvoir se retourner contre cette doctrine.

Le juge, *a dit le rapporteur*, entendra les choses autrement que le ministère public, il voudra faire plus ; il dira : Je veux examiner avec plus de soin ce qui s'est passé, je veux aller plus au fond [1].

Mais n'est-ce point là une excellente tendance, très honorable pour les juges et très profitable pour la société ? Quand il s'agit de l'intérêt public, de l'honneur, de la liberté des citoyens, on ne va jamais trop au fond des choses ; et c'est précisément parce que nous sommes convaincu par l'expérience que rien n'est plus profitable à un innocent qu'une instruction approfondie, que nous ne voulons pas

---

[1] Séance du 28 juillet, p. 917.

que le réquisitoire puisse limiter arbitrairement les recherches de la justice.

On dit encore : Il y a les affaires politiques, les complots, les insurrections, le juge se laissera entraîner à faire des procès de tendance ; il aura le droit, soit imprudemment, soit par excès de zèle, de jeter le Gouvernement dans des poursuites qu'il n'avait pas voulues. Il nous sera permis de ne pas partager les appréhensions de l'honorable rapporteur, et de rester convaincu que tout ministère, désireux de s'embarquer dans des poursuites politiques, saura facilement trouver parmi les juges d'instruction qu'il· choisit, des magistrats ayant les aptitudes que comportent ces affaires. Quant aux procédures de droit commun, elles ne pourraient créer des embarras à un gouvernement, que si par impossible, s'interposant entre la loi et le coupable, il voulait le soustraire à la responsabilité de ses actes.

On dit encore : les inculpations nouvelles du juge seront souvent mal fondées, faute de renseignements préparatoires.

Le procureur de la République est le seul qui puisse examiner, apprécier si un individu dénoncé ou soupçonné est sous le poids de présomptions assez graves pour être l'objet d'une poursuite.[1]

Nous soutenons, au contraire, que personne n'est mieux placé que le juge pour se faire une opinion. Quels sont donc les moyens d'investigation, les auxiliaires dont le Parquet peut user pour s'éclairer, qui ne soient également et plus complètement même à la disposition du juge ? Il connaît l'affaire à fond puisqu'il l'a instruite ; l'inculpation nouvelle sortira, pour ainsi dire, des entrailles mêmes du dossier ; s'il arrive chaque jour que les réquisitions initiales du Parquet aboutissent à des ordonnances de non-lieu, il est presque sans exemple que les inculpations nouvelles du juge, résultant des recherches déjà faites, n'aient pas été confirmées par la suite.

[1] Discours de M. Dauphin, séance du 28 juillet.

On objecte enfin que le juge ne pouvant lever le mandat de dépôt sans que le procureur de la République ait eu connaissance du dossier et rédigé non pas un réquisitoire de clôture, comme il a été dit par erreur, mais un réquisitoire de mise en liberté, on ne saurait admettre qu'il pût décerner des mandats d'arrestation sans réquisitions préalables [1]. On oublie, dans ce rapprochement, que les deux situations sont absolument différentes, En effet, si le Parquet doit être avisé de la mise en liberté pour qu'il puisse défendre les intérêts de la société, que cette mesure pourrait compromettre, le juge n'est pas tenu de se conformer à ses conclusions. Elles ne mettent donc pas obstacle, sauf le recours devant la chambre des mises en accusation, à la mesure ordonnée par le juge. Tandis que si celui-ci ne pouvait poser aucune inculpation nouvelle, ni décerner des mandats sans réquisitoire, l'instruction se trouverait enrayée à chaque instant. Ajoutons que, s'il n'y a, au point de vue de l'intérêt général, aucun inconvénient à retarder une mise en liberté pour laisser au ministère public le temps de donner son avis, il ne saurait en être de même quand il s'agit de décerner un mandat. Une minute de retard suffira quelquefois pour que le coupable puisse s'échapper. Dira-t-on que les parquets s'empresseront de donner les réquisitions demandées par le juge et qu'à Paris surtout, où la multiplicité des affaires ne permet pas de perdre du temps dans des allées et venues, le juge trouvera toujours les membres du Parquet prêts à venir le trouver ou à le recevoir à l'heure, souvent tardive, où la nécessité de décerner des mandats contre de nouveaux inculpés se révélera tout à coup. Nous ne voulons pas aborder un ordre de considérations aussi secondaire. Une seule chose nous touche, c'est que désormais, la direction de l'instruction passera des mains du juge dans celles du procureur de la

---

[1] Discours de M. Dauphin, séance du 28 juillet.

République, investi sans contrôle, sans garantie légale, sans recours, non seulement de l'initiative des poursuites, mais du droit de les circonscrire après les avoir engagées.

Tout se tient, tout s'enchaîne étroitement dans une affaire. Les différents éléments qui la constituent, ne sauraient pas plus être scindés qu'il ne serait possible de résoudre un problème en supprimant quelques-uns de ses termes. Le fait ayant donné lieu à l'ouverture de l'instruction ne se conçoit qu'accompagné de toutes les circonstances qui s'y rattachent, et qui peuvent en changer la nature, la gravité. L'application exacte de la loi pénale, la détermination des responsabilités ne peuvent se faire qu'en tenant compte de ces détails. Les intérêts de la répression aussi bien que ceux de l'inculpé seraient à chaque instant lésés si le juge ne pouvait établir les faits accessoires qu'avec l'autorisation du Parquet. Ainsi l'auteur principal d'un crime ne serait-il pas privé d'un moyen de défense, si on laissait en dehors de la poursuite les complices dont les conseils, dont l'autorité l'ont entraîné. La loi d'un autre côté ne considère-t-elle pas comme une aggravation la participation le de plusieurs personnes au même fait, parexemple, en matière de vol, de mendicité, de rébellion, etc.[1]; comment le juge ferait-il pour établir la circonstance aggravante si le Parquet refusait de requérir contre les coauteurs? En un mot tout ce qui se rattache au fait, tout ce qui le complète, le caractérise, l'atténue, l'aggrave, rentre dans le domaine du juge

Nous pourrions citer des exemples à l'infini, nous en avons dit assez pour montrer quel rôle jouerait le magistrat le jour où il serait condamné à entendre sans pouvoir l'écouter l'inculpé lui dire : Je suis innocent ou je suis le moins coupable ; le vrai, le grand coupable, c'est cet homme que je vous désigne: il est libre, tandis que vous me tenez en prison; il est peut-être là devant vous, il va prendre la

---

[1] Art. 210,276, 381 du Code pénal.

fuite si vous ne l'arrêtez pas ! Que deviendrait dans une telle occurence la dignité de la justice ? Voit-on le magistrat obligé de baisser la tête, de répondre : C'est vrai, mais je n'y peux rien, j'ai demandé des réquisitions au Parquet, et je n'ai pu les obtenir. La confiance qu'un pays peut avoir dans l'impartialité de la justice, disparaîtrait bien vite si le juge devait en arriver à ce degré de dépendance.

Les Parquets eux-mêmes ne payeraient-ils pas bien cher, au prix de leur propre considération, le pouvoir arbitraire qu'une loi imprudente leur aurait octroyé ? Les inspirateurs de la réforme ne se sont-ils pas trompés en s'imaginant qu'ils préviendraient ainsi des conflits ? Il ne peut s'en produire entre magistrats comprenant la justice de la même façon ; à notre avis il n'y a qu'une seule manière de l'entendre et de l'appliquer. Les difficultés, au contraire, surgiront à chaque instant le jour où, aux questions de droit, viendront se mêler des questions de personne.

Comment ne pas s'alarmer des scandales qui résulteraient d'une telle divergence de vues entre le ministère public et le juge ? Est-ce que le refus du Parquet de requérir contre certains individus empêchera la vérité de se révéler sous une autre forme ? Est-ce qu'il n'y aura pas dans le dossier des procès-verbaux, des dépositions, des interrogatoires qui signaleront les coupables ? Est-ce que, le jour de l'audience, l'abstention du parquet n'éclatera pas au grand jour ? Est-ce qu'elle ne fournira pas à l'avocat le meilleur de ses arguments ? Est-ce que l'opinion publique ne donnera pas raison au juge ? Est-ce qu'un jury par exemple osera jamais condamner un accusé dont le défenseur pourra dire : Cet homme est poursuivi tandis que d'autres qui en ont fait autant et plus que lui portent la tête haute ; on vous le livre parce qu'il est faible, il y a derrière lui des coupables puissants qui ont fait reculer la justice.

La loi encore en vigueur avait donc bien raison de permettre au juge de décerner des mandats contre de nouveaux prévenus, sans être tenu de prendre les conclusions du procureur de la République.

Il faut y regarder à deux fois avant de bouleverser des pratiques consacrées par l'expérience. Sans doute, dans les petits Tribunaux de province, on rencontre quelquefois des juges d'instruction qui sont enchantés de décliner toute espèce de responsabilité et de laisser le Parquet se mettre à leur place. Mais, sauf ces rares exceptions, les attributions respectives des deux pouvoirs n'ont jamais été confondues et nous ne pensons pas que l'honorable rapporteur ait rencontré un juge qui se soit laissé contester le droit d'inculper les complices.

Nous ne connaissons qu'un seul document de jurisprudence dans un sens opposé, c'est un arrêt de la Cour d'appel de Douai, intervenu le 6 juin 1874 dans une poursuite pour entraves à la liberté des enchères [1].

Attendu, dit-il, que si le paragraphe de l'article 61 porte que, hors le cas de flagrant délit, le juge d'instruction délivrera, s'il y a lieu, le mandat d'amener et même le mandat de dépôt, sans que ces mandats doivent être précédés des conclusions du procureur de la République, l'article 61 suppose que l'action publique a été préalablement intentée, et que le ministère public a requis une information contre les auteurs déterminés et indéterminés du fait incriminé.

Mais dans cette affaire le juge avait non seulement introduit de nouveaux inculpés dans l'instruction ; il avait, en outre, en l'absence de toute réquisition, statué définitivement sur leur sort. Il y avait dans cette dernière circonstance une irrégularité incontestable ; car la communication au Parquet d'une procédure terminée est une obligation impérieuse [2]. Il est probable que c'est en considération de

[1] Sirey, 1875, 2ᵉ partie, p. 2.
[2] Art. 127 du Code d'inst. crim.

cette irrégularité que la Cour aura annulé l'ordonnance. C'est à ce point de vue que cet arrêt doit être accepté. Il a, au contraire, soulevé les critiques des commentateurs en tant qu'il paraissait contester le droit du juge d'impliquer d'office de nouveaux inculpés dans la poursuite. Signalons entre autres dans le *Recueil* de Sirey les intéressantes observations de M. Cauwès, professeur à la Faculté de droit de Paris :

Le droit d'informer du juge, *dit-il*, est spécial quant au fait incriminé, mais indéterminé quant à ceux qui peuvent l'avoir commis. L'action publique est mise en mouvement et doit atteindre tous les coupables. L'intérêt de la répression le veut ainsi, et cet intérêt serait gravement compromis, si le juge d'instruction devait se concerter avec le ministère public pour lancer un mandat contre un nouveau prévenu, dès que les présomptions qu'il a recueillies l'y engagent[1].

Les auteurs qui ont soutenu, au moins en partie, la théorie proposée par le rapportenr sont en minorité[2]. On cite notamment l'opinion de Mangin[3], cependant il admet, ce que le projet de loi semble contester, que le juge peut comprendre dans les poursuites le fait nouveau que l'instruction a fait découvrir, lorsqu'il constitue une circonstance aggravante de celui faisant la matière du réquisitoire, par le motif que le juge doit instruire, non seulement sur le fait principal, mais encore sur toutes les circonstances qui peuvent servir à le caractériser.

Nous pouvons invoquer, au contraire, à l'appui de l'opinion que nous avons soutenue, les autorités les plus considérables[4].

---

[1] S. P; 1875, 2ᵉ partie, p. 1.

[2] De Molènes, *Traité pratique des fonctions du procureur du roi*, t. I p. 310-312. — Dalloz, *jurisp. générale*, vᵒ *instr. crimin.*, nᵒ 443.

[3] *Traité de l'instruction écrite*, t. I, p. 21.

[4] *Journ. du dr. crim.*, t. VIII, p. 39; — Villeneau, *Droit* du 21 sept. 1836; — Duverger, *Man. du juge d'instruction*, t. I, nᵒ 122, p. 384; — Gilbert, *Code instr. crim.*, sur l'article 61, nᵒ 15; — Rolland de Villargues, id. sur l'art. 61, nᵒ 7, et sur l'article 91, nᵒ 12; — Boullaire, *Gazette des Tribunaux*, mai 1881; — Martin Sarzeaud, *Réforme de l'inst. crim.*, p. 51, 1882.

L'action publique, *enseigne Faustin Hélie*, a été mise en mouvement par le réquisitoire, qui a introduit l'instance ; cette action en provoquant l'instruction sur tel fait ne l'a-t-elle pas implicitement provoquée sur tous les auteurs et complices de ce fait? car quel est le but de cette action, sinon la répression du délit, c'est-à-dire l'application de la peine à ses auteurs? Le droit que le juge puise dans le premier réquisitoire, est donc un droit général d'informer, et, par conséquent, de procéder contre les auteurs du fait dénoncé ; il n'exerce pas l'action publique, il est saisi de cette action et il l'instruit[1].

Plus récemment encore, un éminent professeur de la faculté de droit de Paris, dans l'étude la plus complète qui ait jamais été consacrée à la question, s'attachait à démontrer que la doctrine du projet était la négation de l'idée même de justice et signalait le danger où allaient être exposées l'égalité devant la loi pénale et l'équité:

Par une législation qui permettrait au procureur de la République et au gouvernement de distinguer entre les coupables, et de soustraire les uns à la sévérité des tribunaux, tandis qu'ils seraient prêts à leur livrer les autres [2].

Si maintenant nous jetons les yeux sur les législations étrangères, nous voyons en Allemagne le juge d'instruction procéder d'office ; jouir, en Autriche, d'une latitude complète pour prescrire toutes les mesures qu'il trouve opportunes, et pouvoir en Belgique, comme autrefois en France, atteindre tous les coupables sans se préoccuper de leur désignation dans le réquisitoire.

Notre pays, dont les Codes avaient jusqu'à ce jour ouvert la voie aux principes libéraux, reviendra-t-il en arrière? Sera-t-il le seul à donner au ministère public le droit d'établir des inégalités dans l'application des peines, en restreignant à son gré, dans des instructions sans sincérité et sans justice, l'action du magistrat régulièrement saisi.

[1] T. IV, n° 1621.

[2] *Le juge d'instruction et le ministère public dans le nouveau Code*, Albert Desjardins, 1883.

CHAPITRE V

DE L'OBLIGATION POUR LE JUGE D'INSTRUIRE D'OFFICE SUR LA PLAINTE DE LA PARTIE CIVILE

Toute personne victime d'un délit ou d'une contravention, — les crimes sont exceptés, — peut, aux termes des articles 145 et 182, qui font le plus grand honneur à notre Code d'instruction criminelle, citer directement à ses frais l'auteur du fait devant les Tribunaux compétents.

Peut-elle, s'il lui paraît nécessaire de recourir à une information préliminaire, obliger le juge d'instruction à agir en déposant directement une plainte entre ses mains?

Deux écoles sont en présence.

L'une, jalouse des droits de l'État, [disposée à les exagérer, prétend réserver au ministère public le droit exclusif de mettre le juge d'instruction en mouvement.

L'autre, s'inspirant d'idées plus larges, ne redoutant pas de faciliter l'initiative individuelle, entend que tous les citoyens puissent réclamer dans l'intérêt de leur cause le secours d'une information judiciaire.

Le Sénat obéissant toujours à la pensée de centralisation que nous avons eu si souvent l'occasion de signaler, a choisi entre ces deux doctrines celle qui assure le mieux l'autorité souveraine des procureurs généraux, c'est-à-dire du Gouvernement.

L'article 44[1] du projet dispose que le juge ne peut être

[1] Art. 44. — « Hors le cas de flagrant délit, le juge d'instruction n'est saisi que par les réquisitions du procureur de la République, sauf ce qui est dit aux commissions rogatoires. Les réquisitions du procureur de la République doivent énoncer le titre de l'inculpation, le fait incriminé, et les articles de la loi qui le prévoient et le punissent. »

saisi que par les réquisitions du procureur de la République.
Il est bien entendu, comme nous l'avons déjà dit, que le
réquisitoire ne saisit pas indistinctement tous les juges
d'instruction du Tribunal, mais seulement celui auquel l'affaire est distribuée.

Les auteurs du projet se défendent d'avoir voulu innover
et estiment qu'ils se sont contentés de rappeler sinon le
texte, du moins le sens des dispositions existantes.

S'il en était ainsi, on pourrait regretter qu'ils les eussent
maintenues et confirmées, mais nous ne croyons pas qu'on
puisse attribuer au Code la paternité de cette théorie et
nous devons d'abord rechercher si les arrêts et les auteurs
qui ont refusé de l'admettre, n'ont pas plus exactement interprété la lettre et l'esprit de la loi.

L'article 63 [1] du Code proclame, sans la restriction intro-
duite par le nouvel article 44, le droit absolu pour tout
citoyen lésé par un crime ou un délit, d'en rendre plainte
et de se constituer partie civile devant le juge d'instruction.

Or ce droit serait purement illusoire, si le Parquet pouvait supprimer la plainte et empêcher qu'elle ne produisît
son effet au point de vue de l'information.

Dans l'état actuel de la législation, nous pensons que le
juge peut être saisi de trois façons différentes : 1° par un
réquisitoire du ministère public, 2° par le fait lui-même
lorsqu'il est flagrant, 3° par une plainte directe de la partie
civile.

Le principe général, c'est que toute poursuite émane de
l'initiative du Parquet; mais, comme il eût été contraire aux
intérêts de la société qu'un crime ou un délit pussent se
commettre, en quelque sorte, sous les yeux du juge d'instruction, dans lequel réside la plénitude du droit d'informer

---

[1] Art. 63. — « Toute personne qui se prétendra lésée par un crime ou délit,
pourra en rendre plainte et se constituer partie civile devant le juge d'instruction. »

sans qu'il eût le droit de procéder aux actes de son propre ministère, on a admis, comme première exception, que, s'il y a flagrant délit, il peut agir sans réquisitions du ministère public.

Or si le juge ne doit pas s'abstenir lorsqu'un acte punissable s'accomplit sous ses yeux, comment pourrait-il rester inactif si la connaissance de l'acte lui arrive par la dénonciation du plaignant ?

Le juge, dit-on, doit se borner à recevoir la plainte et à la transmettre au Parquet [1]. Est-ce donc qu'elle ne comporte pas souvent des mesures aussi urgentes que dans le cas où le juge se trouve averti soit par la vue même du crime, soit par la clameur publique poursuivant le coupable ?

Q'importe qu'il soit tenu de communiquer la plainte au Parquet ? il ne faut pas en conclnre qu'il soit dessaisi par cette communication ; au contraire la loi veut que la plainte lui soit retournée pour être statué après information.

C'est dans ce sens que les textes ont été généralement interprétés, et lorsque l'honorable rapporteur disait [2] : « *Je n'ai jamais eu connaissance de cela jusqu'à présent,* » il ne tenait peut-être pas assez compte des usages, de la doctrine, des arrêts, que nous aurons tout à l'heure à rappeler.

Le juge, s'il ne veut commettre un véritable déni de justice, est obligé de recevoir la plainte que la partie lésée désire remettre entre ses mains, de la consigner dans un procès-verbal, dressé suivant les formes ordinaires, de la faire enregistrer sur son répertoire par le greffier, de donner acte de la constitution de partie civile et de fixer la somme à verser pour les frais de la procédure, conformément à l'article 160 du décret du 18 juin 1811, et enfin de communiquer la plainte au Parquet [3].

---

[1] Art. 70 du Code. — «Le juge d'instruction compétent pour connaître de la plainte, en ordonnera la communication au procureur de la République pour être par lui requis ce qu'il appartiendra. »

[2] Séance du 10 mai, p. 441.

[3] Art. 63, 66, 70 du Code.

S'il n'avait pas d'autres devoirs et d'autres droits il ne serait guère qu'un simple agent de transmission; rien ne le distinguerait de tous ceux, officiers de police judiciaire et autres, qui, à des titres divers, sont appelés à recevoir des dénonciations. Est-ce que l'article 30 du Code ne prescrit pas à toute personne de donner avis au Parquet des délits et des crimes dont elle peut avoir été témoin ? Est-ce que la même obligation n'est pas imposée à toute autorité constituée, à tout fonctionnaire ou officier public, qui, dans l'exercice de ses fonctions, acquiert la connaissance d'un crime ou d'un délit (art. 29) ? Est-ce que les officiers de police, juges de paix, officiers de gendarmerie, commissaires de police maires, adjoints, ne sont pas tenus de recevoir les dénonciations et de les renvoyer au procureur de la République (art. 53, 54) ? On ne peut rien demander de plus à ces agents; hors le cas spécial du flagrant délit, ils ne sont et ne peuvent être que des intermédiaires, ils n'ont pas le pouvoir d'informer, qui est inhérent à la fonction du magistrat instructeur. Si la loi n'avait pas voulu attribuer aux plaintes dont celui-ci peut être saisi une plus grande portée qu'à celles faites à un simple officier de police judiciaire, il n'eût pas été nécessaire de régler par un article spécial (art. 63) le sort des plaintes qui lui sont remises directement.

Il faut remarquer la différence du texte, selon que la plainte est adressée à l'officier de police judiciaire ou au juge d'instruction [1]. Dans le premier cas, la loi dit : L'officier

---

[1] Art. 70 du Code déjà cité. — Art. 53. — « Les officiers de police auxiliaires renverront sans délai les procès-verbaux… au procureur de la République, qui sera tenu d'examiner sans retard les procédures et de les transmettre avec les réquisitions qu'il jugera convenables au juge d'instruction. » — Art. 54. — « Dans les cas de dénonciations de crimes ou délits autres que ceux qu'ils sont directement chargés de constater, les officiers de police judiciaire transmettront aussi sans délai au procureur de la République les dénonciations qui leur auront été faites, et le procureur de la République les remettra au juge d'instruction avec son réquisitoire. »

de police *transmettra* la plainte au Parquet; dans le second : Le juge en *ordonnera* la communication. Ces expressions ont leur signification juridique et grammaticale bien tranchée : transmettre, c'est se dessaisir ; communiquer par une ordonnance, c'est réserver sa compétence; lorsque des commissaires de police, des gardes champêtres ont reçu une plainte, rédigé des procès-verbaux, ils ont pleinement rempli leur office, ils ont épuisé leur droit; au contraire, à l'égard du magistrat institué pour procéder aux informations judiciaires, la plainte est le prélude de l'instruction. Elle lui appartient, il en est le dépositaire légal. Aussi se borne-t-il à la communiquer, et fait-il cette communication par une ordonnance, c'est-à-dire par un acte qui affirme sa juridiction.

Remarquons aussi que, tandis que le premier venu peut adresser une dénonciation au ministère public (art. 30)[1], il faut avoir été lésé par le crime ou le délit (art. 63) pour pouvoir s'adresser au juge d'instruction. Subordonner la plainte à l'intérêt du plaignant, à la possibilité de se porter partie civile, c'est lui reconnaître le caractère d'une véritable action judiciaire.

Enfin la loi n'a-t-elle pas clairement reconnu la compétence du magistrat instructeur en déclarant (art. 70) que le Parquet doit répondre à la communication de la plainte par des réquisitions quelconques. *Requérir ce qu'il appartiendra*, comme dit le texte, c'est toujours requérir. Or, comme il est de principe que les réquisitions ne lient jamais le juge et qu'il a toujours le droit de statuer en sens contraire, il en résulte qu'il aura le droit de procéder à une information, même en cas de réquisition, tendant à dire qu'il n'y a lieu à suivre.

---

[1] Art. 30 du Code. — « Toute personne qui aura été témoin d'un attentat, soit contre la sûreté publique, soit contre la vie ou la propriété d'un individu, sera tenue d'en donner avis au procureur de la République, soit du lieu du crime ou délit, soit du lieu ou le prévenu pourra être trouvé. »

La communication de la plainte au ministère public n'a rien que de rationnel, si on n'en dénature pas le caractère, et se concilie avec le pouvoir propre du juge. Elle n'est pas seulement inspirée par un sentiment de juste déférence à l'égard du Parquet, mais aussi par des considérations d'intérêt général. Parce que l'action publique aura été mise en mouvement par le plaignant lui-même, ce n'est pas une raison pour qu'elle échappe complètement au ministère public; de même qu'au cas de citation directe à l'audience, il est libre, par ses conclusions, de soutenir ou de repousser la demande, il convient aussi qu'il puisse s'associer aux actes d'instruction réclamés par le plaignant; ce qui lui est interdit, c'est de retenir la plainte, de la classer purement et simplement par une décision personnelle et sans recours.

En résumé, le Code de 1808 nous paraît avoir consacré les quatre principes suivants : 1° Droit pour le plaignant de saisir directement le juge et de se constituer partie civile devant lui ; 2° obligation pour le juge de communiquer la plainte au Parquet ; 3° obligation pour le Parquet de prendre des réquisitions ; 4° appréciation de la plainte par une ordonnance du juge.

Nous devons dire à l'honneur du ministère public que rarement la partie lésée s'était vue obligée de recourir directement au juge ; les membres du Parquet trouvaient dans l'indépendance de leur caractère, dans le sentiment de leur devoir, dans les circulaires des magistrats les plus éminents, la règle de leur conduite.

Vos fonctions, *écrivait, en* 1817, *M. Jacquinot-Pampelune,* vous constituent intermédiaires entre le particulier qui se plaint et la justice qui doit statuer sur ses plaintes ; vous devez regarder l'obligation de les recevoir comme une de celles qui vous sont le plus rigoureusement imposées.

Pendant longtemps, le ministère public, désireux de couvrir sa responsabilité, poussa même si loin le respect du droit de tout plaignant à obtenir une instruction, qu'au lieu de statuer lui-même, comme l'usage s'en est introduit depuis, par une simple mention, *à classer sans suite,* inscrite sur le procès-verbal, il le remettait toujours au juge en l'accompagnant, suivant que la plainte lui semblait bien ou mal fondée, d'un réquisitoire d'inculpation ou de non-lieu, de telle sorte que la décision présentait, avec la possibilité d'un pourvoi, les garanties résultant de l'intervention du magistrat et d'une information régulière.

Peu à peu, les parquets prirent l'habitude de classer les plaintes en dehors du juge, mais, sauf de rares exceptions, ils n'agissaient ainsi que s'il n'y avait pas de constitution de partie civile ; on avait presque oublié dans la pratique qu'il existait un article 63 permettant de se présenter directement devant le juge ; jamais un plaignant, prenant les engagements et assumant la responsabilité de la partie civile, ne s'était vu refuser le secours d'une instruction ; mais le droit existait toujours, et personne ne songeait à le contester.

Dans le courant de l'année 1880, de graves événements, déjà du domaine de l'histoire, vinrent créer sur des questions de principe de profonds dissentiments entre les différents organes de la puissance publique. Des citoyens, expulsés de leur domicile conventuel, par des mesures administratives, dénoncèrent à l'autorité judiciaire des actes constituant à leurs yeux, le crime d'attentat à la liberté individuelle. Ils s'adressèrent directement, soit au juge d'instruction, soit aux premiers présidents, à raison de la qualité des fonctionnaires mis en cause.

La régularité de leur action fut presque universellement reconnue.

Attendu, *dit l'ordonnance de M. le Président de la Cour de Pau,* que l'article 63 oblige le juge à accomplir les actes de sa fonction, c'est-à-dire à instruire préalablement quand il y a lieu, et dans tous les cas, à statuer sur la plainte, qu'on ne comprendrait, en effet, ni la situation d'une partie qui serait autorisée à se constituer devant un juge sans le saisir, ni celle d'un juge qui, légalement saisi, ne pourrait pas accomplir sa mission.

Attendu, *dit encore le premier président de la Cour de Poitiers*, que le législateur a entendu créer au profit des plaignants qui s'obligent à supporter les conséquences civiles de la procédure et prouvent, par cet engagement même, la gravité de l'intérêt qui les meut, la faculté de provoquer la mise en mouvement de l'action publique, sous la garantie de l'impartialité du magistrat instructeur ;

Qu'ainsi sont conciliées, d'une part, l'indépendance du ministère public, dont la liberté de réquisition demeure entière et qui conserve la faculté de ne pas ajouter à la plainte l'autorité de son appui ; d'autre part, la nécessité de garantir les droits des citoyens contre les refus de poursuivre qui pourraient, dans certains cas, et notamment en présence des difficultés et des retards entravant l'exercice d'une action devant la juridiction civile, constituer un véritable déni de justice.

Attendu, *ajoute le premier président de la Cour de Bordeaux*, que le magistrat instructeur a le devoir de vérifier le mérite de la plainte et de mettre le plaignant qui s'est constitué partie civile en mesure de la justifier [1].

Ces décisions ont été approuvées par les arrêtistes les plus autorisés.

Le ministère public à qui la plainte est communiquée par le magistrat instructeur, *dit M. Dalloz*, ne peut se dispenser de formuler à son sujet des réquisitions, ne serait-ce que pour demander un non-lieu, sauf au juge à statuer comme il le jugera convenable ; telle est, du moins, *ajoute-t-il*, l'opinion la plus accréditée relativement à cette question [2].

Il est à noter également que, lorsque des arrêts de conflit furent pris contre ces ordonnances, le ministre de l'Intérieur, dans ses observations, ne contesta en aucune façon qu'en thèse générale le juge ne se trouvât valable-

---

[1] V. Cour de Bordeaux, 11 août 1880 ; de Poitiers, 19 sept. ; de Pau, 15 nov.; d'Aix, 16 nov. Cont., ordonnance du premier président de Douai, 16 août 1880.

[2] D. P. 1881, 2ᵉ partie, p. 33, 3ᵉ partie, p. 17.

ment saisi de l'action publique par une plainte directe. Il prétendit seulement, en se fondant sur la qualité des personnes visées par la plainte (préfets, commissaires de police), que le procureur général ayant exclusivement qualité pour les poursuivre, la constitution de partie civile ne suffisait pas à elle seule pour mettre l'action publique en mouvement contre eux [1].

Enfin à la même époque[2], le Parquet de la Seine, mieux placé que tout autre pour connaître l'opinion du Gouvernement, a formellement consacré la compétence du magistrat instructeur dans une affaire qui fit quelque bruit. M. Baudry d'Asson, député de la Vendée, avait déposé entre les mains du doyen des juges d'instruction une plainte contre le président et les questeurs de la Chambre des députés, à raison des faits qui avaient accompagné son expulsion de l'Assemblée dans la séance du 11 novembre. Ce magistrat, après avoir régulièrement reçu cette plainte, la communiqua au parquet, conformément à l'article 63 ; le ministère public, bien qu'à ses yeux elle ne fût pas fondée, ne se crut pas autorisé à la retenir. Il la retourna avec des conclusions tendant au non-lieu. Le juge les adopta, mais assurément il aurait été libre de les repousser[3]. La même procédure a encore été suivie dans une affaire où l'ordonnance du juge a été confirmée par arrêt de la chambre d'accusation. (Chirac-Mayer, 2 janvier 1883.)

En résumé, toutes les fois qu'une plainte avec constitution de partie civile est remise directement entre les mains du juge, le Parquet, après en avoir reçu communication, est tenu de la rendre avec ses conclusions, de façon qu'il appartienne au juge et à lui seul de statuer sur la suite

---

[1] D. P. 1881, 3ᵉ partie, p. 18.

[2] 21 décembre 1880.

[3] V. *Journal du ministère public*, février 1881. — *Gazette des Tribunaux* du 1ᵉʳ février 1881, article de M. Boullaire, ancien procureur de la République, à Reims, n° 247.

qu'il convient de lui donner. Cette procédure ne saurait favoriser des plaintes téméraires, le ministère public pouvant demander l'annulation de l'ordonnance du juge disant, contrairement aux réquisitions, qu'il y a lieu à suivre ; c'est alors à la chambre d'accusation qu'il appartient de trancher la question conformément aux véritables intérêts de la justice.

D'après le système adopté par le Sénat, le juge agira, lorsqu'il recevra une plainte, non plus comme magistrat, mais comme simple officier de police judiciaire. Son rôle se bornera à recevoir la plainte des mains de la partie lésée et à la remettre au procureur de la République. On a fait remarquer « qu'une boîte aux lettres » ferait tout aussi bien l'affaire. Il ne pourra procéder à une information qu'à la condition d'en avoir été requis par le ministère public ; c'est alors seulement que le plaignant aura la faculté de se constituer partie civile. En un mot, la loi proposée supprime le bénéfice de l'instruction à l'égard de tous les plaignants, dont il ne plaira pas au Parquet de prendre la cause en main. Jamais la théorie du bon plaisir du pouvoir, en matière de justice criminelle, n'avait été si hautement proclamée, si facilement acceptée.

La première commission nommée par M. Dufaure, avait adopté une solution autrement libérale.

Il est très grave, *avait fait observer M. Ribot*, de laisser le procureur de la République absolument libre de ne pas donner suite à une plainte. On trouve une garantie suffisante dans l'offre faite par le plaignant de supporter les frais ; de plus ce dernier s'expose à des dommages-intérêts, s'il échoue.

M. Le Royer, garde des sceaux, exprimait les mêmes idées dans l'exposé des motifs.

Hors le cas exceptionnel de flagrant délit, le juge ne peut pas se saisir spontanément..., c'eût été fausser l'esprit de l'institution que de suivre à ce sujet l'exemple de certaines législations étrangères, notamment du Code allemand (art. 125), qui permet au juge instructeur de se saisir directement. Mais, sur un autre point, il a été fait un emprunt important au Code autrichien (art. 92), c'est l'obligation imposée au juge d'instruction de se saisir sur la plainte de la partie civile. La jurisprudence n'avait pas admis cette règle [1]. L'article l'établit, sans la restreindre à une catégorie spéciale de délits. Il semble en effet périlleux de permettre au procureur de la République de laisser une plainte sans suite ; et plus l'objet de la plainte est grave, plus l'inaction du ministère public serait fâcheuse.

Celle du juge sera impossible. Les garanties contre les accusateurs téméraires se trouvent dans l'obligation de supporter les frais et le danger de s'exposer à des dommages-intérêts en cas d'échec. Une seule condition est imposée à la partie civile pour rendre la plainte obligatoire, c'est de la communiquer préalablement au ministère public, qui, ainsi averti, pourra formuler telle réquisition qu'il appartiendra.

A deux années de distance, M. le procureur général Dauphin, rapporteur de la commission sénatoriale, soutenait absolument le contraire dans son rapport.

Sans doute, disait-il, il y a un certain péril à laisser le parquet seul maître de la poursuite dans les matières criminelles, où la partie lésée n'a pas le droit de citation directe, et seul juge de l'opportunité d'une instruction préparatoire pour les délits. Mais, au-dessus du danger de son inaction, que la pensée du devoir et la surveillance de l'opinion publique amoindrissent irrégulièrement, il faut placer le principe même de l'institution du ministère public, dont la France a l'honneur et qui doit rester intact... Si de ses mains on laissait tomber la poursuite dans celles des particuliers, on risquerait d'encourager des scandales inutiles, de honteux chantages et de basses vengeances.

Dans l'intervalle de ces deux années s'étaient produits les incidents judiciaires occasionnés par l'exécution des décrets. Loin de nous la pensée que leur souvenir ait été

---

[1] A l'époque où ces lignes étaient écrites la jurisprudence n'avait jamais eu à se prononcer sur la question, c'est à partir de 1880 seulement que se rencontrent les premières décisions citées plus haut. (D. P, 1881, 2ᵉ partie, page 33.)

pour quelque chose dans ce brusque changement d'opinion ; on ferait injure aux auteurs du projet en supposant
que le seul motif pour priver tous les citoyens d'une garantie jusque-là incontestée, aurait été que quelques
personnes s'en seraient servies à l'encontre de certains
actes du Gouvernement. Les jurisconsultes ne se laissent
pas troubler par des considérations aussi étroites dans la
préparation d'une loi judiciaire présentant un intérêt général. Ils portent leur vue plus haut et plus loin, ils considèrent, avant tout, les principes qui, demeurant immuables,
au milieu des événements et des passions, sont capables
d'assurer à tous les citoyens sans distinction de parti une
protection efficace de leurs droits.

D'ailleurs, lorsque les faits sont accomplis, on voit souvent les principes reprendre leur empire et la vérité juridique, un instant voilée, reparaître dans toute sa sérénité.

Un journal, assurément fort impartial, le faisait remarquer tout récemment dans ces termes pleins de franchise :

L'affaire des congrégations a un peu obscurci les idées ; mais à
présent que c'est fini, le moment est venu de consacrer un état de
choses qui ne permette pas de dire à la République ce que Prévost-
Paradol disait à l'Empire : Un de vos agents me jette à l'eau,
sera-ce un acte administratif[1] ?

Examinons donc au point de vue purement juridique la
valeur des motifs qui semblent avoir déterminé la Chambre
haute à enlever à la partie civile le droit à l'instruction.

On invoque, en premier lieu, pour contester au juge le
droit de se saisir sur la plainte de la partie, le principe
d'après lequel le ministère public est le seul maître de l'action publique.

Il y a des dogmes d'ordre moral, auxquels il n'est pas
permis de toucher. Ainsi personne ne contestera que la loi

---

[1] Le *Temps*, n° du 21 janvier 1884.

doit être égale pour tous ; mais le monopole du ministère public n'est pas, à notre avis, un de ces principes primordiaux auxquels il faut tout sacrifier. Le système de la poursuite privée a longtemps suffi à la protection de la société. D'ailleurs le législateur moderne ne l'a pas fait disparaître complètement de nos Codes ; il admet la citation directe en matière correctionnelle et de simple police ; et le droit que nous revendiquons n'est qu'une forme de ce mode de citation, qu'un dernier vestige, comme l'enseigne M. Faustin Hélie, de l'ancien droit d'accusation, exercé jusqu'au xix⁰ siècle.

Ce droit populaire, *dit-il*, fut considéré dans tous les temps comme une sorte de liberté publique, un moyen de résistance à l'oppression, une garantie qui assure aux faibles et aux petits la protection de la justice contre les coupables assez puissants pour se dérober aux poursuites.

N'y a-t-il pas bien des cas dans lesquels l'action publique s'exerce en dehors du ministère public, et quelquefois malgré lui. Sans parler du flagrant délit, qui saisit le juge *ipso facto* ou qui oblige le parquet à lui transmettre tout de suite les procès verbaux (art. 45), l'assemblée générale des chambres de la Cour peut enjoindre des poursuites au procureur général. La chambre des mises en accusation a, dans certaines circonstances, le droit d'ordonner une information. Le tribunal peut commettre un de ses membres pour procéder à certains actes d'instruction[1].

Le projet lui-même ne porte-t-il pas une atteinte aux prérogatives du ministère public en reconnaissant au juge le droit de refuser d'instruire sur ses réquisitions[2] ?

---

[1] Art. II. — Loi 20 avril 1810. — Art. 235, Code inst. crim.

[2] Art 48. — « Si le juge d'instruction est d'avis que le fait incriminé au réquisitoire du procureur de la République ne constitue ni crime, ni délit, ni contravention, ou que l'action publique est éteinte, il peut avant tout acte d'instruction déclarer par une ordonnance motivée qu'il n'y a pas lieu à suivre. »

Avoir le droit de paralyser l'action publique, n'est-ce pas une certaine façon de la diriger, et le désordre dans l'administration de la justice ne résultera-t-il pas bien plus du refus d'instruire que d'une instruction ouverte sur la plainte directe de la partie[1] ?

N'est-il pas évident, par ces exemples, que la loi a voulu prévenir l'inertie du ministère public, corriger ses erreurs et fournir aux particuliers un moyen de suppléer à la protection qui leur ferait défaut ? Ceux qui rêvent pour le ministère public un pouvoir absolu, un monopole jaloux, dénaturent le caractère de sa mission. Il semble que l'action serait pour lui une sorte de droit conquis sur les libertés privées. Ce n'est pas ainsi que nous le comprenons ; il est délégué pour l'application des lois pénales, parce qu'on a pensé qu'il serait plus vigilant, plus énergique que les intérêts privés, et non pas parce qu'on a voulu empêcher ces intérêts de se protéger eux-mêmes. Il a été institué pour exercer habituellement l'action publique, et non pour en paralyser l'exercice. Son droit consiste à prendre l'initiative des poursuites, mais il ne va pas jusqu'à priver la partie lésée, dont il n'est en réalité que le mandataire, des moyens de se faire rendre justice.

Mais, objecte-t-on, il serait scandaleux de voir un plaignant auquel le procureur de la République aurait refusé d'ouvrir une instruction, obtenir du juge une décision contraire. — Il nous paraîtrait autrement scandaleux de voir un délit rester impuni. D'ailleurs n'arrive-t-il pas tous les jours que des plaignants, éconduits par le Parquet, portent directement leur plainte à l'audience ? la dignité du Parquet est-elle compromise parce que le Tribunal condamne celui qu'on avait refusé de poursuivre ?

Les intérêts privés, ajoute-t-on, ne seront pas désarmés et pourront toujours obtenir satisfaction auprès des Tribu-

---

[1] Discours de M. Bérenger, séance du 16 mai 1882, p. 481.

naux civils. Mais dans bien des cas, une instruction préalable est l'unique moyen de recueillir les documents, les témoignages, de faire les constatations, les saisies, sans lesquels la conviction des juges ne saurait se former. Refuser une instruction à un plaignant, qui indique ses témoins, qui demande à faire la preuve, c'est le mettre le plus souvent dans l'impuissance absolue de faire valoir ses droits et l'exposer à perdre son procès, s'il le tente devant le tribunal civil ou devant le tribunal correctionnel par voie de citation directe.

Enfin, on paraît craindre que le juge d'instruction ne s'engage avec témérité dans une information prématurément ouverte; on le montre procédant à des perquisitions, à des arrestations, sans avoir pu s'entourer de renseignements préalables et portant ainsi pour la satisfaction de simples intérêts privés, souvent peu respectables, une atteinte irréparable à l'honneur des familles! Mais où donc se trouve-t-il ce juge assez imprudent, assez inexpérimenté pour se laisser diriger par le plaignant, pour se rapporter à de superficielles indications et ordonner une mesure grave sans prendre le moindre renseignement? Il peut s'éclairer bien plus efficacement que le Parquet, qui est obligé de se contenter d'enquêtes sommaires, faites le plus souvent par de simples inspecteurs de police. La marche prudente d'une instruction dépend de la conscience de celui qui en est chargé, et non de la qualité de celui qui l'a provoquée. Ce n'est point parce que le juge aura été saisi par la partie civile au lieu d'être requis par le Parquet, qu'il agira avec une légèreté coupable. Au contraire, il sera bien plus exposé à se laisser entraîner, à ajouter foi à l'accusation, s'il se trouve en présence d'une inculpation ayant déjà pour elle l'autorité d'un réquisitoire[1].

Il convient de se dégager de toutes ces objections secon-

---

[1] Discours de M. Bathie. — Séance du 10 mai 1882, p. 440.

daires et de placer le débat dans des régions plus élevées. Les uns veulent ramener tout à l'État et déclarent franchement que le gouvernement ne doit pas la justice à tout le monde. Les autres estiment, au contraire, qu'il faut donner à la partie civile toutes les facilités possibles et dégager la responsabilité du ministère public.

Cette dernière doctrine nous paraît être la seule qui soit conforme à l'esprit général de nos lois. Ne serait-ce pas, en effet, tomber dans une contradiction manifeste, que de faire figurer dans le même Code le droit de citation directe devant le tribunal et l'interdiction de saisir directement le juge d'instruction? La raison ne comprendrait pas qu'on puisse dire à la victime d'un acte délictueux : Vous pouvez soumettre vos griefs au Tribunal, amener devant lui celui que vous accusez, mais il vous est interdit de recourir à une information préalable et de réunir des preuves à l'appui de votre plainte.

Quel motif sérieux peut-on invoquer pour faire cette distinction arbitraire entre le cabinet du juge et l'audience du tribunal? Est-ce que la justice sous toutes ses formes n'appartient pas au justiciable? ou entend-on méconnaître le vrai caractère du magistrat instructeur et l'abaisser, en ne voyant en lui qu'un agent du Parquet, uniquement destiné à lui fournir des renseignements?

La citation directe peut soulever bien des critiques; si on l'admet, il faut admettre le droit de saisir de même le juge d'instruction. La citation directe, comme tous les procédés de justice expéditive, offre de graves dangers, aussi bien de la part du plaignant que de celle du ministère public. Elle soumet au Tribunal des affaires mal préparées. L'instruction préalable, au contraire, diminue ces périls, et supprime les risques d'erreur qui s'attachent aux choses qui n'ont pas subi l'épreuve d'un examen approfondi.

S'il est une procédure qui puisse favoriser le chantage et les procès téméraires, c'est la citation directe, et non la plainte au juge d'instruction. Ces hommes, dont parle le rapporteur, qui ne poursuivent qu'un but de scandale et de vengeance, ne seront pas ceux qui prendront le chemin de la chambre d'instruction. Ils se garderaient bien d'aller remettre entre les mains du juge la direction de leur affaire, de lui dire : Je ne veux ni des hasards, ni des surprises de l'audience, je vous livre ma plainte, mes moyens, mes témoins, mes pièces, pour que vous puissiez les soumettre à un examen minutieux et prolongé. Ils ne voudront pas de cette procédure discrète et prudente, qui ne s'avance qu'avec précaution, avec ménagement pour les personnes, sans bruit, sans publicité. Ils iront tout de suite à l'audience, dont les portes leur sont ouvertes ; ils jetteront comme une pâture leurs accusations à la foule ; à défaut d'autres succès, ils auront au moins la satisfaction d'avoir pu, dans des plaidoiries retentissantes, reproduites par la presse, porter à l'honneur de leur adversaire une irréparable atteinte. Ainsi, l'honorable rapporteur s'est beaucoup préoccupé du sort des sociétés financières dont une instruction prématurément ouverte peut précipiter la chute au grand dommage des personnes qui y sont intéressées [1]. Mais ces entreprises n'ont-elles pas bien plus à redouter, pour peu qu'elles soient chancelantes, de la citation directe ? N'arrive-t-il pas tous les jours que les révélations de l'audience obligent le ministère public à s'emparer de l'affaire et à ouvrir une instruction ?

On ne saurait trop le répéter, le droit de citation s'exerce sans contrôle, tandis que la plainte adressée au juge se trouve soumise aux épreuves de l'enquête et subordonnée à l'appréciation des magistrats. Le ministère public exerce son droit de communication et de réquisition, lorsque l'information est ouverte sur la plainte d'un particulier aussi

---

[1] Discours de M. Dauphin, séance du 10 mai 1882, p. 441.

bien que lorsqu'elle se poursuit à sa propre requête. Il peut donc intervenir dans la procédure, provoquer les actes qui lui paraissent de nature à établir la mauvaise foi de la partie civile et requérir une ordonnance de non-lieu. L'instruction est ainsi comme un réseau dont les mailles serrées retiennent les plaintes malsaines inspirées uniquement par des sentiments de haine et de cupidité.

Nous verrions sans regret disparaître la citation directe si on devait maintenir, pour la remplacer avec avantage, le droit de saisir le juge d'instruction. Cela vaudrait mieux. Tous les intérêts seraient sauvegardés, la partie lésée aurait un moyen de faire triompher ses justes réclamations. La partie dénoncée trouverait uue garantie dans l'intervention du magistrat instructeur et ne serait plus exposée à se voir infliger par le premier venu l'affront public d'une comparution à l'audience.

L'article 183 du Code d'instruction criminelle déclare que la citation directe tient lieu de plainte. Il serait illogique que la partie qui peut déférer sa plainte aux magistrats qui jugent ne puisse pas s'adresser aux magistrats qui instruisent. Nous irons même plus loin, bien que le droit de citation n'appartienne aux particuliers qu'en matière correctionnelle, nous voudrions que le droit de saisir directement le juge d'instruction fût admis, même en matière criminelle. Plus l'acte est grave, plus il convient d'en assurer la répression. D'ailleurs l'intervention du juge et de la chambre d'accusation suffira à barrer la route de la Cour d'assises aux plaintes téméraires[1].

Enfin, rien ne serait plus facile que de réprimer l'usage abusif et coupable de la plainte au juge d'instruction. Est-ce que l'article 373 du Code pénal ne punit pas d'un emprisonnement, pouvant s'élever à un an, celui qui aura fait par écrit une dénonciation à un officier de justice? Ce moyen

---

[1] Albert Desjardins. — Le juge d'instruction et le ministère public, p. 38.

est tellement efficace que nous avons vu bien souvent le ministère public, dans l'intérêt d'une personne qu'il savait être complètement innocente, requérir une instruction contre elle, afin de faire constater judiciairement la fausseté des faits par une ordonnance de non-lieu et de pouvoir ensuite atteindre le dénonciateur.

En même temps que la plainte au juge sauvegarde les intérêts privés, sans se prêter aux abus de la citation directe, elle allège la responsabilité du Parquet. Si le ministère public devait avoir seul désormais l'initiative des poursuites, il aurait bien des occasions d'être pris à partie. Toutes les fois qu'un scandale se produirait, qu'une affaire ténébreuse exciterait la curiosité publique, que l'opinion s'imaginerait à tort ou à raison que certains coupables, plus heureux que d'autres, auraient le privilège de braver les lois, on ne manquerait pas d'accuser le Parquet, de soupçonner son impartialité, on se livrerait à toutes sortes de conjectures pour lui prêter des sentiments bien contraires à ceux qui l'inspirent. Ces suppositions ne l'atteindraient plus, si la partie lésée partageait avec lui le droit de poursuivre. On aurait mauvaise grâce à lui reprocher son inaction, lorsque les intéressés eux-mêmes jugeraient à propos de s'abstenir.

Nous ne voulons pas qu'il y ait d'erreur sur le sentiment qui nous inspire. Nous ne sommes pas guidé par la pensée de maintenir au juge une de ses plus lourdes prérogatives, mais par le désir de mettre la justice à la portée de tout le monde. Sans doute les procureurs de la République s'efforcent toujours d'appliquer la loi avec une impartiale fermeté ; mais leur bonne volonté peut rencontrer des obstacles.

Je sais, *disait l'honorable M. Bozérian*[1], que dans certaines circonstances, par suite de certaines influences, il arrive, ou du moins il peut arriver qu'il ne soit pas toujours donné suite à des plaintes qui mériteraient d'être accueillies.

[1] P. 476, séance du 16 mai 1882.

Et l'honorable rapporteur ajoutait[1]:

Le Gouvernement peut donner ses ordres au procureur de la République, il peut bien dire au magistrat qui le représente qu'il estime qu'il y a lieu de s'abstenir, mais il est évident qu'il ne peut pas opposer cette défense à la volonté d'un juge d'instruction.

C'est bien reconnaître que le ministère public, moins indépendant que le juge, pourra, dans l'appréciation des plaintes qui lui sont soumises, se déterminer par des considérations extérieures et d'un ordre purement gouvernemental.

Il y a là un péril public ; le jour où les garanties de la justice dépendent des hommes et non des institutions, elles sont livrées à bien des hasards[2].

Après avoir prêté à la doctrine que nous combattons, l'appui d'une parole devant l'autorité de laquelle il nous coûte tout particulièrement de ne pas nous incliner avec respect, l'honorable M. Brunet reconnaissant lui-même les dangers qu'il peut y avoir à laisser les plaignants à la discrétion du ministère public, s'empressait de proposer un correctif consistant dans l'obligation pour le Parquet d'ouvrir une information toutes les fois qu'il y aurait constitution de partie civile, qu'il s'agisse de crime ou de délit.

Il ajoutait :

Je ne sais pas trop si ce serait une innovation.

Les articles 53 et 54 du Code prescrivent en effet au procureur de la République, dès qu'il reçoit une dénonciation, de la transmettre sans délai au juge d'instruction avec les réquisitions qu'il jugera convenables. — Cette obligation n'est jamais si impérieuse que lorsque le plaignant se porte partie civile et qu'il atteste sa bonne foi et la sincérité de sa conviction par l'engagement de payer les frais.

---

[1] Séance du 25 juillet, p. 886.
[2] Discours de M. Delsol. — Séance du 25 juillet 1882, p. 883.

La Plainte, disait Cambacérès dans la séance du Conseil d'État du 11 juin 1808, ne peut être confondue avec la dénonciation ; on doit sans doute laisser le procureur impérial libre de poursuivre ou de ne pas poursuivre un délit qui lui est dénoncé par un homme qui, n'en étant pas blessé, n'a pas le droit d'en demander réparation ; mais lorsqu'un offensé se plaint, lorsqu'il se porte partie civile, il ne faut pas que le procureur impérial puisse le paralyser par un refus de poursuivre. La justice veut que, dans ce cas, on permette à la partie plaignante de recourir au juge d'instruction[1].

En 1826, la Cour de cassation faisant une distinction entre les plaintes ordinaires et celles accompagnées de la constitution de partie civile, reconnaissait implicitement que, dans ce dernier cas, le ministère public n'est pas maître de laisser la plainte sans suite[2].

Ce qui prouve que dans la pensée de la loi, *fait observer Dalloz* [3], le ministère public est tenu de communiquer avec ses conclusions, quelles qu'elles soient, au juge d'instruction la plainte à lui adressée par le plaignant qui se porte partie civile, c'est que l'article 63 autorise cette partie à saisir directement de sa plainte le juge d'instruction, lequel, après l'avoir communiqué au ministère public, et après avoir reçu les conclusions de celui-ci est tenu de faire son rapport à la chambre du conseil et de provoquer ainsi la décision de cette chambre sur la prévention.

Depuis la suppression de la chambre du conseil, c'est au juge qu'il appartient de statuer par ordonnance [4].

Les deux questions se tiennent. Si on admet que la volonté du ministère public peut se trouver contrainte par l'obligation de requérir une instruction, toutes les fois qu'il y a constitution de partie civile, il n'y a plus aucune raison pour con-

---

[1] V. Locré, t. XXV, p. 147,

[3] *V. Inst. crim.* n° 65.

[2] 8 déc. 1826. — *Bulletin de la Chambre criminelle*, p. 715.

[4] Voir dans le même sens Sirey, sous l'art. 60. — Faustin-Hélie, t. IV, p. 263. — Carnot, *Inst. crim.*, t. I, p. 295, 305, 306. — Legraverend, *Législation criminelle*, t. I, p. 7. — Art. 6 et 20 de la loi du 29 sept. 1791. — Art. 4, 90, 92 du Code du 3 brumaire an IV.

tester à la partie civile le droit de mettre elle-même le juge d'instruction en mouvement.

Mais, si on lui refuse ce droit, il faut au moins que le Parquet soit obligé de saisir lui-même le juge et que les dispositions impératives des articles 53 et 54, au lieu d'être effacées du Code, y soient rétablies sous une forme encore plus précise.

Le législateur doit faire en sorte qu'il ne puisse jamais arriver qu'un citoyen fasse à la justice un appel qui ne soit pas entendu, que s'il invoque son appui pour porter la lumière au milieu de puissantes intrigues, il ne puisse, éconduit tour à tour par le procureur de la République et le juge d'instruction, entendre l'un lui opposer son bon plaisir, l'autre son impuissance.

Le droit de citation directe passé dans nos mœurs, a eu ses détracteurs. On faisait valoir, pour le supprimer, tous les arguments dont on se sert aujourd'hui pour repousser le droit de saisir le juge. En 1845, on demanda son abrogation à la Chambre des députés, et dans la discussion d'où il sortit vainqueur, M. Chaix d'Est-Ange fit entendre ces paroles bonnes à méditer aujourd'hui :

On a toujours pensé que c'était une garantie de justice ; sans doute ce droit n'est pas sans inconvénient, mais quelle liberté y a-t-il dans ce monde qui n'ait avec elle ses abus? C'est à nous qui voulons être libres à la subir, et c'est aux tribunaux, quand ils sont témoins du scandale, qu'il appartient de les réprimer [1].

Ce serait soutenir des doctrines peu compatibles avec l'esprit des sociétés modernes que de prétendre accaparer en quelque sorte les forces dont dispose le magistrat instructeur au profit des seules affaires dont il plairait au Parquet de prendre la direction ; nous aimons à nous représenter les fonctionnaires, les magistrats comme les serviteurs de la loi, les protecteurs dévoués des intérêts privés aussi bien

---

[1] Séance du 25 avril 1845.

que des intérêts publics ; nous voulons une justice qui soit accessible à tout le monde, surtout aux faibles, aux humbles, aux opprimés. Nous ne comprenons pas que le ministère public, pouvoir politique, puisse venir se mettre devant le juge et dire à la partie lésée : Tu ne t'adresseras à lui que si je te le permets ; il n'examinera tes preuves, il n'entendra tes témoins, il ne fera la lumière que si cela me convient ; il est à moi et non à toi ; il est l'instrument du pouvoir que je détiens dans mes mains ; il n'est pas le protecteur de tes droits.

CHAPITRE VI

DU DROIT D'ÉVOCATION DES COURS D'APPEL

Le Code de 1808, tout en faisant du ministère public l'instrument habituel de l'action publique, a voulu que la direction suprême en appartînt aux Cours d'appel.

L'article 9 proclame le principe dans ces termes précis : *La police judiciaire sera exercée sous l'autorité des Cours impériales.*

L'article 235 et l'article 11 de la loi du 10 avril 1810[1] font l'application de cette règle, l'un en donnant à la chambre des mises en accusation dans les affaires dont elle est saisie, le droit d'étendre les poursuites à tous les faits qui peuvent s'y rattacher et à toutes les personnes qui peuvent s'y trouver impliquées ; l'autre, en donnant à la Cour réunie en assemblée générale sur la convocation de son premier président ou la réquisition d'un de ses membres, le droit d'enjoindre au procureur général de poursuivre les crimes ou délits qu'elle croit impunis [2].

---

[1] Art. 235. — « Dans toutes les affaires les Cours impériales, tánt qu'elles n'auront pas décidé s'il y a lieu de prononcer la mise en accusation, pourront d'office, soit qu'il y ait ou non une instruction commencée par les premiers juges, ordonner des poursuites, se faire apporter les pièces, informer, ou faire informer, et statuer ensuite ce qu'il appartiendra. »

Art. 11.— Loi de 1810. — « La Cour royale pourra, toutes les chambres assemblées, entendre les dénonciations qui lui seraient faites par un de ses membres, de crimes ou délits, elle pourra mander le procureur général pour lui enjoindre de poursuivre à raison de ces faits et pour entendre le compte que le procureur général lui rendra des poursuites qui seraient commencées. »

[2] Louchet, *De l'autorité des Cours impériales en matière criminelle*, 1866. — Discour de M. Oscar de Vallée, séance du 7 juin 1882, p. 592.

Le projet, dont la constante préoccupation est de réserver aux parquets le monopole, sans contrôle, de l'action publipue, devait être fatalement conduit à supprimer ces garanties de notre droit criminel.

A quoi aurait-il servi de dépouiller les magistrats instructeurs de la faculté d'inculper d'office les coupables découverts au cours d'une information, de retirer aux parties civiles le droit d'obtenir une enquête, si les Cours avaient pu atteindre ces coupables favorisés, ou recueillir ces plaintes injustement repoussées.

Il fallait aller jusqu'au bout, la logique a des conséquences auxquelles il est impossible de se soustraire.

Le Sénat a donc supprimé radicalement le droit d'évocation des Cours et restreint le droit de poursuite des chambres d'accusation aux seuls faits pour lesquels il plairait au procureur général de prendre des réquisitions [1].

Ainsi se trouve consommée, au grand dommage de l'intérêt social, au mépris de nos plus antiques traditions, la mainmise absolue du pouvoir exécutif sur le pouvoir judiciaire.

On a pu accomplir cette réforme considérable sans avoir à redouter ces fières protestations que les compagnies judiciaires faisaient entendre quand le souverain voulait toucher à leurs prérogatives, sans même avoir à compter avec une opinion publique indifférente ; mais est-ce là une raison qui justifie cet amoindrissement d'une institution si nécessaire à la protection des intérêts privés.

Il ne suffit pas davantage de prétendre qu'il s'agit de droits surannés, derniers vestiges de l'ancien régime ; il faut examiner sans passion si ces droits ou, pour parler

---

[1] Art. 217 du projet. — «Lorsque la chambre d'accusation est saisie de l'accusation ou de la prévention, le procureur général peut requérir, et elle peut sur cette réquisition ordonner qu'il soit informé sur des faits ou sur des personnes non compris dans les réquisitions du ministère public devant le juge d'instruction ; sur la réquisition du procureur général il peut évoquer des poursuites commencées par le juge d'instruction ou faire procéder elle-même à une instruction non commencée. »

Art. 226. — L'article II de la loi du 20 avril 1810 est abrogé.

plus exactement, si ces devoirs imposés à la Magistrature, avaient donné lieu à des abus, ou si, au contraire, ils n'avaient pas été, dans bien des circonstances, une sauvegarde contre des actes arbitraires.

A deux années d'intervalle, le rédacteur de l'exposé des motifs de la loi présentée par le Gouvernement et le rapporteur de la commission sénatoriale, l'un ministre de la Justice, l'autre procureur général, ont exprimé sur cette grave question des idées contradictoires et ont soutenu des opinions diamétralement opposées.

Il ne faut voir, *disait M. le garde des Sceaux Le Royer*, dans l'intervention éventuelle des Cours d'appel, qu'une garantie d'ordre et de haute moralité publique ; ce ne sera jamais que pour obéir à un mouvement irrésistible et légitime de l'opinion qu'une Cour emploiera ainsi son droit d'initiative ; et ce droit assure aux citoyens une protection contre l'arbitraire gouvernemental, dont il ne convient pas à un gouvernement républicain de les dépouiller.

En 1882, M. Dauphin, alors procureur général, vient dire de son côté :

L'intervention des Cours ne peut que créer des conflits sans issue, engager les Cours dans des actes politiques. Elle n'a jamais eu et n'aurait jamais la force d'empêcher les attentats aux constitutions et les coups d'État ; et s'il s'agit de garantir les citoyens contre le gouvernement lui-même et contre le pouvoir parlementaire duquel il dépend, la magistrature perdrait son autorité et sa dignité dans une lutte où elle ne saurait avoir le dernier mot.

La même divergence d'opinion se manifeste entre deux pays, dont l'un, disons-le avec tristesse et en laissant de côté tout amour-propre national, a souvent donné à l'autre des leçons de libéralisme, nous voulons parler de la France et de la Belgique.

Tandis que, devant le Sénat français, les partisans de la réforme soutiennent que le ministère public apportera toujours trop d'impartialité dans l'accomplissement de ses

devoirs pour que les Cours aient jamais besoin d'intervenir, le rapporteur de la loi belge s'exprime dans des termes empreints d'une plus modeste sincérité.

La complaisance, la négligence, la partialité, dit-il, peuvent se
produire sous tous les régimes ; assurément elles se rencontreront
très rarement parmi les membres du ministère public, mais on ne
blesse pas les magistrats, en disant que pas plus que leurs concitoyens, ils ne sont à l'abri des faiblesses humaines ; à une époque
de lutte ardente où les chefs de Parquet se sont plus d'une fois
lancés dans la mêlée, ils peuvent se trouver exposés à leur insu à ne
pas apercevoir sous un vrai jour les actes de quelques lutteurs. Il
importe que, dans certains cas, qui probablement ne se présenteront
pas, mais qui ne sont pas impossibles, une haute et impartiale autorité puisse faire entendre sa voix et veiller à ce que le règne des
lois soit maintenu avec une rigueur inflexible.

Entre des appréciations aussi contraires, on doit reconnaître tout au moins que la réforme adoptée par le Sénat
n'est pas de celles qui s'imposent.

Ses partisans prétendent que le droit des Cours est la
violation flagrante du principe qui remet au ministère public l'exercice de l'action publique ; il faut tout niveler,
et si le temps et les révolutions ont laissé debout une
liberté, comme il arrive à la hache du bûcheron d'épargner
un vieil arbre, dans une coupe sombre, il faut se hâter de
l'abattre, pour laisser grandir le pouvoir discrétionnaire
du ministère public.

Nous avons déjà eu l'occasion de combattre comme contraire à nos mœurs judiciaires et aux principes généraux
de notre législation, cette doctrine qui fait de l'action publique la propriété des parquets. Cette action cesserait d'être
publique, si elle était absorbée par l'État ; elle doit pouvoir
s'exercer au profit de quiconque souffre d'un acte délictueux,
et si les officiers du Parquet en sont plus spécialement
chargés, dans certains cas, ce n'est qu'à titre de délégation générale et non pas en vertu d'un droit personnel.

C'est de cette idée première, conforme à la raison, à la nature même des choses qu'a découlé pour les particuliers le droit d'accusation directe, l'obligation de dénoncer les crimes dont ils seraient témoins, pour le juge le droit de poursuivre d'office, qu'on définissait par l'adage : Tout juge est procureur général.

Sitôt que les crimes et délits auront été commis et perpétrés, *disait l'ordonnance du 30 août* 1506, les juges ordinaires seront tenus à en informer ou faire informer, et faire apporter les informations par devers eux ; et n'attendront les juges qu'ils en soient requis par les parties civiles et intéressées qui, le plus souvent, sont si pauvres et si indigentes et tellement intimidées par la puissance des délinquants ou de leurs parents, qu'ils n'en font plainte à justice et sont contraints d'en composer pour petite chose.

Jousse enseignait :

Que c'était un axiome qui ne souffrait aucune difficulté que les fonctions du ministère public résident dans les juges ; et que, par une conséquence nécessaire, les juges peuvent poursuivre la punition d'un crime et en informer, indépendamment des procureurs du roi et fiscaux.

Ces principes préexistaient donc à l'établissement du ministère public, il est venu leur apporter certaines restrictions, tout en les laissant subsister dans une très large mesure et dans leur esprit général[1].

Le droit de citation directe, celui de saisir le juge d'instruction et de provoquer une information, le droit d'évocation et de haute surveillance des cours d'appel, loin d'être des innovations, n'ont été que l'application des idées qui avaient toujours servi de base à notre droit criminel,

L'action publique appartient si peu aux parquets d'une façon exclusive, qu'ils ne sont pas libres d'y renoncer comme à un droit qui leur serait personnel. Il ne dépend pas de

___
[1] Albert Desjardins. Le juge d'instruction et le ministère public, p. 51.

leur volonté de la laisser périr, d'aliéner les droits de la société. Ils ne peuvent ni transiger, ni se désister de l'action intentée, ni acquiescer au jugement [2].

La poursuite doit suivre sa marche, il n'appartient qu'aux tribunaux de se rendre juges de son mérite par une décision régulière.

Pour justifier la suppression du droit d'évocation on a été jusqu'à soutenir qu'il ne pouvait profiter en rien à la défense des intérêts privés, qu'il était au contraire un moyen de gouvernement, et que ceux qui le considéraient jusqu'à ce jour comme une concession faite par Napoléon aux idées libérales commettaient une erreur historique.

Cependant, en 1824, la Cour de cassation, dans un arrêt de principe, ne déclarait-elle pas :

Qu'en conférant à des corps indépendants la surveillance de l'action publique, qu'en les autorisant à la mettre en mouvement, les lois ont créé en faveur de la liberté civile une de ses plus fortes garanties.

La vérité, c'est qu'en consacrant ces droits, dans le Code de 1808, l'empereur, avec ce goût des grandes choses qui inspirait souvent ses conceptions gouvernementales, sut faire le sacrifice de ses instincts de domination pour asseoir l'ordre judiciaire sur des bases solides.

Ce n'était pas dans son intérêt personnel qu'il avait besoin de placer au-dessus des membres de ses parquets l'autorité des Cours, afin de stimuler leur zèle ; c'était, au contraire, pour prévenir les abus du pouvoir et assurer, même aux plus humbles, la protection de la loi.

Il avait dans la main ses procureurs généraux, il n'avait pas à redouter leur faiblesse comme celle des compagnies judiciaires, encore à peine organisées. En 1808, au lende-

---

[1] Dalloz, *Rép.*, v° *ministère public*, n° 254, *acquiescement*, n° 877. — *Inst. crim.*, n° 128.

main de la Révolution, dit avec raison M. Le Royer dans l'exposé des motifs du projet[1],

Les Tribunaux ne présentaient pas une composition irréprochable sur laquelle on put suffisamment faire fond ; improvisés avec des éléments épars, ils offraient des imperfections auxquelles le Gouvernement pouvait préférer les aptitudes, l'esprit politique des hauts fonctionnaires administratifs, qui, beaucoup moins nombreux, avaient été peut-être choisis avec plus de soin.

Napoléon s'était entouré d'hommes intelligents, énergiques, autoritaires ; il pouvait, dans les grands jours de sa puissance, tout attendre de leur zèle, de leur fermeté, de leur soumission. Sa main souvent très dure les attachait à sa propre destinée. Il voulait un dévouement entier, absolu, une docilité sans limites. Il punissait comme il récompensait, avec grandeur. Ses procureurs généraux, ses préfets étaient des personnages. Il leur octroyait des titres de noblesse, des dotations. Il les plaçait très haut, non pas pour eux-mêmes, mais pour jeter plus d'éclat sur sa propre autorité.

Comme s'il eût été effrayé par moment de la toute-puissance qu'il leur avait donnée, « il eut un jour du bon sens, » suivant l'expression d'un des orateurs du Sénat[2] : il comprit qu'il était nécessaire de donner un contre-poids à cette omnipotence administrative ; les despotes eux-mêmes, s'il arrive qu'ils soient en même temps des hommes de génie, reculent quelquefois devant la responsabilité d'un pouvoir trop absolu. Quelles autres considérations auraient donc pu déterminer l'Empereur à créer des garanties contre ses propres fonctionnaires.

Revenant à des règles dont le « temps avait démontré la sagesse et sans lesquelles il ne saurait y avoir de justice, » il supprima le pouvoir d'annulation du Sénat, confia aux

---

[1] Page 49.

[2] M. le duc de Broglie. — Séance du 7 juin, p. 594, vol. 3.

Cours et Tribunaux le droit d'exercer la discipline sur leurs propres membres et fit disparaître les sénatus-consultes, les décrets qui avaient défiguré l'œuvre de la Constitution de l'an VIII en plaçant la Magistrature sous la dépendance de l'administration. Ce furent les mêmes raisons qui le déterminèrent à remettre entre les mains des Cours le suprême exercice de l'action publique. Il voulut garantir les petits et les faibles contre les abus d'autorité de ses agents administratifs et judiciaires, auxquels il avait donné une puissance si redoutable qu'il se plaisait lui-même à la comparer à un torrent dont les flots menacent de tout envahir.

Ses propres paroles, bien souvent citées, ne peuvent laisser aucun doute sur ses intentions.

C'est surtout, *disait-il*, dans les pays qui ont une puissance militaire considérable qu'il convient d'organiser fortement la justice criminelle.

Il s'agit, *écrivait-il au Conseil d'Etat*, de former de grands corps, forts de la considération que donne la science civile, forts de leur nombre, au-dessus des craintes et des considérations particulières.

Il voyait, dans l'organisation des Cours impériales l'avantage de relever le caractère du juge criminel en y joignant celui du juge civil, de donner aux corps judiciaires une force égale à celle des autres corps et de les mettre en état de défendre l'ordre public et la liberté civile contre l'administration, contre le militaire, suivant son expression, contre les hommes puissants. Et, sur la fin de son règne, au moment où il apercevait ses fautes dans l'immense écroulement de son œuvre, loin de se repentir du peu qu'il avait fait pour les libertés publiques, il regrettait de les avoir trop souvent sacrifiées.

A son retour de l'île d'Elbe, s'arrêtant à Grenoble, il demanda à M. Bérenger (de la Drôme) :

La Cour a-t-elle du crédit dans le ressort ? — Non, Sire. — Pourquoi, non ? — Les corps judiciaires n'ont plus d'influence, l'autorité administrative absorbe tout. — Comment cela ? — Sire, un maire de village est plus puissant qu'un premier président ; les préfets ont un pouvoir si extraordinaire, que bientôt la justice ne s'administrera plus que sous leur direction.

Et, l'entretien continuant, Napoléon, qui était devenu pensif, concluait en disant :

— Tout cela est vrai, les préfets ont une grande autorité, je n'ai jamais bien entendu ces matières, je les renvoyais au Conseil d'État.

Et puis, il rejetait la faute sur Siméon, sur Treilhard et son dernier mot fut celui-ci :

Oui, tout cela a besoin d'être revu [1].

Il ne nous paraît pas nécessaire d'insister davantage pour démontrer que c'est une erreur historique de représenter le droit d'évocation comme ayant servi d'instrument à la domination impériale.

Faut-il croire et dire maintenant avec l'honorable rapporteur que les Cours ne s'en serviraient aujourd'hui que pour faire de l'opposition au gouvernement et l'engager dans des poursuites compromettantes? On ne saurait, pour les besoins de la discussion, supposer la Magistrature tantôt servile et tantôt factieuse, obéissant tout à la fois aux ordres d'un souverain pour peser sur les résolutions d'un procureur général et prenant plaisir, dans d'autres circonstances, à engager des poursuites sans autre motif que celui de faire échec au ministère. Il faudrait pouvoir citer des faits pour justifier de telles suppositions. La loi de 1810 a pour elle une épreuve de soixante-dix ans, et pendant tout ce temps, le seul reproche qu'on ait pu adresser aux Cours a été non pas d'avoir fait un mauvais usage de leur pouvoir, mais au contraire de l'avoir trop rarement, trop timidement exercé, en laissant passer de mémorables occasions de raffermir la conscience publique et d'étendre

---

[1] Bavoux, *Traité des conflits*, 1828.

sur les libertés menacées la main protectrice de la justice.

Le droit d'évocation des Cours a été établi pour contrebalancer l'action néfaste de la politique dans l'administration de la justice criminelle ; prenons garde que son abrogation n'ouvre la porte à la politique et ne permette de sacrifier au besoin les intérêts privés, de faire fléchir les rigueurs de la loi au profit de ces privilégiés que l'empereur craignait de voir échapper à la vigilante fermeté de ses procureurs généraux.

Par quel autre motif pourrait-on redouter la salutaire intervention de la Magistrature ? Admettra-t-on que des compagnies aussi importantes que des Cours souveraines seraient capables de se déconsidérer elles-mêmes en se saisissant de faits sans gravité, en accueillant des plaintes téméraires, en mettant en mouvement mal à propos l'appareil de la justice ; n'est-ce donc rien que la réunion de tant de magistrats, que la délibération majestueuse d'une Cour tout entière.

Les préoccupations dont nous avons précédemment parlé, étaient bonnes, dit-on, dans le passé. Elles ne sont plus de notre époque. Ne comparons pas les magistrats actuels à leurs prédécesseurs.

Aujourd'hui le ministère public, ferme dans ses devoirs bien connus et largement développés, est au-dessus de la crainte [1].

On peut louer le présent sans dénigrer le passé, les membres du ministère public à toutes les époques ont laissé d'assez beaux exemples pour qu'on puisse trouver une certaine gloire en se bornant à les suivre ; notre siècle, quelque favorisé qu'il puisse être, n'a pas été le seul à rencontrer chez ses magistrat les hautes vertus, les principes austères, la fierté d'esprit et l'indépendance du caractère [2].

---

[1] Rapport de M. Dauphin, p. 56.

[2] Discours de M. Senart : *De l'action de la magistrature sur les sociétés,* audience de rentrée 1865.

Quel est donc celui qui pourrait se trouver diminué si on le comparait à ce grand chancelier qui, dans sa mercuriale sur la dignité et les mœurs de ceux qui remplissent un office de justice, traçait aux magistrats de tous les temps, des leçons qu'on ne se lasse pas d'admirer.

Où pourrait-on rencontrer un meilleur précepte de réserve politique que dans les paroles de ce premier président répondant au duc d'Orléans :

> Le Parlement est fait pour rendre justice au peuple ; les finances, la guerre, le gouvernement ne sont point de son ressort.

Quel est le magistrat qui ne souhaiterait qu'on pût lui appliquer ces mots d'Antoine Lemaître parlant des Séguier:

> Ils ont été animés dans leurs actions publiques du zèle de la vérité et non de l'ardeur des passions ; la justice n'a jamais été plus puissamment armée que lorsqu'elle l'était de leurs raisons [1].

Et pour parler d'un temps moins éloigné, trouvera-t-on jamais les devoirs du ministère public plus noblement exprimés que dans cette lettre, où un procureur général qui qui fut une des gloires de la Restauration, écrivait au garde des sceaux :

> Je continue de penser qu'aujourd'hui surtout il n'y a pas deux espèces de lois, dont les unes pourraient être suspendues par la volonté du Gouvernement et les autres seraient seules à l'abri de cette suspension de fait. Je ne connais jusqu'à présent aucune loi ni même aucune doctrine qui admette ces deux classes de lois. J'ai eu l'honneur de jurer aux pieds du roi et entre ses mains de faire religieusement exécuter toutes les lois sans distinction : je tiendrai mon serment [2].

Or tous ces magistrats, si fermes dans leurs devoirs, si énergiques devant le pouvoir ou devant la sédition, si pénétrés de la grandeur de leur mission sociale,

---

[1] Lemaître, *Plaid.*, 31.

[2] Correspondance de Bellart. Lettre du 2 avril 1820.

ont-ils jamais pensé, aussi bien sous le régime de l'ordonnance de 1536 que sous celui de la loi de 1810, que leurs prérogatives, pour lesquelles ils avaient pourtant un culte religieux, aient été diminuées par la participation des juges à l'exercice de l'action publique ; et de notre temps a-t-on entendu une seule voix sortir des rangs du Parquet pour protester contre le droit d'évocation des Cours et le représenter comme étant attentatoire à la dignité de ces fonctions du ministère public, dans lesquelles, suivant l'expression d'un orateur qui fut un grand magistrat :

On n'a d'autre responsabilité que celle de sa conscience, d'autre service que celui de la loi, d'autre passion que celle de la vérité laborieusement cherchée, savamment découverte et noblement exprimée [1].

L'existence du droit alors même qu'il n'était pas exercé, avait son utilité ; la possibilité de l'intervention des Cours, les observations officieuses et courtoises d'un premier président ont suffi quelquefois à prévenir les abus. Les procureurs généraux, dont la situation est d'autant plus difficile que s'ils ont le devoir de faire les poursuites prescrites par le ministre, ils ont aussi le droit de les faire malgré lui, trouvaient dans les Cours, non pas un adversaire, mais un soutien ; ils pouvaient s'appuyer sur leur autorité morale, sur leur sentiment, sur la menace de leur évocation, pour agir contre des coupables que certaines influences intéressées voulaient sauver.

Il ne faut pas s'imaginer, d'ailleurs, que le droit des Cours ne trouvera à s'exercer qu'à l'ocasion d'événements d'une extrême gravité, elles peuvent à avoir intervenir utilement même dans les affaires en apparence les plus simples, il suffit pour s'en convaincre de se rappeler la dernière application qui, à notre connaissance, a été faite du droit d'évocation.

[1] M. Oscar de Vallée. Discours, 1864.

En 1861, le juge d'instruction de Saverne avait renvoyé
en police correctionelle M. Edmond About, à la suite d'un
article diffamatoire publié par l'*Opinion nationale* contre
le maire de la ville; le tribunal était déjà saisi, lorsque le
plaignant, cédant à de souveraines sollicitations en faveur
de l'inculpé, consentit à se désister; les règles les plus formelles de la procédure exigeaient néanmoins que le Tribunal
statuât; cela ne convenait pas au procureur général, il se
rendit à Saverne, prit le dossier au Parquet et l'emporta!
La Cour, trouvant le procédé un peu trop sommaire, évoqua
l'affaire, et elle fit bien; on put regretter seulement que la
Cour de cassation, par une distinction subtile, ait décidé
à cette occasion que si les Cours ont le droit de provoquer l'exercice de l'action publique en cas d'inertie
du procureur général, elles ne peuvent intervenir dans des
poursuites déjà commencées[1]; nous rappelons cet incident curieux, à plus d'un point de vue, pour montrer
que, même dans l'affaire la plus ordinaire, il peut arriver,
par cela seul que le Gouvernement désire ménager certaines
personnalités, qu'un procureur général ait besoin d'être
réconforté par l'action de la Cour.

Que voulez-vous, dit-on enfin, que fassent les Cours
contre la force? elles épuiseront leur autorité dans des luttes
stériles.

Cette objection se comprend peu de la part du législateur: c'est à lui à empêcher que la force puisse jamais
primer le droit; autrement, il faudrait conclure logique-
ment à la suppression de la justice elle-même; elle ne
représente jamais qu'une autorité morale, elle sait très
bien qu'il existe des heures où la force matérielle l'emporte,
où les plaintes de la loi violée ne sont pas entendues; où
le prétoire est envahi, où les principes sont foulés aux
pieds; est-ce une raison pour abdiquer? l'honneur est pour

[1] D. P. 1861, 1, 289.

ceux qui, même dans les mauvais jours, restent fidèles à l'amour du droit, ce sentiment des âmes élevées ; ils peuvent être vaincus, sans rien perdre de leur dignité, et leur défaite est souvent féconde.

Il n'est pas nécessaire de supposer de telles éventualités pour regretter que, contrairement d'ailleurs au projet primitif du Gouvernement et sans qu'aucun abus ait pu être invoqué, la majorité du Sénat ait condamné un droit ayant trouvé grâce devant le pouvoir absolu de Napoléon et pouvant être considéré comme le couronnement de nos lois de procédure criminelle.

Quelque regrettable que puisse être l'abolition de ce droit, elle le sera encore moins que la suppression de celui par lequel les chambres d'accusation étendaient l'instruction des affaires dont elles étaient saisies à des faits s'y rattachant ou à de nouveaux prévenus.

Déjà en parlant des juges d'instruction nous avons montré combien il serait fâcheux que le Parquet puisse enfermer étroitement ses recherches dans les limites du réquisitoire introductif.

Mais ces restrictions nous paraissent encore plus fâcheuses quand elles s'appliquent à une juridiction d'un ordre aussi élevé que la chambre des mises en accusation, et à des affaires destinées à être soumises au jury. Il arrive à chaque instant que dans l'examen des procédures qui lui sont soumises, cette chambre si bien placée pour connaître les relations des affaires entre elles, apportant dans leur étude une plus grande hauteur de vues, quelquefois aussi plus d'expérience et de fermeté, se rend compte, mieux que le juge, de la nécessité de donner une certaine extension à la poursuite, de la compléter soit à l'égard d'individus qui auraient dû être inculpés, soit à l'égard d'un nouveau crime ou d'un autre délit se rattachant à l'affaire dont elle est saisie.

Aussi le législateur de 1808 avait voulu, « dans l'espoir,

suivant ses propres expressions, qu'aucun crime ne resterait impuni, » donner à la chambre d'accusation les pouvoirs les plus vastes, l'investir de la plénitude de juridiction et élever en elle à leur plus haute expression tous les pouvoirs du magistrat instructeur ; sans doute, son autorité est un peu moins étendue que celle de l'assemblée générale de la Cour, elle n'exerce pas comme elle l'action publique. Le droit d'évocation lui appartient, non pas d'une façon générale, illimitée, mais seulement à propos des affaires déjà commencées par le ministère public ; dans ces termes, elle a le droit de juridiction, non seulement sur l'affaire telle qu'elle se trouve définie par le réquisitoire du ministère public et l'ordonnance du juge d'instruction, mais sur tout ce qui s'y rattache de près ou de loin.

Elle exerce sur le juge d'instruction le plus utile et le plus respecté de tous les contrôles ; elle peut dans les affaires dont elle est saisie annuler d'office tout acte d'instruction qu'elle reconnaît être entaché d'irrégularité, enlever au juge par l'exercice du droit d'évocation les procédures qu'il y aurait quelque inconvénient à laisser entre ses mains, ou réparer ses omissions ; elle peut enfin, en vertu du même droit, informer par elle-même ou ordonner un supplément d'information sur de nouveaux inculpés ou sur des crimes ou délits dont l'examen des pièces aurait amené la révélation ; et tout cela, elle peut le faire par sa propre initiative et sans y être invitée par aucune réquisition[1].

La jurisprudence, s'inspirant de l'esprit du législateur, n'a jamais cherché à interpréter dans un sens restrictif ces attributions, qui achèvent d'une façon si utile l'œuvre de la justice pénale.

Le Sénat a cru devoir les supprimer ; il exige, avons-nous dit, les réquisitions du procureur général pour

---

[1] Art. 235, C. inst. cr. — Legraverend, t. I, p. 394, 395, 439. — Mangin, nᵒ 24 et 25. — Bourguignon, sur l'art. 235. — Le Sellyer, *Traité du droit crim.* t. XII, nᵒ 478.

que la chambre d'accusation, désormais en tutelle, puisse ordonner qu'il soit informé sur des faits ou sur des personnes non compris dans les réquisitions du ministère public devant le juge d'instruction, évoquer des poursuites commencées par lui ou faire procéder elle-même à une instruction non commencée.

Voici donc la chambre d'accusation, amoindrie comme le juge d'instruction, destituée de ce pouvoir indépendant considéré jusqu'à ce jour comme une des garanties les plus essentielles d'une bonne distribution de la justice, la voici déchue de ce droit de haute direction qui lui permettait de réparer certaines défaillances, de réveiller certaines inerties, la voici, par une négation absolue des anciens principes, placée sous la dépendance du pouvoir, qu'elle était destinée à maintenir dans le respect de l'égalité devant la loi.

La police judiciaire, disait l'article 9 du Code, est exercée sous l'autorité des Cours d'appel, le projet a ajouté les mots :

Et des procureurs généraux.

N'eût-il pas été plus logique de supprimer l'ancien texte ; comment comprendre, en effet, que les Cours puissent à l'avenir exercer une surveillance efficace si on subordonne leur intervention à la volonté des Parquets ?

Qu'on se représente ce que pourra être, dans les circonstances pour lesquelles avait été fait l'ancien article 235, la situation de la Cour ; l'examen du dossier lui a démontré que certains faits sont restés dans l'ombre, que des coupables ont été épargnés, que l'action publique s'est montrée trop faible, et elle, placée au sommet de l'édifice judiciaire, ne pourra rien faire pour réprimer ces abus, pour remettre les choses à leur place ; s'il ne convient pas au procureur général de lui adresser des réquisitions, elle se trouvera entre ces deux extrémités également fâcheuses : ou de suspendre le cours de la justice, ou de couvrir par ses arrêts des actes regrettables.

Dangers imaginaires, défiances blessantes pour le ministère public, dira-t-on encore : l'homme prévoyant ne doit pas se laisser endormir par l'apparente sécurité du présent, il doit prévoir toutes les éventualités et ne pas élever la foi dans l'impartialité de ses fonctionnaires jusqu'à la hauteur d'un dogme d'infaillibilité ; à quelle époque le pouvoir fut-il entouré de plus de respect et mieux protégé qu'en 1810, et cependant à propos de ces garanties qu'on veut détruire aujourd'hui, Treilhard croyait-il offenser les magistrats de l'Empire, lorsque, exprimant la pensée du maître, il disait devant le Corps législatif :

Attribution bien consolante pour le pauvre et pour le faible, et qui doit avertir l'homme puissant que le crédit, la fortune et tous les avantages dont elle se prévaut, ne le sauveront pas des poursuites et des peines qu'il aurait pu mériter.

Si le Sénat a voulu seulement laisser une latitude absolue au pouvoir discrétionnaire du ministère public, on peut se demander s'il a parfaitement atteint son but ; tandis que d'une part l'article 217 du projet supprime le contrôle des Cours, l'article 194[1] autorise, avec raison d'ailleurs, les conseils de la partie civile et du prévenu à intervenir devant la chambre d'accusation, et à présenter des observations sommaires, de telle sorte qu'aux observations courtoises, officieuses de la Cour, on va substituer un contrôle souvent agressif ; lorsque les intérêts du client l'exigeront, il ne reculera pas devant le scandale ; croit-on que si un avocat bien avisé estime qu'il importe à la défense qu'un complice n'échappe pas à l'impunité, que certains faits soient

---

[1] Art. 194. — « L'audience de la chambre des mises en accusation n'est pas publique ; le ministère publique et les conseils de la partie civile et du prévenu ont seuls le droit d'y assister ; ils peuvent après le rapport présenter des observations sommaires ; le conseil du prévenu a toujours la parole le dernier. »

mis en lumière, il hésitera à le dire, et que ses injonctions seront aussi modérées, aussi discrètes dans la forme, que celles de la Cour; le procureur général aura la main forcée, il s'inclinera devant les sommations d'une plaidoirie, l'action de la justice paraîtra inspirée plutôt par la crainte de l'opinion que par le respect du droit; sa dignité y gagnera-t-elle quelque chose?

Signalons encore une disposition du projet qui nous paraît également fâcheuse.

L'article 219[1] prévoyant le cas où, sur les réquisitions du procureur général, la chambre d'accusation ordonne une instruction sur des faits ou des personnes non compris dans l'information, lui interdit de confier cette nouvelle instruction au juge originairement saisi.

Pourquoi cette nouvelle restriction au pouvoir de la Cour? N'est-elle donc pas capable d'apprécier ce qui convient le mieux, si le premier juge a démérité, s'il s'élève contre lui une cause de suspicion quelconque, ou, si au contraire, il n'offre pas des garanties spéciales?

Sans doute, il peut arriver que les lacunes de la première information soient dues à la négligence du magistrat, à sa trop grande complaisance vis-à-vis d'un procureur de la République, oublieux lui-même de ses devoirs; mais il se peut aussi que le juge n'ait aucun reproche à se faire, qu'il ait employé tous ses efforts à mettre en lumière certains faits, sans pouvoir obtenir du Parquet les réquisitions nécessaires, que d'ailleurs de nouveaux incidents se soient manifestés postérieurement à son ordonnance.

Ne vaudrait-il pas mieux laisser à la chambre un pouvoir de haute appréciation au lieu de l'obliger à priver les justiciables et elle-même du concours d'un magistrat qui, par sa connaissance des faits antérieurs, ses aptitudes

---

[1] Art. 219. — « Le conseiller instructeur a tous les pouvoirs d'un juge d'instruction, il ne peut déléguer pour aucun acte le juge d'instruction qui aura été dessaisi de l'affaire. »

personnelles, aurait pu rendre les plus grands services.

Demandons-nous aussi ce qui arrivera dans les Tribunaux de province où il n'y a qu'un seul juge d'instruction; il faudra donc que la Cour commette un magistrat qui, n'ayant peut-être jamais fait la moindre instruction de sa vie, sera exposé à s'acquitter fort mal de la tâche qu'on lui aura imposée.

La loi a prévu les causes de suspicion légitime : c'est courir le risque d'entraver le service que de les augmenter indirectement.

Nous reviendrons sur ces questions si graves, et disons-le, trop peu connues, en traitant dans un autre chapitre des pourvois contre les ordonnances.

Il ne serait pas surprenant que le parlement, animé d'un esprit plus libéral, ne rendît aux Cours les devoirs dont on les affranchit. C'est déjà le sentiment de sa commission, le rapport l'exprime dans des termes qui méritent d'être cités.

Qui ne voit, dit-il, à quel arbitraire, à quelle oppression les citoyens pourraient être exposés, de quelle impunité pourraient bénéficier certains coupables sous un régime qni mettrait l'action publique à la discrétion d'un gouvernement appuyé sur une majorité toute-puissante. Et que deviendrait la justice criminelle ainsi soumise aux fluctuations de la politique. Nous estimons que ces garanties, créées par le premier Empire, ne doivent pas être supprimées sous la République[1].

La Chambre se dira que si un gouvernement personnel peut concevoir l'idée de supprimer le contrôle des grands corps judiciaires sur l'exercice de l'action publique, cette théorie, par trop autoritaire, ne saurait se concilier avec un régime qui semble devoir reposer avant tout sur le principe de l'égalité de tous les citoyens devant la loi.

La suprême direction de toutes les actions publiques n'appartient pas le moins du monde au ministre de la Justice, *disait sous*

---

[1] Rapport de M. René Goblet, p. 45.

le second Empire un des orateurs les plus écoutés de la minorité ; que deviendrait ce que nous appelons le grand principe de la séparation des pouvoirs, si le pouvoir judiciaire est un corps subordonné au ministre, qui n'est lui-même qu'un auxiliaire de son gouvernement et un représentant du pouvoir exécutif? Voilà tout cet échafaudage qui s'écroule ; voilà la subordination qui paraît ; voilà la séparation des pouvoirs qui s'évanouit[1] !

Ces vérités, auxquelles on rendait hommage, sont-elles devenues des erreurs? les hommes d'État dont cette minorité a préparé l'avènement, lui feront-ils l'injure de croire que les principes de justice indépendante, de séparation des pouvoirs étaient pour elle non pas des convictions, mais des armes de guerre, ou des déclamations de circonstance.

[1] Séance du 5 avril 1869, discours d'Ernest Picard.

CHAPITRE VII

—

I. — L'article 28 du projet confie au Parquet le soin de faire exécuter les mandats du juge d'instruction.

Or le Parquet se trouve, à son tour, dans la nécessité de recourir à l'intervention des agents dont la police dispose.

Les ordres du juge ne seront donc scrupuleusement et rapidement observés que si l'administration accepte, sans aucune résistance, l'autorité des Parquets, dans les matières qui sont du ressort de la justice.

Nous devons donc, pour compléter nos précédentes observations, aborder au point de vue des principes généraux, la grave question des rapports de la Magistrature et de l'Administration.

La justice ne peut pas plus se passer de la police, que la police ne peut se passer de la justice; elles participent toutes deux, à des degrés divers, dans la mesure de leur importance respective, à assurer le règne de la loi. La justice, malgré le rang élevé que se plaisent à lui donner les peuples chez lesquels le droit est en honneur, serait impuissante si les forces de la police se montraient rebelles à ses ordres, et la police, de son côté, ne pourrait plus garantir la sécurité publique, si la Magistrature appliquait la loi avec faiblesse.

Pour mieux marquer le lien qui les rattache, on qualifie de judiciaire la police dont les attributions spéciales consistent à servir d'auxiliaire à la la justice, en faisant les recherches qu'elle lui demande, en arrêtant les malfaiteurs qu'elle lui désigne.

Les agents de cette police sont actuellement les préfets dans les départements, le préfet de police à Paris, sous certaines réserves que nous indiquerons tout à l'heure, et, d'une façon absolue, les officiers de gendarmerie, maires, adjoints, commissaires de police, qui sont en même temps les auxiliaires du procureur de la République, et enfin les gardes champêtres et forestiers.

Ils ne sont pas des *magistrats* dans le sens juridique du mot; le président du Sénat, le rapporteur l'ont déclaré formellement dans la discussion[1], et déjà dans son *Traité de droit administratif*[2], Laferrière rappelait que c'était improprement que la loi du 28 mars 1852 avait donné aux commissaires de police la qualification de magistrats.

Ce n'est pas que personne songe à méconnaître l'honorabilité de leur mission, mais si, dans le langage usuel, il est permis d'appeler Magistrature toute fonction publique, on ne peut, dans le style précis du droit, attribuer le titre de magistrat qu'à ceux auxquels appartient en propre l'exercice du pouvoir judiciaire.

La police politique ne relève absolument que de l'administration. Elle n'a jamais échappé à certaines critiques ; les procédés de surveillance secrète qu'elle est obligée d'employer ont créé des légendes qui ont jeté sur elle un certain discrédit : elle est indispensable, sans doute, mais elle sera toujours suspecte.

La police judiciaire n'éveille pas les mêmes préventions ; comme on l'a dit, elle n'excite de plaintes que quand elle n'atteint pas son but.

---

[1] Séance du 24 mai 1882. — Le journal *la Loi*, n° du 26 décembre 1883.

[2] T. I, p. 460.

Si on pouvait voir à l'œuvre tous les agents de cette police, depuis le chef de la sûreté, les commissaires de police, parmi lesquels se rencontrent souvent des hommes d'une véritable valeur, jusqu'au plus obscur des inspecteurs, si on pouvait les suivre dans leur lutte courageuse et persévérante contre les innonbrables ennemis de nos personnes et de nos biens, on ne saurait leur témoigner assez de reconnaissance, ni les tenir en trop grande estime.

Nous sommes bien loin de prétendre que nous ayons la première police du monde, nous aurions beaucoup à emprunter à nos voisins, mais nous pouvons nous vanter d'avoir la police la plus intègre ; on ne voit pas comme ailleurs l'agent de police ne donner son concours qu'à celui qui le paye et excite son zèle par l'appât d'une prime importante ; le modeste traitement que lui donne l'État, l'espoir d'une récompense purement honorifique, et par-dessus tout le sentiment du devoir, suffisent à soutenir son courage en face du danger ; jour et nuit il est prêt à risquer sa vie ; le souci de sa sécurité personnelle ne l'arrête jamais ; l'audace des criminels ne le déconcerte pas ; il est leur ennemi le plus redoutable, le plus détesté ; il le sait et ne s'en trouble point ; il s'expose sans trembler à leur vengeance, et lorsque les mauvaises passions triomphent avec l'émeute, il a l'honneur d'être leur première victime.

Mais après avoir reconnu le mérite des hommes, il nous sera permis de discuter avec plus de liberté le mérite de l'institution.

II. — Le grand reproche que l'on peut faire à la police judiciaire, au moins à Paris, c'est que, trop absorbée par la préfecture de police, elle incline à se détacher de la justice pour devenir administrative et politique.

Cela s'explique principalement par ce fait, que contrairement au principe de la séparation des pouvoirs, l'article 10 du Code d'instruction criminelle, non seulement place le préfet de police sur la même ligne que le procureur de la République, mais encore le soustrait au contrôle des procureurs généraux et des Cours d'appel, lui créant ainsi une situation exceptionnelle, qui lui permet d'exercer sur les officiers de police une action supérieure à celle de la Magistrature[1].

Cette législation a été souvent critiquée ; la commission nommée par M. Dufaure la condamna à la majorité de neuf voix contre deux, dans sa séance du 8 juillet 1879, et émit le vœu, resté stérile, qu'il y avait lieu de reviser l'arrêté de messidor concernant les attributions du préfet ; l'autorité d'un tel vote ne saurait être dédaignée. La passion politique ne l'avait pas dicté et les membres désignés par l'éminent garde des sceaux, n'étaient pas de ceux qui songent à ébranler le Gouvernement et à désorganiser la société.

L'article fut, avec certaines modifications, rétabli dans le projet du Gouvernement et voté par le Sénat ; la commission de la Chambre l'a maintenu ; lorsqu'il reviendra en discussion publique, il donnera lieu sans doute à une très vive discussion.

Le texte encore en vigueur dispose que les préfets dans les départements et le préfet de police à Paris pourront faire personnellement ou requérir les officiers de police ju-

---

[1] Article 10 ancien. — « Les préfets des départements, et le préfet de police à Paris, pourront faire personnellement, ou requérir les officiers de police judiciaire, chacun en ce qui le concerne, de faire tous actes nécessaires à l'effet de constater les crimes, délits et contraventions, et d'en livrer les auteurs aux Tribunaux chargés de les punir. »

Article 10 du projet. — « Le préfet de police peut faire tous les actes attribués aux divers officiers de police judiciaire par le titre Ier et le chapitre Ier du titre III, de la présente loi en se conformant aux règles et aux formes qui y sont prescrites. Il peut requérir les officiers de police judiciaires autres que le procureur de la République et ses substituts et le juge d'instruction de faire tous les actes de police judiciaire qui sont dans les attributions de chacun d'eux.

« Dans les affaires où le préfet de police a agi en vertu du présent article, si le bien de la justice exige qu'il lui soit demandé de nouveaux renseignements, les officiers chargés de l'instruction lui demandent ces renseignements par écrit et le préfet de police est tenu de les donner dans la même forme. »

diciaire de faire tous actes nécessaires à l'effet de constater les crimes, délits et contraventions, et d'en livrer les auteurs aux Tribunaux.

Disons tout de suite, pour n'y plus revenir, que le projet supprime cette disposition en ce qui concerne les préfets des départements, qui n'en usaient d'ailleurs que fort rarement.

Il enlève, en outre, au préfet de police le droit d'adresser des réquisitions soit au procureur de la République, soit au juge d'instruction, maîtres de l'action publique et non ses agents, et l'oblige à fournir aux magistrats les renseignements qu'ils lui demanderont.

Cette recommandation n'est pas inutile, car il est arrivé plus d'une fois que les renseignements ont été refusés ou difficilement obtenus.

Sous la réserve de ces modifications, voyons quels sont actuellement et quels seront encore les droits du préfet si le projet n'est pas amendé.

Investi de tous les pouvoirs attribués aux divers officiers de police judiciaire en matière ordinaire (titre Ier du projet) et en matière de flagrant délit; il peut aujourd'hui, soit par lui-même, soit par ses délégués, procéder à des enquêtes, à des expertises, entendre des témoins, pénétrer dans le domicile privé, faire des perquisitions, opérer des saisies, mettre des citoyens en état d'arrestation.

Non seulement le projet ne restreint pas ces droits exorbitants, mais il leur donne une nouvelle extension sur deux points qui intéressent au plus haut degré l'inviolabilité de la vie privée, c'est-à-dire le respect du domicile pendant la nuit et le secret des lettres.

L'article 76 de la Constitution du 22 frimaire an VIII ne permettait de pénétrer la nuit dans un lieu privé qu'en cas d'appel venant de l'intérieur, d'incendie ou d'inondation; or le Sénat, après une longue discussion, a étendu ce droit si grave à tous les cas de crime se commettant actuellement ou venant de se commettre, alors même qu'il n'y a aucune réclamation de l'intérieur (art. 179).

En 1853, le Gouvernement impérial, ému de l'introduction en France de journaux étrangers et de correspondances hostiles à sa politique, les fit un jour saisir dans les bureaux de poste par le préfet de police.

Cet acte d'autorité causa une vive émotion, il souleva parmi les jurisconsultes les plus énergiques protestations.

Dans une consultation célèbre et revêtue de beaucoup d'adhésions, Odilon Barrot combattit par les plus puissantes raisons la prétention de l'administration; la chambre criminelle, sous la présidence de M. Laplagne-Baris, décida que le pouvoir redoutable de saisir les lettres à la poste n'appartenait qu'au juge d'instruction et n'avait été conféré au préfet de police par aucune disposition législative; mais les chambres réunies se prononcèrent contre cette doctrine par un arrêt du 21 novembre 1853[1], et posèrent en principe que les préfets ont tous les pouvoirs du juge d'instruction, qu'ils ne doivent pas rencontrer plus d'entraves que lui dans la recherche des délits et des crimes ; qu'en un mot, les attributions de la police judiciaire, qui leur appartiennent, ne sauraient se concevoir séparées de celles de l'instruction.

Entre ces deux doctrines, le Sénat a choisi celle des chambres réunies. Il est vrai de dire, en ce qui touche la saisie des lettres, qu'elle ne pourra avoir lieu qu'en cas de crime ou de délit flagrant, et que le préfet devra se borner à les transmettre au juge, sans les ouvrir, ni les lire [2]. Nous sommes convaincu que devant ces enveloppes fragiles l'administration, toujours discrète, ne succombera jamais à la tentation, mais certains trouveront peut-être qu'il eût été plus sage de ne pas l'y exposer.

[1] D. P. 1853, 222, 279.
[2] Séance du 11 juin 1882, p. 620. M. Dauphin.

Voici donc le préfet de police non seulement maintenu dans les droits qu'il tenait du Code de 1808, mais confirmé dans l'extension que leur avait donnée une jurisprudence autoritaire.

N'est-ce point là un grave péril, d'autant plus que le préfet, peu soucieux des poursuites de droit commun, et disposé à les abandonner au Parquet, n'usera de ses prérogatives que dans les affaires intéressant la politique, celles où les plus honnêtes gens peuvent se trouver engagés et où un gouvernement est particulièrement exposé à perdre la notion du juste.

Le droit de porter atteinte à la liberté individuelle, à l'inviolabilité du domicile, a déjà quelque chose d'effrayant, même quand il est exercé par les magistrats. Aussi attache-t-on un grand prix aux conditions de leur recrutement, aux règles de leur organisation, aux garanties de capacité, de science qu'ils doivent offrir, et l'opinion publique se montre-t-elle justement alarmée toutes les fois que leur indépendance semble menacée ; cependant on va sans scrupule abandonner l'exercice de ces mêmes droits à un fonctionnaire, dont l'expérience et le caractère sont toujours assurément à la hauteur de son rôle, mais qui est un personnage politique au premier chef, dans la main du Gouvernement, ou plutôt, qui est le Gouvernement lui-même.

Aussi tout le monde est-il d'accord pour reconnaître que, conférer au préfet des droits égaux à ceux de la Magistrature public, c'est déroger manifestement au principe de la séparation de l'ordre judiciaire et administratif et oublier que, pour qu'on ne puisse abuser du pouvoir, comme le disait l'auteur de l'*Esprit des Lois*, il faut que, par la disposition des choses, le pouvoir arrête le pouvoir.

L'article 10, déclarait devant la commission M. le conseiller de la Rouverade,

N'a été et ne peut être qu'une source d'abus[1].

[1] Séance de la commission du 8 juillet 1879.

M. le garde des sceaux Le Royer, dans l'exposé des motifs, disait à son tour :

En conférant à un fonctionnaire de l'ordre administratif, qui ne relève que du ministre de l'Intérieur et ne répond de ses actes que devant lui, la faculté d'opérer des perquisitions et des saisies chez les citoyens, de confisquer temporairement au moins leur fortune et leur liberté, sans mandat d'aucune autorité judiciaire, et d'agir, hors le cas de flagrant délit, sans s'entourer d'aucune des formalités protectrices dont le ministère public lui-même ne saurait légalement se départir, le Code de 1808 avait introduit dans notre organisation judiciaire une anomalie que les circonstances pouvaient justifier à cette époque, mais qui, sous un régime régulier, où la légalité ne comporte aucune exception, ne peut être considérée que comme un anachronisme dangereux.

Et, plus loin, il ajoutait :

Les préfets ne se sont jamais servis de l'article 10 que pour substituer arbitrairement leur action à celle de la magistrature.

Ainsi, voilà qui est clair, l'article 10 est une anomalie, un anachronisme, un danger, une source d'abus ; c'est le Gouvernement lui-même, ce sont des magistrats qui le confessent, et pourtant il existe encore.

Quelles considérations ont été assez puissantes pour déterminer le Sénat à le maintenir? Elles ont été à peine indiquées ; le compte rendu officiel nous apprend seulement que c'est après avoir entendu, non pas des magistrats, mais le préfet de police et le ministre de l'Intérieur, que la commission, un instant hésitante, se décida à appuyer et à faire voter le maintien de l'article.

On peut deviner par là que les motifs allégués ont été tirés, non pas des principes, mais des faits et de la raison d'État. Est-il vrai, comme le soutiennent ses partisans, que sa suppression affaiblirait considérablement l'action publique dans un milieu où il importe au contraire d'en fortifier tous les ressorts, que dans les cas qui requièrent célérité, on ne pourrait aviser la justice, et attendre, soit un mandat du Parquet, soit un mandat du juge d'instruction, sans risquer d'arriver trop tard [1].

Certaines personnes ne conçoivent l'autorité du préfet de police que si elle peut s'exercer dans des conditions exceptionnelles, allant au besoin jusqu'à l'arbitraire ; qu'importent, disent-elles, les abus, les excès de pouvoir, dont tel ou tel citoyen pourra être victime, si la généralité des habitants en profite? Paris est dans une situation spéciale qui doit faire céder la rigueur des principes, l'article 10 est une de ces mesures d'exception, comme la loi sur l'état de siège, dont il faut savoir, dans un intérêt public, subir les ennuis ; si le préfet de police était astreint aux mêmes scrupules, aux mêmes devoirs que la Magistrature, s'il n'exerçait pas sans contrôle ses fonctions de police judiciaire, il deviendrait hésitant, timoré, il n'oserait s'engager dans une poursuite par crainte que la divulgation d'un échec ou d'une fausse démarche n'ébranlât son crédit ; il perdrait un temps précieux s'il ne pouvait agir à son gré dans certaines affaires ; ainsi, des joueurs réunis dans un tripot, des faux-monnayeurs en train de frapper leurs pièces, des conspirateurs prêts à lancer des manifestes séditieux, auraient le temps de réussir ou de disparaître, si à l'instant où on vient les dénoncer, au milieu de la nuit, peut-être, le préfet était obligé d'aller chercher le procureur de la République ou un juge d'instruction, au lieu de pouvoir décerner lui-même des mandats, peut être témérairement, mais souvent aussi fort à propos ; il est bon qu'il puisse de temps en temps sortir de la légalité, si à cette condition il peut plus efficacement protéger la sécurité de la ville, éviter des scandales et rendre des services politiques.

Ces raisons, on n'en chercherait pas d'autres si on était

[1] Exposé des motifs, p. 21.

sincère, peuvent mener fort loin ; il n'est pas une mesure arbitraire qui ne puisse se justifier de la sorte : les lettres de cachet avaient du bon, elles offraient parfois un moyen de gouverner qui n'était pas à dédaigner, elles sauvaient l'honneur des familles et procuraient à de jeunes esprits le loisir de méditer ; le décret du 30 mars 1810, instituant les prisons d'État par mesure de haute police, disait, avec une sagesse toute gouvernementale, qu'il y a des individus qu'il n'est convenable ni de traduire devant les tribunaux ni de mettre en liberté. Un bureau de police secrète où les employés auraient l'œil assez exercé pour lire à travers les enveloppes des lettres, pourrait à coup sûr livrer à l'État des secrets importants.

Qui donc cependant oserait demander le rétablissement des lettres de cachet, des prisons d'État et du cabinet noir.

L'article 10 a moins de notoriété et peut-être aussi moins de puissance ; le seul désagrément qu'il puisse procurer à un citoyen, victime d'une dénonciation mensongère, c'est de voir au milieu de la nuit la police ouvrir sa porte et rechercher au milieu de tous ses papiers la trace d'une conspiration qui n'existait peut-être que dans l'esprit d'un calomniateur, d'un agent trop zélé ou d'un mauvais plaisant.

C'est déjà quelque chose, d'autant plus que la victime de cette désagréable erreur, si elle veut réclamer, ne saura à qui s'adresser ; elle se plaindra au procureur de la République, qui lui répondra : Je n'y suis pour rien et je n'ai reçu aucun procès-verbal. Elle ira à la préfecture de police et là, si on ne possède quelque moyen de l'apaiser, on lui dira : Nous n'avons rien à vous répondre. Elle consultera un avocat, il cherchera à lui faire comprendre qu'il existe bien des tribunaux, des juges inamovibles, une Magistrature indépendante, des lois, des principes, mais que le Gouvernement, en élevant ce qu'on appelle le conflit, peut couvrir ses fonctionnaires et les soustraire à toute espèce de responsabilité.

Ne sachant plus que faire, elle se souviendra des conseils que donnait récemment un de nos anciens préfets de police.

Vous êtes armés du droit d'interpellation, interpellez[1] !

Voilà une belle garantie,

répliqua M. Delattre.

Cependant, en désespoir de cause, elle ira trouver un député : celui-ci, en homme prudent, lui dira : Le meilleur conseil que j'ai à vous donner, c'est de restertranquille ; si j'interpelle, on produira à la tribune des allégations que vous ne pourrez pas réfuter, on vous couvrira de ridicule, la calomnie ne vous respectera pas, et quels que soient les abus dont vous aurez à vous plaindre, soyez certain qu'une chambre placée entre le désir de vous rendre justice et la crainte de renverser un préfet de police par un blâme, n'hésitera pas à vous donner tort.

Il faut donc reconnaître sincèrement qu'il n'y a aucun contrôle, aucun recours possible, pratique, si on aime mieux, contre l'application abusive de l'article 10.

Est-ce là une situation qui puisse être maintenue ? On peut en douter, sans vouloir pour cela accepter les solutions radicales.

Le véritable domaine du préfet de police, le champ sur lequel il peut manœuvrer librement et où il ne nous déplaît même pas qu'il se dégage au besoin des entraves d'une légalité étroitement comprise, c'est la police administrative ; c'est là que, par une habile direction, une sage prévoyance, une sollicitude toujours éveillée, une intelligente distribution des fonds secrets dont il dispose, il doit pouvoir assurer la tranquillité de la rue, et arrêter dans leur germe même, les faits dont la justice aurait à s'occuper.

Mais l'article 10, si on ne le détourne pas de son but, n'est pas fait pour prévenir, il est fait pour réprimer ; il ne figure pas dans une loi administrative ou politique, mais

[1] Séance du 20 janvier 1884. Discours de M. Léon Renault.

dans la législation de droit commun ; lorsque le préfet en use, c'est à titre d'officier de police judiciaire , et non en vertu du pouvoir politique que lui donne sa fonction.

Il ne doit régulièrement procéder que dans les cas où les magistrats et leurs auxiliaires auraient le devoir d'agir , qu'en se soumettant aux mêmes garanties.

Il est revêtu d'un caractère mixte, il est donc tout naturel qu'il relève des deux autorités auxquelles le rattachent ses fonctions diverses, le ministre de l'Intérieur et le ministre de la Justice ; de même que l'officier de gendarmerie est tenu de déférer aux réquisitions des magistrats sans cesser pour cela d'être sous l'autorité du ministre de la Guerre. Le préfet de police veut-il faire librement de l'arbitraire, veut-il être un agent purement politique, qu'il renonce alors à être officier de police judiciaire ; veut-il au contraire conserver cette qualité ? qu'il en accepte toutes les conséquences, toutes les charges, qu'il se soumette dans cette partie de ses fonctions , à cette autorité souveraine, par laquelle aucun magistrat, fût-il le plus illustre, ne s'est jamais trouvé ni amoindri, ni humilié.

Ce qui constituerait un danger public, ce qui conduirait à l'anarchie, à laquelle on arrive aussi bien par la licence que par abus de l'autorité, ce qui porterait le trouble dans les esprits, ce ne serait pas de voir le pouvoir judiciaire des préfets, modéré, contenu par le contrôle suprême des cours, auxquelles Napoléon Ier voulait précisément donner comme nous l'avons déjà vu, la mission de tempérer la puissance de l'administration, ce serait au contraire de voir leur pouvoir s'exercer en dehors de toute garantie.

Il n'y a rien d'exorbitant, *disait le rapporteur de la commission*, à accorder aux préfets les droits que la loi donne aux officiers de gendarmerie et aux commissaires de police qui font partie de l'organisation administrative, bien plus que des services judiciaires[1].

[1] Page 12 du rapport.

Nous sommes absolument de cet avis, mais ce que nous trouvons exorbitant , c'est qu'on veuille en même temps donner le pouvoir et supprimer la garantie, conférer l'autorité et affranchir de la surveillance.

Sans doute, le rapporteur paraissant répondre à cette pensée, a déclaré [1] que le préfet de police, s'il a le même droit que les officiers de police , a les mêmes obligations, qu'il doit prévenir immédiatement le magistrat, s'effacer devant lui dès qu'il paraît, lui remettre dans les vingt-quatre heures les inculpés et lui envoyer sur-le-champ toutes les pièces et tous les objets saisis.

Cette déclaration se trouve confirmée par les termes du nouvel article 10, qui, plus explicite que l'ancien, dispose que le préfet de police sera tenu de se conformer aux règles prescrites à l'officier de police judiciaire, parmi lesquelles figure, au premier rang, l'obligation de transmettre sans délai au Parquet les plaintes, les dénonciations et les procès-verbaux (art. 37).

C'est déjà quelque chose que cette recommandation soit faite, mais comment peut-on espérer qu'elle puisse suffire à réprimer les abus, tant qu'on ne sera pas rentré dans le principe général de l'article 9, qui place la police judiciaire sous le contrôle de Cours d'appel, en cessant de l'en affranchir par cela seul qu'elle se trouve exercée par le préfet de police lui-même.

Plus le fonctionnaire est élevé, plus il est nécessaire de protéger les citoyens contre l'usage excessif qu'il serait quelquefois tenté de faire de son pouvoir.

Dans notre sentiment intime, avec l'idée que nous aimons à nous faire du rôle de la Magistrature, nous pensons que, par la simple légalité, elle suffit à la protection des intérêts sociaux, nous ne croyons pas qu'on puisse citer une seule circonstance dans laquelle les Parquets, ayant à leur dispo-

---

[1] Séance du 11 juin 1882, p. 617. MM. Bérenger, de Gavardie, Batbie.

sition tout l'arsenal de nos lois pénales, se soient trouvés impuissants ; nous pourrions en revanche citer bien des cas où un concert préalable entre la préfecture et les Parquets, aurait évité des poursuites, que la justice ne peut plus ensuite continuer qu'en donnant tort à la loi, ou abandonner, qu'en donnant tort à l'administration ; nous n'avons jamais vu qu'un gouvernement ait gagné quelque chose à ces saisies irréfléchies, qui mettent la justice dans la nécessité de restituer le lendemain ce que l'administration avait confisqué la veille.

Mais enfin, si on pense que l'heure ne soit pas encore venue de demander l'abrogation de l'article 10, si le préfet de police soutient qu'il ne peut répondre de l'ordre qu'en conservant cette loi d'exception, que la Belgique a supprimée comme incompatible avec l'esprit d'une charte libérale [1], on peut au moins chercher à entourer de certaines garanties les droits particuliers. Ces garanties, nous les trouvons dans l'autorité des Cours d'appel.

La surveillance de droit commun qu'elles exercent sur les officiers de police judiciaire suffirait à contenir le préfet de police dans un certain respect de la loi, sans rien entreprendre sur ses fonctions administratives, qui doivent rester indépendantes : son prestige ne serait pas diminué ; ce qui l'affaiblit, si on veut bien y réfléchir, n'est-ce pas plutôt l'arbitraire de son pouvoir ?

III. — La situation exceptionnelle qui lui est faite n'a pas seulement pour inconvénient de l'affranchir de tout contrôle, elle contribue à diminuer l'autorité morale et effective de la justice sur les officiers de police dépendant de la préfecture.

Il ne s'agit plus, dans l'ordre d'idées que nous allons aborder, du préfet de police procédant en vertu de l'article 10, mais des officiers de police judiciaire, et notam-

---

[1] *Bulletin de la société de législation comparée*, 1880, p, 171.

ment des commissaires de police, agissant en vertu des attributions personnelles qui leur sont conférées par la loi[1].

L'article 34, reproduisant les articles 48 et suivants de l'ancien Code, dit formellement que ces agents relèvent de la justice, qu'ils en sont les auxiliaires, les subordonnés, d'où résulte évidemment l'obligation d'exécuter ses mandats sans les discuter.

Voilà le droit, il est incontestable.

Mais en fait, il est souvent méconnu et sacrifié aux mêmes considérations que celles invoquées en faveur de l'article 10.

En province, les chefs de Parquet indépendants et fermes ont facilement maintenu leur autorité sur les officiers de police ; mais à Paris ils ont toujours rencontré les plus sérieuses difficultés.

C'est depuis longtemps une théorie classique, à la préfecture de police, que de considérer le préfet comme absorbant en quelque sorte la personnalité de tous les agents et commissaires de police ; d'où l'on prétend tirer cette première conséquence, que les magistrats ne devraient connaître que le préfet, ne correspondre qu'avec lui, ne transmettre leurs ordres que par son entremise, ne recevoir les procès-verbaux et les renseignements que par les canaux multiples de ses bureaux ; cette année dans la discussion de la loi sur le budget de la préfecture, le ministre de l'Intérieur [2] donnait à cette doctrine une consécration officielle en disant :

Partout où il y a une organisation de police, des agents subordonnés à un chef hiérarchique, ce sera lui qui recevra les témoignages ou les instructions de ces agents et qui les fera parvenir à la justice. C'est ce qui se passe notamment pour la gendarmerie ; est-ce qu'un simple gendarme envoie directement un procès-verbal au Parquet [3].

[1] Art. 11 à 21, 34 à 37 du projet.
[2] M. Waldeck-Rousseau.
[3] Séance du 20 décembre 1883.

C'est par cet exemple que se manifeste tout de suite l'erreur de l'administration ; si un simple gendarme ne peut correspondre directement avec la justice, c'est qu'il n'est pas officier de police et que son chef, seul, a cette qualité ; le commissaire de police, au contraire, est revêtu de ce titre, qui n'appartient au préfet que dans le cas exceptionnel de l'article 10 ; le préfet est un fonctionnaire administratif, et on voudrait, par un renversement de tous les principes, qu'il pût s'interposer entre la justice et ses auxiliaires légaux ; c'est absolument comme si les juges voulaient donner des ordres aux commissaires de police en matière administrative.

On se fonde pour soutenir la prétention de la préfecture de police, si fortement empreinte de l'esprit administratif, sur l'arrêté des consuls du 12 messidor an VIII, relatif aux attributions du préfet et notamment sur l'article 35, qui déclare que le préfet de police a sous ses ordres les commissaires de police.

Mais l'exercice de cette autorité doit se concilier avec le pouvoir que le Code d'instruction criminelle a attribué depuis à la justice : il est bien vrai qu'administrativement le commissaire de police a le préfet pour chef, judiciairement il ne relève que de la justice, il n'est pas un seul article qui puisse justifier la mainmise à l'administration centrale sur les commissaires de police, en tant qu'officiers de police judiciaire ; tout au contraire, le Code consacre sans cesse le principe de la communication directe entre la justice et ses auxiliaires.

Il ne nous convient pas, pour démontrer que ce principe est journellemment méconnu, de citer des faits notoires ; il y a des choses qui peuvent, qui doivent se dire devant une commission d'enquête ayant qualité pour les entendre, mais qui ne seraient pas à leur place à propos d'une discussion de principe. On verra, dans notre discrétion, non pas l'impuissance de citer des exemples, mais le désir de nous tenir dans la réserve qui s'impose à un magistrat en fonction et de ne pas mêler à la gravité d'une discussion de principe le souvenir d'incidents particuliers [1].

D'ailleurs des paroles beaucoup plus autorisées ont pu se faire entendre, il nous sera permis de nous en emparer et d'appuyer notre argumentation sur les témoignages qu'elles contiennent.

On peut dire que dans la commission nommée par M. Dufaure, il y a eu unanimité pour constater que les commissaires de police échappaient trop souvent à l'action dirigeante des magistrats ; qu'il existait, comme l'a dit M. l'avocat général Lacointa, deux parquets en dehors des prévisions de la loi, le parquet du préfet de police et celui du procureur de la République et qu'en réalité, selon l'expression d'un ancien juge d'instruction [2], le pivot de la police judiciaire ne reposait plus que sur l'autorité administrative.

Au conseil municipal, dans la séance du 16 décembre 1883, le rapporteur du budget obtenait le témoignage approbateur des membres les plus conservateurs de l'assemblée, et d'un ancien substitut au tribunal de la Seine [3] lorsqu'il venait dire :

Le préfet de police s'interpose entre le véritable agent de police judiciaire, le commissaire de police et le Parquet... La préfecture, qui n'est qu'un agent d'exécution, viole la loi d'une manière permanente, en ne tenant aucun compte des articles 29 et 105 du Code d'instruction criminelle... Les procès-verbaux, au lieu d'être envoyés au Parquet, sont transmis à la préfecture, reçus par un chef de division, qui les distribue à deux chefs de bureau, lesquels les repassent à leurs employés ; de sorte que ce sont de simples commis de bureau n'ayant aucune qualité, aucun caractère légal, qui se font juges de l'opportunité de saisir ou non le Parquet.

---

[1] Police et conflits. — Le journal le *Soleil*, 12 février 1884.

[2] M. Picot, membre de l'Institut.

[3] M. Despatys.

Dans une intéressante étude sur la réforme du Code, mn magistrat qui a exercé les fonctions de l'instruction à Paris[1] confirme ces observations.

A l'égard de la préfecture de police, dit-il, le mal est beaucoup plus grand qu'on ne le suppose; on peut affirmer que par suite d'empiètements successifs, le Parquet de la Seine se trouve placé sous la dépendance du préfet de police... Les procès-verbaux ne parviennent au procureur de la République que par l'entremise de la préfecture de police, qui les examine, envoie ceux qu'elle veut bien transmettre au Parquet, et met dans un carton ceux qu'elle veut bien conserver. Si le procureur de la République demande des renseignements ou prescrit une enquête sur une affaire, c'est encore la préfecture de police qui lui en communique les résultats.

De toute part, ce sentiment se manifeste.

La presse judiciaire, les journaux de toutes les opinions, s'expriment de la même façon ; dans une suite d'articles signés d'un nom autorisé, le journal *le Soleil* cite les faits les plus décisifs[2], et sur le même sujet *le Temps* concluait ainsi :

Quoi qu'il en soit, le mal existe et tous les esprits libéraux doivent conspirer pour le faire disparaître[3].

Enfin, devant le parlement, le rapporteur de la loi sur le rattachement au budget de l'état des dépenses de la police ne disait-il pas :

La commission n'ignore pas les abus auxquels ont donné lieu, à Paris, dans la pratique, le contact nécessaire et journalier de la préfecture et du Parquet; ces abus ont été maintes fois signalés par les magistrats[4].

Il nous paraît difficile de contester des faits aussi accrédités: il faut porter le débat plus haut et, au lieu de discuter

[1] *La réforme de l'instruction criminelle et la préfecture de police*, par Martin-Sarzeaud, juge au tribunal du Caire, 1882.

[2] Numéros des 10, 12, 14 février 1884.

[3] Rapport de M. Dreyfus.

[4] Voir la *Gazette des Tribunaux* du 23 décembre 1883.

sur des détails, il faut se demander ce qu'exige le bien public et mettre ensuite la loi en harmonie avec les principes et les intérêts à sauvegarder.

Croit-on qu'il soit nécessaire à la sécurité publique de donner au préfet de police le droit de disposer des procès-verbaux à sa guise, de contrarier la marche des instructions, de refuser des renseignements, de défendre aux agents d'exécuter des ordres de justice? Croit-on qu'il y ait intérêt à en faire l'intermédiaire obligatoire de la transmission des mandats et des commissions? Il faut le dire hautement, avec franchise et supprimer les textes qui exigent la remise immédiate des pièces au procureur de la République, et font de l'officier de police l'auxiliaire de la justice.

Pense-t-on au contraire que la première garantie des citoyens se trouve dans l'action indépendante du pouvoir judiciaire? Qu'on ne se contente pas alors de confirmer la loi, qu'on y ajoute des dispositions plus formelles, plus comminatoires, puisque les textes existants n'ont pas suffi à prévenir et à réprimer de dangereuses usurpations.

Quel serait le moyen de remédier à ces abus, d'empêcher qu'il ne puisse jamais passer par l'esprit d'un préfet de police peu scrupuleux de dire à un magistrat : J'ai défendu à mes agents d'exécuter vos ordres. J'entends que vous vous serviez de mon entremise pour faire parvenir vos mandats à mes commissaires de police. Je veux, au risque de ne vous permettre d'interroger qu'au bout de trois, quatre, cinq jours, les individus que la loi vous oblige à entendre dans les vingt-quatre heures, me réserver, dans l'intérêt de mon service central, le droit de procéder à un dépouillement préalable des procès-verbaux.

Plusieurs systèmes ont été proposés.

Le plus radical consiste à enlever complètement à l'administration la police judiciaire et à placer sous l'autorité immédiate du Parquet, avec le service de Sûreté et le Dépôt, les différents bureaux de la préfecture (1ᵉʳ, 2ᵉ, 3ᵉ bureau de la 1re division), qui sont actuellenent chargés de procéder à la réception, au triage des procès-verbaux, etc.

Ce système est séduisant, comme tout ce qui est net, mais il aurait pour inconvénient de contribuer à la dislocation de la préfecture ; or, si nous voulons que la Magistrature soit indépendante et maîtresse de son action, nous voulons que l'administration soit forte et homogène ; rien ne serait plus fatal que le démembrement de la police ; ce serait compromettre la doctrine que nous soutenons que de ne pas la séparer absolument des entreprises dirigées contre la préfecture : ce n'est pas dans l'affaiblissement des pouvoirs, dans l'éparpillement de ses forces, que nous cherchons les garanties de la vraie liberté ; mais au contraire dans la solidité des institutions ; nous ne sommes l'adversaire de l'ingérence de l'administration dans le domaine de la justice, que parce que nous y voyons une menace pour nos institutions judiciaires.

Un autre système consisterait à avoir deux catégories de commissaires de police : les uns, nommés par le garde des sceaux, seraient seuls investis des fonctions de la police judiciaire et placés sous l'autorité des magistrats ; les autres administratifs, seraient nommés par le ministère de l'Intérieur et dépendraient exclusivement des préfets.

Nous ne pensons pas que cette combinaison soit pratique, bien qu'elle soit proposée par des hommes d'une grande expérience ; des rivalités, des conflits ne tarderaient pas à naître entre ces différents agents, et l'on verrait reparaître les inconvénients qui se produisirent sous l'Empire, lorsqu'on voulut organiser plusieurs polices distinctes.

Il y a cependant quelque chose d'utile à prendre dans ce système, c'est l'idée de faire participer le garde des sceaux à la nomination et à la révocation des commissaires de police.

Appelés tout à la fois à servir la justice et l'administration, ces fonctionnaires devraient relever de l'une aussi bien que de l'autre. Une des causes du mal que nous signalons, une des raisons pour lesquelles un commissaire de police, placé entre le juge lui donnant un ordre et le préfet lui défendant d'obéir, se soumettra plus volontiers à ce dernier, c'est que l'un représente à ses yeux une autorité purement morale, sans sanction, et l'autre un pouvoir qui dispose des places, des faveurs, des punitions, et dont le moindre caprice peut briser une carrière.

Quoi qu'on fasse, on peut être bien certain qu'on n'arrivera jamais à obtenir une parfaite subordination, tant que le ministère de la Justice sera désarmé vis-à-vis des commissaires de police, et qu'un juge, eût-il cent fois raison, ne sera jamais sûr de se faire obéir s'il ne peut agir par la crainte d'une peine disciplinaire.

Comment demander à un modeste agent, a-t-on dit avec raison, de pousser l'héroïsme jusqu'à sacrifier sa situation? sans doute il sait que le magistrat représente la loi, il connaît les textes que celui-ci invoque, mais le préfet c'est son chef, c'est lui qui tient son avenir dans ses mains : il n'ignore pas que la faveur d'un simple chef de bureau lui sera autrement profitable que l'estime des magistrats les plus considérables [1].

Nous ne nous faisons aucune illusion sur l'opposition très vive que l'administration fera toujours à l'un ou à l'autre de ces deux systèmes; aussi serait-il plus pratique de se rallier à un moyen terme.

Il consisterait à introduire dans la nouvelle rédaction du projet des dispositions tellement nettes, tellement formelles, qu'il ne pût plus subsister aucune équivoque sur le droit du Parquet et des juges d'instruction de correspondre directement avec leurs auxiliaires, et de les contraindre à l'exécution immédiate des mandats.

Cette prétention modeste et conciliante a déjà été for-

---

[1] *La loi*, numéros des 22, 23, 25, 26 décembre 1883.

mulée dans un amendement présenté à la Chambre [1], par M. René Goblet, à propos du rattachement du budget de l'État à la préfecture de police ; elle n'a été repoussée qu'à une très faible majorité ; mais en exprimant ce vote, qui, à première vue, pouvait causer quelque surprise, le Parlement paraît n'avoir eu d'autre intention que de réserver la question pour la discussion actuelle du Code d'instruction criminelle.

On conçoit ce sentiment. La loi sur la préfecture de police n'est qu'une loi de circonstance, destinée à être emportée un jour par un courant autonomiste ou par un courant centralisateur, la Chambre aura pensé que, lorsqu'on fait des lois destinées à protéger la liberté individuelle, c'est sur l'airain qu'il faut les graver et non sur les sables mouvants de la politique.

Précisons les points sur lesquels le législateur aura a intervenir lorsque le moment en sera venu.

Les officiers de police judiciaire ne doivent-ils pas être placés sous l'autorité directe et immédiate des magistrats chargés par la loi de la répression des crimes et des délits ?

Ne doivent-ils pas recevoir directement les ordres de ces magistrats et leur transmettre de même les procès-verbaux et les pièces à conviction ?

Un préfet de police peut-il, soit par son intervention personnelle, soit par l'organisation administrative de ses bureaux, modifier les rapports légaux et, s'attribuant un

---

[1] « Les commissaires de police de la ville de Paris seront tenus comme tous autres officiers de police judiciaire, conformément aux dispositions de l'article 29 du Code d'instruction criminelle, de transmettre directement et sur-le-champ au procureur de la République, tous procès-verbaux, renseignements ou rapports ayant ponr objet la constatation, la recherche ou la dénonciation des crimes et délits de quelque nature qu'ils soient.

« Ils seront également tenus, ainsi que les divers agents de la police de sûreté, d'exécuter immédiatement les mandats, commissions rogatoires, demandes d'enquête ou de renseignements qui leur seront donnés ou adressés par le procureur de la République ou par les juges d'instruction, et de leur en rendre compte directement. » Séance du 20 janvier 1884.

droit de censure sur les actes de la Magistrature, défendre aux officiers de police d'exécuter les ordres de justice ?

Mais, dira-t-on, les principes sont incontestables, vous ne demandez que ce qui existe, c'est aux magistrats à savoir se faire obéir, à triompher au besoin par leur énergie, de la résistance ou de l'inertie de l'administration. C'est au garde des sceaux, le protecteur naturel de la légalité, à défendre la magistrature contre les entreprises dont son indépendance pourrait avoir à souffrir [1].

Ces encouragements oratoires sont bons à recueillir ; mais si des propositions comme celles de M. René Goblet ne devaient rien changer à la situation actuelle, ni rendre plus respectable le texte de la loi, on ne mettrait pas tant de soin à les combattre ; l'opposition imprévue qu'on leur fait est la meilleure preuve de la réalité des pratiques irrégulières dont l'opinion publique se préoccupe si vivement depuis quelque temps et du désir de les continuer.

Les limites déjà trop étendues de ce travail ne nous permettent pas d'entrer dans tous les détails des solutions pratiques à donner aux questions que nous venons d'indiquer, nous nous en tiendrons à quelques généralités.

L'article 9 du projet se contente de dire que la police judiciaire est exercée notamment par les commissaires de police, sous l'autorité des Cours d'appel et des procureurs généraux ; et le chapitre II du titre Ier, sur les commissaires de police, ne contient pas un seul mot pour rendre pratique leur subordination vis-à-vis de la justice.

Ce silence est d'autant plus frappant que, lorsqu'il s'agit des gardes champêtres et forestiers, l'article 17 a le soin de déclarer qu'ils sont, comme officiers de police judiciaire, sous la surveillance du procureur de la République, sans préjudice de leur dépendance à l'égard de leurs supérieurs dans l'administration.

---

[1] Discours de M. Waldeck-Rousseau, ministre de l'Intérieur, séance du 20 janvier 1884.

Pourquoi cette différence de rédaction? A-t-on entendu exprimer des idées différentes? Ne devrait-on pas englober tous les officiers de police dans la même formule pour qu'aucun d'eux ne puisse avoir la prétention de se soustraire à l'autorité des magistrats leurs chefs?

Nous voudrions voir ajouter aux dispositions générales sur la police judiciaire [1] un article où seraient tracés à grands traits les devoirs des officiers de police vis-à-vis de la justice; obligation d'exécuter ses ordres, de se rendre à ses convocations.

C'est là aussi qu'on pourrait introduire une sanction pour assurer le respect de ces prescriptions. Ne pourrait-on pas dire, par exemple, que l'action disciplinaire organisée par le décret du 30 mars 1808 [2] à l'égard des officiers ministériels, serait applicable aux officiers de police judiciaire.

Enfin, en ce qui touche Paris, spécialement, la nomenclature de l'article 9 nous paraît présenter certaines lacunes.

L'agent le plus important, le plus indispensable de la police judiciaire, c'est le chef de la Sûreté. Son service comprend l'ensemble des surveillances, des recherches destinées à fournir des indications à la justice et à mettre les inculpés sous sa main. Il serait aussi impossible à un juge d'instruction de découvrir la vérité sans son concours, qu'à un chef de gagner une bataille sans soldats; il est donc de toute nécessité que des relations constantes et intimes s'établissent entre lui et le magistrat. Il faut que celui-ci puisse lui donner des ordres, lui communiquer ses vues, l'appeler pour s'entendre sur la direction à donner

---

[1] Art. 8 à 10 du projet.

[2] Art. 102. — « Les officiers ministériels qui seront en contravention aux lois et règlements, pourront, suivant la gravité des circonstances, être punis par des injonctions d'être plus exacts ou circonspects, par des défenses de récidiver, par des condamnations de dépens en leur nom personnel, par des suspensions à temps: l'impression et même l'affiche des jugements à leur frais pourront aussi être ordonnées et leur destitution pourra être provoquée, s'il y a lieu. »

aux recherches, l'emmener dans les transports, se servir de ses agents. Les commissaires de police ont sans doute un rôle fort utile, mais les services qu'ils rendent au magistrat instructeur ne sont rien à côté de ceux qu'il obtient de la Sûreté, et eux-mêmes ailleurs sont obligés de lui emprunter ses agents pour exécuter les mandats.

Or, selon que telle ou telle tendance prévaut à la préfecture et qu'on s'y préoccupe plus ou moins des intérêts de la police judiciaire, le chef de la Sûreté est tantôt un agent sans caractère légal, tantôt un officier de paix que la loi ne classe pas, peut-être à tort, parmi les officiers de police, tantôt un commissaire de police.

Cela est très important, les magistrats n'ont aucune action sur les employés de la préfecture de police, qui ne sont pas agents de police judiciaire ; de telle sorte que si un préfet, désireux d'absorber la Sûreté au point de vue administratif et politique, plaçait à sa tête un simple officier de paix ou tout autre fonctionnaire, le [magistrat n'aurait plus légalement le droit de lui donner des ordres et de recevoir directement ses procès-verbaux d'enquête; rien ne serait plus favorable aux intérêts des malfaiteurs. Si déjà, par des causes qu'il serait trop long d'indiquer ici, la justice est souvent impuissante dans ses recherches, elle rencontrerait encore plus de difficultés le jour où le service de la Sûreté cesserait de lui appartenir.

En outre, un chef de Sûreté, s'il n'est pas officier de police, se heurte à des impossibilités légales dans l'accomplissement de sa mission. Il se trouve arrêté à chaque instant par l'insuffisance de ses pouvoirs, il ne peut ni procéder à des constatations ayant un caractère d'authenticité, ni faire une perquisition, quelle qu'en soit l'urgence.

Il est nécessaire d'attacher à son titre la qualité d'officier de police judiciaire, auxiliaire de la justice, de donner ainsi à celui qdi est l'instrument essentiel, l'organe vital en quelque sorte de l'instruction judiciaire les mêmes pouvoirs qu'au commissaire de police de la ville la moins importante.

Une fois que la loi aura bien établi l'autorité de la Magistrature sur les divers agents de la police judiciaire, les autres solutions s'imposeront d'elles-mêmes.

Les articles 31 et 37 du projet disent bien que les officiers de police doivent envoyer sans délai au Parquet les procès-verbaux qu'ils ont rédigés : cela n'est pas assez, avons-nous dit, puisque les articles 29 et 53 du Code, qui contenaient la même prescription, n'ont pas empêché les abus de naître, de s'étendre, de se manifester par de scandaleux incidents [1].

Ce qu'il faut, c'est une sanction, nous avons indiqué ce qu'elle pourrait être.

Le jour où elle existera, les abus disparaîtront en grande partie.

Ce serait méconnaître les sentiments dont la Magistrature s'inspire que d'attribuer la revendication de ses droits à un désir de domination.

Les temps sont passés où elle pouvait avoir la prétention de mettre la souveraineté en interdit.

Au lendemain de la Révolution française, un des premiers soins de l'Assemblée constituante fut de décider que les juges ne pourraient, à peine de forfaiture, troubler, de quelque manière que ce soit, les opérations des corps administratifs.

Aujourd'hui, les tendances sont changées, la Cour de cassation elle-même ne s'est pas toujours montrée très jalouse des prérogatives de la justice, les situations sont interverties, et si on voulait faire revivre le décret de l'Assemblée, en le mettant en rapport avec l'état de choses actuel, il faudrait appliquer aux corps administratifs la défense que l'on signifiait alors aux juges.

---

[1] *Gazette des Tribunaux*, 2 mars 1881.

Si l'on a eu raison de se montrer vigilant quand il s'agissait de la Magistrature, aurait-on tort de prendre les mêmes précautions envers le pouvoir administratif.

De quel côté l'équilibre paraît-il vouloir se déplacer? L'autorité judiciaire a-t-elle cherché à reprendre sur la police administrative de l'État ou de la commune les pouvoirs des anciens parlements?

Empressés, comme on l'a dit, de maintenir les justes attributions des pouvoirs publics, elle a pour seule préoccupation la défense des droits privés et ne peut donner ombrage qu'à ceux qui seraient disposés à fouler aux pieds ces droits.

Dans la question qui nous occupe, elle combat les empiètements du pouvoir administratif, parce qu'elle a conscience d'avoir en quelque sorte charge d'âmes. Elle redoute l'arbitraire, parce qu'elle a mission de protéger la liberté. Elle revendique le droit de donner des ordres directs aux officiers de police judiciaire pour leur inspirer un plus grand respect de la légalité. Elle exige que les procès-verbaux lui soient envoyés pour veiller elle-même à une égale distribution de la justice. Elle ne veut pas laisser aux bureaux de la préfecture le soin de procéder à des informations préliminaires sur les antécédents, la valeur morale des prévenus, parce qu'elle ne reconnaît pas à d'autres qu'à la justice et à ses auxiliaires légaux le droit d'interroger un inculpé et de statuer sur son sort. Si elle insiste pour que l'envoi des procès-verbaux ne soit pas retardé un seul instant, sous des prétextes spécieux, c'est que de toutes les obligations que la loi impose à son zèle, elle n'en connaît pas de plus rigoureuse, de plus respectable, que celle qui consiste à ne pas laisser passer plus de vingt-quatre heures sans donner à tout citoyen arrêté le droit de se justifier.

1 Vivien, *Études administratives.*

La Chambre partageant ses préoccupations, n'hésitera pas à lui donner les satisfactions qu'elle sollicite depuis longtemps ; l'opinion publique les réclame avec elle.

Nous avons, il est vrai, écrivait M. de Tocqueville, chassé la justice de la sphère administrative, ou l'ancien régime l'avait laissée s'introduire fort indûment, mais dans le même temps le gouvernement s'introduisait sans cesse dans la sphère naturelle de la justice, et nous l'y avons laissé, comme si la confusion des pouvoirs n'était pas aussi dangereuse de ce côté que de l'autre, et même pire ; car l'intervention de la justice dans l'administration ne nuit qu'aux affaires, tandis que l'intervention de l'administration dans la justice déprave les hommes et tend à les rendre à la fois révolutionnaires ou serviles [1].

Nos vœux, nous l'espérons, ne froisseront aucune susceptibilité, ils n'ont rien de menaçant pour l'institution de la police, dont nous connaissons mieux que personne le mérite et l'utilité ; nous voulons seulement mettre les choses à leur place, restaurer la Magistrature dans la plénitude de ses prérogatives usurpées, consacrer la subordination des officiers de police envers elle, les soumettre à une action disciplinaire, rehausser leur situation en les rattachant plus étroitement au service de la justice, et placer à l'abri de toute atteinte le principe salutaire de la séparation des pouvoirs.

[1] *L'ancien régime et la Révolution*, p. 80. — Jules Favre, *la Réforme judiciaire*, p. 73.

CHAPITRE VIII

—

I. — La première partie de ces études a été consacrée à considérer le juge d'instruction dans ses rapports avec le ministère public, organe de l'accusation, et avec l'administration, agent d'exécution.

Nous avons vu que l'indépendance du magistrat n'était pas suffisamment sauvegardée, que son autorité pouvait être trop facilement méconnue et que, soit par l'exagération des prérogatives du Parquet, soit par les usurpations non réprimées de l'autorité administrative, le pouvoir central cherchait à se rendre maître de l'action publique.

Il nous reste à examiner la situation du juge vis-à-vis de la défense.

Autant le projet se montre autoritaire et exclusif sur tous les points qui peuvent intéresser les prétentions de l'État, autant il ne recule devant aucune largesse lorsqu'il ne s'agit plus que de l'autorité de la justice en face des inculpés, de telle sorte que le juge, atteint dans son indépendance, dans sa dignité, vis-à-vis du ministère public et dans sa force au regard des prévenus, court, au grand dommage de l'intérêt social, le risque de se trouver réduit à l'impuissance des deux côtés.

Le projet présenté par le Gouvernement donnait à l'inculpé et à son défenseur le droit d'assister aux interrogatoires, aux confrontations, aux dépositions, d'en surveiller la dictée, d'interpeller les témoins, de discuter avec eux. Ce système, amendé par le Sénat, a été repris par la commission de la Chambre[1]; elle l'a adopté à la majorité d'une seule voix [2]; ce sera donc une des questions sur lesquelles portera le plus l'effort du débat et dont la solution, si importante au point de vue des intérêts de la justice, ne dépendra sans doute que d'un très petit nombre de suffrages.

L'idée de faire intervenir l'avocat dans toutes les phases de l'instruction, aussi bien pour l'audition des témoins, les confrontations, les interrogatoires, que pour les transports et les constatations, s'appuie, il faut en convenir, sur des sentiments très généreux, et ne peut être réfutée qu'au nom de la raison froidement consultée, de l'expérience des choses et des exigences de l'intérêt public.

Si on se décidait à faire l'essai de ce système sans le moindre subterfuge, on verrait bien vite surgir de toute part des difficultés insurmontables.

Où trouverait-on, surtout dans les villes de province où il n'y a pas de barreau, des avocats ou des avoués en nombre suffisant ou assez peu occupés pour passer leur temps dans le cabinet des juges; les inculpés pouvant payer de larges honoraires ne seraient-ils pas les seuls à bénéficier de leur assistance, la marche des affaires ne serait-elle pas ralentie ; ne deviendrait-il pas plus nécessaire encore d'augmenter considérablement le nombre des juges

[1] Art. 79 de la commission de la Chambre. — « Les témoins peuvent être entendus soit en présence du ministère public, de la partie civile, de l'inculpé et de leurs conseils, soit en dehors de leur présence. »

Art. 138. — « Hors le cas d'urgence, si l'inculpé est pourvu d'un conseil le juge ne peut l'interroger qu'en présence du défenseur ou lui dûment appelé. »

Art. 151. — « Le conseil peut entrer dans le cabinet d'instruction avec l'inculpé détenu ou libre chaque fois que celui-ci y est appelé... »

[2] Rapport de M. René Goblet, p. 7.

d'instruction, et les difficultés de leur tâche ne seraient-elles pas un nouvel obstacle à leur bon recrutement? D'un autre côté, on ne pourrait plus trouver des témoins et en obtenir la vérité lorsque la présence de l'avocat viendrait ajouter à leur trouble. Il est permis de penser que toutes ces craintes n'ont rien de chimérique, mais nous ne voulons pas insister sur des considérations qu'on traite volontiers de secondaires, comme si la première qualité d'une loi n'était pas de pouvoir fonctionner.

II. — Ce que nous redoutons davantage est d'un ordre plus élevé; les erreurs dans lesquelles on tombe à notre avis procèdent de ce que le juge est représenté par ceux qui ne le voient pas de près, ou qui se plaisent à le dénigrer par système, comme l'adversaire de l'inculpé, adversaire assez perfide pour dissimuler la vérité et altérer les déclarations, faites devant lui; on invoque les rétractations qui se produisent quelquefois à l'audience de la part des témoins et des accusés. Au lieu de les attribuer à leur mauvaise foi, ou à des intimidations trop fréquentes, on aime mieux accuser le juge d'avoir changé la signification d'une déposition ou d'un interrogatoire ; nous comprenons qu'avec ce point de départ on arrive à cette conclusion qu'il ne faut, à aucun prix, même au risque de désarmer la société, laisser l'inculpé et le témoin en tête à tête avec un magistrat capable de trahir à ce point sa conscience et la loi.

Grâce à Dieu, le pouvoir judiciaire n'a jamais été abandonné à des mains aussi indignes ; et si un tel malheur devait arriver un jour, il n'y aurait pas de législation, fût-elle la plus parfaite, qui pourrait empêcher des juges sans honneur de faire de leur pouvoir un détestable usage. Nous aurons à dire comment les magistrats instructeurs comprennent et pratiquent leur mission ; ce que nous tenons à affirmer dès le début, c'est qu'à leurs yeux l'inculpé n'est pas un ennemi, mais un homme placé sous la sauvegarde de leur impartialité.

Or, en introduisant l'avocat dans le cabinet d'instruction, on va faire naître des abus qui n'existaient pas, et créer le danger qui jusqu'à ce jour n'était qu'une fiction, on va amener le juge à sortir de son rôle ; il est facile de prévoir ce qui se passera ; l'avocat ne pourra pas exercer le contrôle dont parle le projet, sans provoquer à chaque instant des discussions, le juge aura à intervenir personnellement ; la reproduction du moindre mot donnera lieu à des controverses ; averti par une réflexion, par un regard de son avocat, l'inculpé cherchera à contester, à retirer des déclarations, des expressions compromettantes ; le juge, certain de ce qu'il a entendu et noté au passage, voudra, avec raison maintenir sa dictée, tout en consignant les dénégations de l'inculpé et de son avocat ; il y aura deux versions, il faudra choisir entre la parole de l'un ou la parole de l'autre ; le magistrat pris ainsi à partie, attaqué dans la sincérité ou dans l'exactitude de sa mémoire, sera bien obligé de se défendre. Il faudra qu'il discute, il opposera des affirmations à des dénégations, il deviendra avocat lui-même. Est-il bien sûr que, dans ces luttes irritantes, il ne perde rien de cette modération, de cette impartialité, si précieuses pour les inculpés.

Ce danger considérable ne pourait être conjuré que si la présence du ministère public et de la partie civile était non seulemeut facultative, comme le demande la commission de la Chambre [1], mais obligatoire toutes les fois que l'avocat assisterait, soit aux interrogatoires, soit aux dépositions.

Faire intervenir l'avocat en l'absence d'un représentant du Parquet, c'est contraindre le juge à se substituer à l'accusateur, à parler en son nom ; si le ministère public était

[1] Art. 79, 138, 151.

présent, ce serait lui qui prendrait la parole pour discuter avec l'avocat, pour soutenir par exemple que tel mot a bien été prononcé, que tel geste a bien été fait ; le juge n'aurait plus à prendre part au débat, il se contenterait de consigner les dires des deux parties.

Ce système au moins aurait le mérite d'être rationnel. Nous ne craignons pas la contradiction, mais si on veut l'établir, que ce soit au moins entre les deux adversaires et non pas avec le magistrat, dont le rôle est de juger et de rester neutre.

III. — Nous voyons tant d'inconvénients au nouveau rôle réservé au défenseur, que nous préférerions encore le système de la publicité absolue, comme en Angleterre et aux États-Unis, soit comme au vieux temps, où les procès étaient instruits et jugés publiquement sous l'orme.

Des discussions à huis clos manquent souvent de modération, de convenance ; la publicité retient non seulement le juge dans le respect de son devoir, mais elle relève sa fonction par une représentation plus solennelle, elle réprime les entraînements d'une défense quelquefois trop ardente ou d'une accusation qui voudrait s'imposer.

IV. — Le Sénat s'est arrêté à un compromis ; c'est par la communication, à l'inculpé et à son conseil, des pièces de l'instruction qu'il donne à la défense de nouvelles garanties et qu'il réalise le principe de l'instruction contradictoire ; il conserve aux audiences d'instruction leur caractère privé, il ne veut pas que personne puisse s'interposer entre le magistrat, l'inculpé et les témoins, il rappelle au ministère public dans les termes les plus formels, qu'il commettrait un véritable abus, en assistant, même en cas de transport, sauf s'il y a flagrant délit, aux dépositions des

---

[1] Art. 79, séance du 26 mai, p. 557.

témoins ; mais il reconnaît à l'inculpé le droit d'adresser des réquisitions au juge pour obtenir de lui de nouveaux actes d'instruction ; il l'autorise à avoir dès le début de l'information, soit un avocat inscrit au tableau ou stagiaire, soit un avoué, lequel devra prendre communication du dossier la veille de chacun des interrogatoires [1] que le juge devra faire, suivant certaines formules sacramentelles, en évitant tout ce qui pourrait troubler l'inculpé, en l'avertissant qu'il a le droit de ne pas répondre [2] ; en outre les rapports d'experts seront tenus à la disposition des parties quarante-huit heures après leur dépôt [3] ; enfin, lorsque le procureur de la République aura donné ses réquisitions définitives, précédant l'ordonnance de clôture, le dossier devra, dans l'intervalle et pendant un délai de quarante-huit heures, être laissé au greffe à la disposition de la partie civile et de l'inculpé [4].

La disposition consacrant au profit de l'inculpé le droit de réquisition et lui assurant un recours contre les ordonnances, réalise ou plutôt consacre un progrès incontestable ; un juge, soucieux de ses devoirs et de sa responsabilité, s'empresse toujours d'entendre les témoins, de faire les constatations, de procéder aux actes d'instruction réclamés par l'inculpé, mais celui-ci, en cas de refus, n'avait pas de recours ; c'était là une lacune qu'il était nécessaire de combler.

V. — On ne saurait donner une aussi entière approbation aux règles nouvelles sur les interrogatoires et sur la communication du dossier, elles semblent reposer sur une conception inexacte de l'interrogatoire, elles en fausseront l'esprit. La méthode contradictoire, ainsi entendue, pourra

---

[1] Art. 151 et 162 du projet.
[2] Art. 100, 141.
[3] Art. 65.
[4] Art. 162.

favoriser la fraude au lieu de faciliter loyalement la découverte de la vérité[1]. La société sera exposée à jouer un rôle de dupe; comme un homme un homme qui combattrait à découvert contre un ennemi caché, le juge, tandis qu'il livrera le dossier, verra plus que jamais l'inculpé user de ruse, répondre à une générosité naïve par une dissimulation perfide, réserver ses moyens, taire le nom de ses témoins, et ménager pour l'audience ces incidents, ces surprises sur lesquels on compte pour enlever un acquittement.

Il importe d'abord de bien déterminer le caractère juridique de l'interrogatoire.

C'est un acte dont il est difficile de contester la légitimité; il est la base fondamentale et rationnelle de toute enquête ; l'idée qui vient naturellement à quiconque veut éclaircir un soupçon c'est de poser à celui qui en est l'objet des questions de nature à provoquer ses explications; on a compris cela dans tous les temps ; la loi romaine disait:

Neque enin inaudita causa quemquam damnari æquitatis ratio patitur.

On peut rapprocher de cette maxime les paroles d'un de nos plus anciens jurisconsultes :

Il faut entendre et puis juger, ce serait violer l'univers et renverser ciel et terre que d'en user et pratiquer autrement[2].

Une instruction renferme un inconnu à dégager des mystères d'une affaire compliquée ou des profondeurs d'une conscience pervertie ; c'est surtout à réveiller cette conscience que le juge doit mettre ses soins ; l'interrogatoire est le seul moyen par lequel il puisse entrer en communication avec elle.

On lit souvent dans les récits d'imagination qu'obtenir

---

[1] Séance des 7 et 9 mai 1882, p. 403, 413.
[2] Ayrault.

un aveu est un triomphe pour lui ; le mot n'est pas exact ;
il serait plus juste de dire que c'est pour sa responsabilité
la meilleure des garanties. Il est vrai que quelquefois, des
innocents se sont accusés de crimes imaginaires, mais ce
sont là des phénomènes qui regardent le médecin plutôt
que le magistrat, et ces exceptions, fort suspectes, n'en-
lèvent rien à la force probante des aveux et à la sécurité
qu'ils donnent au juge.

Les difficultés de sa tâche ne sont rien à côté des préoccupations qui l'assiègent lorsque, seul, en face de lui-
même, il se demande s'il doit absoudre l'inculpé ou donner
raison à l'accusation ; il a réuni les preuves matérielles les
plus accablantes, il a entendu des témoins qui ont confirmé la prévention, il a interrogé la science, le doute
paraît impossible, et cependant, en entendant cet homme
s'écrier avec une touchante émotion : « Je ne puis pourtant
pas avouer une chose que je n'ai pas faite, je suis innocent ! » il hésite, il tremble, il se défie de lui-même, la
crainte d'une erreur fatale le jette dans une profonde
anxiété, il ne se sent rassuré que le jour où des aveux,
accompagnés de ces signes de repentir qui ne trompent pas,
viennent enfin confirmer toutes les preuves.

Dans la discussion, il a été dit que l'interrogatoire était
une arme de défense, ce n'est pas davantage une arme
d'accusation ; c'est le moyen le plus direct de provoquer la
manifestation de la vérité ; il ne doit être ni un réquisitoire, ni un plaidoyer, mais une mise en demeure de
répondre aux objections, de s'expliquer sur les faits de la
prévention.

Ce n'est pas seulement pour l'accusé que la nécessité de l'interrogatoire a été établie, c'est aussi pour le bien de la justice,

écrivait d'Aguesseau [1], et plus tard un jurisconsulte, moins
suspect peut-être, Ledru-Rollin, disait à son tour [2] :

[1] Lettre du 12 mai 1730.
[2] *Répertoire général, v° Instr. criminelle*, n° 469.

Sans doute l'interrogatoire est une mesure d'instruction établie principalement en faveur du prévenu, et pour lui faciliter les moyens de se justifier, mais il faut bien se garder de ne le considérer que sous ce point de vue unique, ainsi qu'on l'a fait quelquefois.

De même que l'avocat n'arrive à bien connaître le fort et le faible d'un procès qu'à la condition de créer des objections, de les présenter à son propre esprit comme le ferait un adversaire ; ainsi le juge ne peut-il se faire une opinion qu'après avoir soumis l'inculpé à l'épreuve d'une discussion pressante.

Les coupables seuls redoutent un interrogatoire ; les innocents l'appellent de tous leurs vœux.

Sa propriété par excellence, *disait Bentham,* est d'éclaircir les doutes produits ou laissés par les autres preuves ; doué de cette force, il n'est pas moins favorable à la bonne cause que défavorable à la mauvaise, aussi est-il l'effroi du coupable et l'espoir de l'innocent [1].

Quant à la forme de l'interrogatoire, elle ne saurait être tracée à l'avance, elle varie suivant les circonstances et l'état de la procédure.

Il y a ce que nous appelerons l'interrogatoire « *d'audition* » et l'interrogatoire de « *discussion.* »

Au début, le juge doit se borner à écouter ; il laisse l'inculpé parler autant qu'il veut, s'égarer même dans des digressions inutiles ; il se garde bien de l'interrompre, de lui poser aucune question, il cherche à saisir dans le flux de ses paroles, absolument libres, une émotion vraie, un accent de vérité ; il ne l'interrompt pas à chaque instant pour dicter ses déclarations ; il lui laisse le temps de réunir ses idées, de choisir ses expressions, il l'écoute attentivement, il cherche à se bien pénétrer du sens, de l'esprit de son récit, de façon à pouvoir ensuite le reproduire, dans

[1] *Traité des preuves,* p. 356.

l'exactitude de sa lettre et la réalité vivante de sa physionomie; c'est une œuvre délicate que la dictée d'explications incohérentes et prolixes ; ce sont mille nuances à saisir, des intonations à noter, des mots typiques à retenir, des exclamations à saisir au vol, des gestes à indiquer, jusqu'à des larmes qui ont leur éloquente signification, et dont il ne faut pas effacer les traces; un procès-verbal doit être comme un miroir fidèle et pur sur lequel l'image vient se fixer sans rien perdre de sa couleur et de son expression.

C'est aussi une excellente pratique pour mieux pénétrer la pensée des inculpés que de les inviter à rédiger un mémoire dans le recueillement de leur cellule ; quelquefois, il faut bien le dire, leur vanité y tient une plus large place que leur sincérité; néanmoins on y trouve des indications fort intéressantes.

C'est plus tard, après l'audition des témoins et les confrontations, qu'intervient, comme dernier acte, l'interrogatoire de discussion ; le rôle du juge change, il devient plus actif, il ne se contente plus d'écouter, il interroge ; il ne laisse plus l'inculpé à lui-même, il l'oblige à suivre pas à pas le chemin parcouru par l'information, il le met en présence de toutes les charges et fait subir à ses allégations l'épreuve décisive du raisonnement et de la contradiction.

Il faut que le magistrat apporte dans cette œuvre un esprit ferme et sagace ; mais la bienveillance et la loyauté doivent avant tout inspirer sa conduite.

Quel est donc le type du juge conçu par le législateur de 1808? Si on se reporte aux procès-verbaux du Conseil d'État, on y voit exposé à chaque page avec force, avec instance, avec l'autorité attachée au nom de jurisconsultes illustres, cette pensée que le magistrat instruit dans l'intérêt de la société et dans l'intérêt de l'inculpé[1]; il serait indigne de sa mission, il s'abaisserait au niveau du policier

---

[1] Discours de M. Grandperret, séance du 7 mai, p. 403.

le moins scrupuleux, s'il plaidait le faux pour savoir le vrai, s'il cherchait par de vils moyens à surprendre les secrets qu'on veut lui cacher. Rien ne doit se faire qui ne puisse être hautement avoué ; le magistrat ne saurait obtenir la confiance d'un inculpé s'il ne lui avait d'abord inspiré le respect.

C'est aussi par le ton modéré et digne de ses interrogations qu'il parvient le plus sûrement à le toucher et à obtenir ses aveux ; tous les inculpés ont droit à des formes polies dictées par un sentiment de pitié, ce serait une habileté si ce n'était un devoir, il faut surtout, comme l'a dit un célèbre avocat :

Prendre pour guide la règle simple et féconde, enseignée aux hommes par cette maxime divine : Aimez-vous les uns les autres ; traduite en faits pratiques, elle signifie la substitution de la persuasion à la violence ; de la miséricorde à l'inflexibilité[1].

Notre législation n'impose au juge aucune dureté, son texte lui permet d'être humain, son esprit le lui commande.

Le cœur ne devient pas insensible, quoi qu'on dise, au contact des infirmités morales ; il s'adoucit au contraire ; on se sent envahi par une certaine commisération, si, au lieu de considérer l'horreur du crime, on remonte jusqu'à ses causes premières ; il est bien rare, après avoir étudié ces existences livrées au hasard, fouillé jusque dans leurs replis ces âmes en apparence corrompues, étudié les conditions de milieu, de famille dans lesquelles ces malheureux se sont souvent débattus, de ne pas arriver à trouver, avec mille raisons de les plaindre, l'occasion de réveiller en eux de bons instincts échappés à la destruction du reste, de les relever à leurs propres yeux, de les consoler quelquefois en leur faisant apparaître dans le châtiment qui les attend, l'expiation qui réhabilite.

---

[1] Jules Favre, *la Réforme judiciaire*, p. 135.

N'y a t-il pas dans toute nature humaine, a dit le poète des *Misérables* : une étincelle, un élément divin, incorruptible dans ce monde, immortel dans l'autre, que le bien peut développer, attiser, allumer et faire rayonner splendidement et que le mal ne peut jamais entièrement éteindre[1]. »

Mais pour que les interrogatoires soient faits dans cet esprit, pour qu'ils conservent leur caractère élevé et moral, et qu'ils ne deviennent pas une sorte de comédie ou une vaine formalité, il ne faut pas que les réponses de l'inculpé, au lieu de venir de sa conscience livrée à elle-même, aient été habilement préparées par le défenseur et suggérées par une communication prématurée de la procédure.

VI. — Nous devons maintenant examiner les innovations adoptées par le Sénat, et rechercher si elles ne sont pas de nature à empêcher que les interrogatoires ne soient faits suivant les règles que nous avons tracées et ne répondent au but que la justice doit se proposer.

Le juge devra, dès la première comparution de l'inculpé, le prévenir qu'il est libre de ne pas répondre aux questions qui vont lui être posées (art. 100).

Ce début ne nous semble pas absolument heureux ;

Quiconque a rempli, pendant une année seulement, les fonctions de juge criminel[2], *disait Boucher d'Argis,* connaît le système de tous les accusés, système qui se propage chaque jour, à toute heure, à toute minute ; les anciens instruisent les nouveaux venus, qui, à leur tour apprennent à d'autres que le seul moyen, s'il en est, de se soustraire à la peine, est de tout nier.

Le prévenu le plus novice sait parfaitement qu'il peut garder le silence ou mentir impunément, le plus ignorant n'a pas besoin qu'on lui apprenne qu'on ne met plus les gens à la question, même ordinaire, pour leur arracher

[1] Victor Hugo.
[2] Voir interr. encycl. mesh. 1785.

des aveux ; est-il besoin d'aller jusqu'à provoquer l'inculpé à se taire ; faut-il ajouter un encouragement officiel à une disposition déjà trop naturelle ; d'ailleurs n'est-ce pas s'attacher uniquement aux apparences que de consacrer à son profit un droit, dont tout bon juge le dissuadera d'user ; il est fort probable en effet que le magistrat, après lui avoir donné l'avertissement pour la forme s'empressera d'ajouter :

« Vous pouvez garder le silence ou mentir, mais, prenez garde, les jurés sont de braves gens qui n'entendent rien aux subtilités : ils interpréteront votre refus de répondre dans le sens d'un aveu tacite ; tout ce que vous direz tardivement pourra leur paraître suspect. »

C'était le sentiment du jurisconsulte anglais que nous avons déjà cité.

L'accusé, disait-il, aurait constamment recours à un moyen propre à déjouer l'intérrogatoire, s'il ne craignait les conséquences qu'on ne manquerait pas d'en tirer contre lui ; ce moyen, ce serait le silence ; mais le silence, dans un tel cas, étant généralement considéré comme équivalent à une confession, il n'y aura recours qu'à la dernière extrémité[1].

Avant chaque interrogatoire, les pièces seront communiquées à l'avocat, et, quarante-huit heures après leur dépôt, les rapports d'expertise seront tenus à la disposition des parties. Ce sont ces communications obligatoires à heure fixe qui nous paraissent de nature à enlever à l'interrogatoire toute sa valeur morale.

Le prévenu combinera ses réponses suivant le résultats de l'instruction, il en déjouera tous les plans, il connaîtra les indications fournies au juge, il fera disparaître les preuves, avertira ses complices, subordonnera ses déclarations à l'état du dossier ; il profitera des erreurs qu'une

---

[1] *Traité des preuves*, p. 357.

première expertise peut contenir et que de nouvelles vérifications auraient rectifiées.

Il serait facile de multiplier les exemples; nous en citerons un tout récent. Une femme était inculpée d'infanticide ; le médecin, trompé par certains signes, avait conclu que l'enfant était mort-né, sans avoir respiré ; il est bien certain que si la prévenue avait eu connaissance de ces conclusions, elle se serait empressée d'en profiter pour nier son crime ; mais, comme elle les ignorait, elle avoua que l'enfant avait vécu, qu'elle l'avait volontairement étouffé.

On sait que, dans les affaires de mœurs, plaie hideuse qui s'étend tous les jours, les traces matérielles échappent facilement aux recherches de la science. Quel sera l'inculpé assez naïf pour faire des aveux si le juge lui apprend, avant de l'interroger, que l'examen du médecin ne fournit aucune indication ?

Plus sage, la loi du 7 pluviôse an IX défendait de révéler au prévenu, avant l'interrogatoire, les charges ou dépositions déjà recueillies. Tous les auteurs étaient d'accord pour reconnaître que cette prescription, bien qu'elle n'ait pas été littéralement reproduite dans le Code, devait toujours être observée. Ledru-Rollin la rappelait, dans son répertoire de jurisprudence, comme une nécessité de toute instruction,

Afin de ne pas laisser au prévenu, disait-il, le temps de préparer ses réponses et d'inventer des mensonges.

Quel ne sera pas bien souvent aussi l'embarras des avocats scrupuleux, et ils le sont tous, lorsque la communication du dossier leur aura livré un renseignement compromettant, révélé l'intérêt qu'il y aurait à obtenir le silence d'un témoin, à détruire une pièce, à prévenir un complice, à nier telle ou telle circonstance. On les rendra responsables des moyens employés pour faire disparaître les preuves, et comme on l'a bien dit :

Aux nobles privilèges de la libre parole à l'audience, viendra toujours se mêler le soupçon de je ne sais quelle préparation occulte et sournoise[1].

Un sénateur, l'honorable M. Jouin, disait avec infiniment d'esprit et de bon sens :

Pendant trente années de ma vie, j'ai exercé la profession d'avocat et j'avoue que je n'ai jamais compris mes devoirs comme semble le comprendre le projet que nous examinons; prenons donc les faits tout simplement, voilà un homme qui est accusé d'un crime ou d'un délit, il vient me trouver et me demande conseil.

Quel conseil me demandez-vous! — Je voudrais que vous eussiez la bonté de me dire comment je dois m'y prendre pour répondre au juge qui m'interrogera. Vous devinez la réponse que doit faire un avocat, un honnête homme, à un client assez osé pour venir lui demander un pareil avis ; quant à moi, je lui montrerais la porte et je leur dirais : Allez-vous-en[2] ! »

La défense sera-t-elle toujours confiée à des hommes ayant la même délicatesse de conscience, le même respect de leur ministère, ne se trouvera-t-il pas des avocats, comprenant leurs devoirs d'une toute autre façon, qui diront à leurs clients : « Ne répondez à aucune question, niez tout, ne vous prêtez à aucun interrogatoire. » Cette supposition n'a rien d'injurieux à l'égard du Barreau, qui compte assez d'illustrations pour que la considération dont il jouit si justement ne puisse être diminuée par les pratiques regrettables de ceux qui, sous une robe banale, n'auront peut-être pas toujours les sentiments élevés et désintéressés que comporte l'exercice de cette noble profession.

Ces dangers sont d'autant moins imaginaires qu'il est probable que les exigences de la loi nouvelle ne seront pas faites pour retenir, dans la spécialité des causes criminelles, les avocats qui y apportent aujourd'hui tant de

[1] Discours de M. Grandperret, loc. cit.
[2] Séance du 7 mai 1882,

talent et d'honorabilité. Le rôle qu'on veut leur imposer en dehors de l'audience conviendra mieux au tempérament et aux habitudes des agents d'affaires, guettant le client à la porte des geôles.

Mais même en admettant que ces prévisions ne se réalisent pas, il suffira que l'inculpé ait pu, la veille de l'interrogatoire, combiner ses réponses, même avec le plus honnête des défenseurs, sur les renseignements puisés dans le dossier, pour qu'elles n'offrent plus aucune garantie de sincérité. L'innocent sera le premier à en souffrir. Le juge, n'espérant plus trouver dans son attitude, dans son accent, dans ses paroles, cette personnalité, cette spontanéité, qui étaient de précieux éléments d'appréciation, sera en défiance et ne verra dans ses déclarations qu'un système de défense concerté à l'avance.

Mais, dit-on, lorsque l'inculpé est libre, il peut préparer ses réponses avec son avocat, s'entendre avec les témoins, se mettre d'accord avec ses complices.

Est-il juste de ne pas accorder les mêmes facilités à l'inculpé qui a le malheur d'être détenu? La réponse est bien simple, un juge prudent ne laisse en liberté que les inculpés dont les agissements ne peuvent nuire à l'instruction ; il met sous les verroux ceux qu'il suppose capables de faire de leur liberté un usage dangereux pour la manifestation de la vérité.

VII. — Les auteurs du projet en ont si bien compris les inconvénients que, dans la discussion, ils ont prévu certains moyens de les tourner ; mais le remède nous paraît encore pire que le mal.

Les trois moyens d'éviter l'intervention de l'avocat et la communication du dossier seraient ceux-ci : laisser le plus possible aux commissaires de police le soin d'obtenir des aveux; mettre les inculpés au secret ; remplacer, pendant l'instruction, les interrogatoires par des confrontations.

Le jour où le juge sera dans l'impossibilité de chercher la vérité dans l'interrogatoire, le jour où l'instruction, entravée à chaque pas par l'intervention de la défense, ne sera plus qu'une série d'incidents de procédure, la police, encouragée peut-être par la justice elle-même, s'efforcera d'arriver à un résultat par ses propres ressources et d'obtenir à la hâte des aveux avant de remettre les procès-verbaux.

Les habitudes qui s'établiront alors, aggraveront un mal qui existe déjà.

Personne ne contestera le rôle et la probité des commissaires de police ; les hommes ne laissent pas à désirer, mais l'administration les accable de tant d'occupations diverses qu'ils ne peuvent y suffire ; ils signent bien les procès-verbaux, mais souvent ils sont obligés d'en abandonner la rédaction à de jeunes secrétaires inexpérimentés, ardents, qui ne savent pas avec quelle religieuse attention il convient d'écouter et de consigner les explications d'un inculpé, de peur qu'une expression substituée à une autre n'en dénature le sens, avec quel soin il faut ensuite lire l'interrogatoire pour que, plus tard, l'inculpé ne puisse se plaindre d'avoir signé une déclaration qu'il n'aurait pas faite ou d'avoir cédé à de fâcheuses provocations.

La conscience du magistrat peut-elle être pleinement rassurée lorsque, par respect pour un procès-verbal, il condamne un inculpé qui, malgré ses énergiques dénégations, voit se dresser contre lui un aveu, un simple mot, que lui attribue un rapport rédigé dans la précipitation de la première heure.

Malgré tout ce qui a pu affaiblir l'autorité de la justice, il y a encore un sentiment instinctif de confiance en elle. Tout homme arrêté aspire au moment où il va être mis en sa présence. Emu par l'arrestation, par les violences qui ont pu en être la conséquence, conduit de postes en postes, de bureaux en bureaux, questionné par les uns, par les autres, par des agents, par des commis, par des gardiens de prison, rudoyé, intimidé, qu'il soit coupable ou innocent, il attend le juge comme un sauveur, il sait que devant lui il pourra parler plus librement encore qu'au grand jour de l'audience ou le temps est trop compté, il pressent que son intervention mettra un terme aux mesures dont il a pu avoir à souffrir, que l'information va prendre un caractère de dignité, de légalité favorable à sa défense.

Mais à quoi servira-t-il de lui déclarer solennellement, au seuil de l'instruction, qu'il est libre de se taire, si on peut lui opposer ses aveux pendant cette période innomée, véritable interrègne de la loi, qui s'écoule entre l'arrestation et la comparution devant le juge ? A quoi bon prendre, contre celui-ci, mille précautions soupçonneuses, si une instruction préparatoire peut se faire librement en dehors de lui, sans avocat, sans conseil d'aucune sorte, sans les garanties qui donnent une valeur aux témoignages, une force probante aux aveux.

Aura-t-on rendu un grand service aux inculpés si les magistrats, ne trouvant plus de suffisants éléments d'appréciation dans les procédures où la loi aura multiplié les obstacles entre le juge et la vérité, sont amenés peu à peu à les chercher dans des enquêtes faites par des commissaires de police, plus libres de leurs mouvements.

On n'a rien à gagner à désarmer la justice ; à mesure que sa puissance diminue, celle de la police augmente. Il faut qu'une société vive : quand elle ne peut plus se défendre par la loi, elle cherche des expédients pour y suppléer.

On peut donc regretter que, pour prévenir les dangers que nous signalons, le projet, au lieu de ne chercher qu'à restreindre sans cesse l'autorité du juge, ne se soit pas occupé des interrogatoires faits par les officiers de police judiciaire et n'en ait pas limité la portée juridique.

Légalement, aussi bien sous le régime du Code qu'aux

termes du projet, ces officiers ne peuvent procéder à des interrogatoires qu'en cas de flagrant délit.

Or, à Paris notamment, les commissaires de police font subir des interrogatoires à tous les inculpés, de même qu'ils décernent des mandats d'amener, aussi bien lorsque le fait vient de se commettre que lorsqu'il remonte à plusieurs mois; de même, qu'en violation de l'art. 83 du Code, reproduit par l'art. 76 du projet, des commissaires de police sont commis par le juge pour entendre des témoins, sous la foi du serment, bien qu'une aussi importante délégation ne puisse être donnée qu'à un magistrat, c'est-à-dire à un juge d'instruction ou à un juge de paix[1]. Cela peut faciliter l'expédition des affaires, mais c'est un véritable abus; le gouvernement, dans son exposé de motifs, le constatait[2], et ajoutait qu'il serait facile de le faire cesser.

Nous ne le pensons pas. Les commissaires de police, en procédant comme ils le font, agissent suivant les instructions de la préfecture, d'après des formules qui leur sont données, et nous avons vu dans un précédent chapitre que la Magistrature, tant qu'elle n'aura pas une autorité effective sur ses auxiliaires, sera impuissante à les ramener à une stricte observation de la loi.

Il resterait ensuite à fixer la portée de l'interrogatoire en matière de flagrant délit. Il devrait se borner à une constatation d'identité et à une interpellation sommaire. Comment, en effet, concilier les lenteurs de ces interrogatoires, où le commissaire de police discute comme s'il était juge lui-même, avec l'obligation, qui lui est imposée par l'article 187 du projet, de conduire immédiatement l'inculpé devant le magistrat.

Nous souhaiterions aussi que l'aveu, devant l'officier de police, n'eût qu'une valeur relative et qu'il ne pût être op-

---

[1] Page 35.

[2] Répertoire de Dalloz, v°, *instruction criminelle*, n° 583.

posé à l'inculpé que si celui-ci le confirmait au cours de l'instruction. Ne voit-on pas tous les jours de regrettables incidents s'élever à propos de ces prétendus aveux, et les raisons que donnent les inculpés pour les discuter, ne laissent-elles pas pressentir que la liberté de leur défense n'a pas toujours été absolument respectée [1]?

L'aveu, quoi qu'en pensent certains criminalistes, est à nos yeux la meilleure des preuves judiciaires, mais à la condition qu'il soit entouré des garanties de nature à en assurer la sincérité, et qu'il ait été reçu par le magistrat lui-même.

Une extension plus grande donnée aux interrogations des commissaires de police, le jour où la présence du défenseur rendra inutiles les interrogatoires du juge, ne sera pas la seule conséquence du projet; il est à craindre aussi que la mesure de la mise au secret ne soit plus fréquemment employée.

On sait que, dans l'intérêt même des prévenus, on a adopté le système cellulaire; on les met ainsi à l'abri de contacts pénibles et dangereux, il ne faut pas confondre cet isolement avec le secret, l'un est la règle générale, l'autre l'exception. On a dit « la nouvelle Bastille a sa basse-fosse, la mise au secret »; ce sont là de singulières exagérations; l'inculpé mis au secret ou plutôt en état d'interdiction de communiquer est au même régime que les autres, avec cette seule différence que sa correspondance est examinée et que le juge suspend momentanément les

---

[1] Ces jours derniers les débats de la Cour d'assises révélaient que dans un des commissariats les mieux tenus et les plus occupés de Paris; une femme avait été interrogée pendant toute une journée, par un secrétaire, le commissaire ayant été obligé de s'absenter pour d'autres affaires; elle prétendait que pour obtenir ses aveux on lui avait promis de la mettre en liberté; mais au lieu de récriminer à ce sujet contre la magistrature elle-même ne serait-il pas plus juste de dégager sa responsabilité et de la soutenir dans ses révendications pour lui donner sur le service de la police judiciaire une autorité plus efficace, *Gazette des Tribunaux*, 25 mars 1884.

permissions données, soit à l'avocat, soit à des amis suspects, de communiquer avec lui.

Il y a donc bien loin de cette mesure de précaution aux tortures dont on évoque le souvenir si mal à propos ; et cependant le respect de la défense, l'humanité dans les procédés d'instruction, sont tellement entrés dans nos mœurs que les juges ne se décident qu'à la dernière extrémité à prescrire, pour un temps très court, cette interdiction de correspondre avec l'extérieur.

Avec le projet, cette mesure deviendra d'un emploi journalier : en effet, comme l'avocat ne peut ni voir son client, ni consulter le dossier pendant la période de l'interdiction de communiquer, le juge, pour procéder tranquillement aux interrogatoires en dehors de toute influence étrangère, aura une chose bien simple à faire, ce sera de se montrer moins réservé que par le passé et d'ordonner le secret tant que la production des pièces sera de nature à présenter quelque inconvénient.

L'exception deviendra la règle, les bonnes traditions se perdront, le prévenu sera le premier à en souffrir, son sort sera lié à celui du dossier [1].

Il est à craindre aussi que le juge, en présence des entraves qui lui seront mises, ne cherche à remplacer les interrogatoires par des confrontations [2].

Le projet du Sénat ne les soumettant pas à la règle de la communication préalable, bien qu'elles impliquent un interrogatoire au moins partiel, le juge n'aura qu'à procéder par voie de confrontation pour éviter de livrer les pièces ; il est vrai que c'est le témoin qui interroge, en quelque sorte, dans la confrontation, mais il sera facile au juge de parler par sa bouche et de trouver, s'il a quelque expérience, le moyen de tout dire et de provoquer indirectement des aveux ; le

---

[1] Séance du 22 mai, p. 513.
[2] Art. 140, discours de M. Dauphin, séance du 24 mai, p. 534.

nouvel article 152 lui prescrit bien de n'interroger l'inculpé que sur les déclarations du témoin avec lequel il est confronté, mais, en fait, il sera bien difficile de respecter cette limite, il suffira donc de faire des confrontations avec tous les témoins pour remplacer l'interrogatoire, si précieux pour l'intelligence du dossier, si utile à la défense elle-même, par une série d'interrogatoires, sous une forme détournée, mais parfaitement légale.

Telles sont les pratiques fâcheuses qui tendront à s'établir.

VIII. — Examinons maintenant les différents préceptes suivant lesquels les interrogatoires devront être faits, le projet [1] détermine un certain programme, dont l'esprit, tout en faveur des inculpés, a été longuement développé dans la discussion.

On prescrit au juge de ne pas poser des questions obscures, captieuses, à brûle-pourpoint, de suivre l'ordre des dates, de constater les preuves à décharge, etc.

Assurément les conseils d'un législateur autorisé ne sont jamais inutiles, mais à la condition de ne pas discréditer, en l'exposant à d'injustes défiances, celui à qui on les donne.

Si un étranger jugeait les magistrats français par les recommandations qu'on leur adresse, par certaines phrases de l'exposé des motifs, il les croirait capables d'engager avec le prévenu une lutte odieuse :

D'interpréter les réponses sans donner le temps de les rectifier..., d'obtenir des aveux équivoques, d'infliger des tortures..., de dénaturer les dépositions des témoins, en dictant leurs réponses dans un style qui n'est pas généralement celui dont ils se sont servis[2].

Il aurait à coup sûr une assez triste opinion de leur valeur morale.

[1] Art. 139, 141.
[2] Pages 30, 39 de l'exposé des motifs.

Ne peut-on pas trouver, heureusement, dans des documents officiels, des paroles qui paraissent contredire ces appréciations offensantes et injustes.

J'affirme, *messieurs, disait à la cour de Paris M. le procureur général Dauphin, dans son discours de rentrée du 3 novembre 1880,* sous la foi absolue que j'ai dans la délicatesse professionnelle de nos magistrats, que le juge, dans l'accomplissement de sa mission, est toujours l'homme juste et droit; je ne crois pas aux questions ambiguës et captieuses, aux pièges tendus, aux promesses téméraires d'indulgence, ni aux menaces de rigueur, je m'indigne à la pensée du soupçon qu'un procès-verbal ne retracerait pas fidèlement les termes et la physionomie des réponses et je laisse au roman la responsabilité des attaques que, de ce chef, il formule contre l'administration de la justice.

On ne saurait mieux dire, et la Cour n'aurait pas voulu entendre un autre langage; mais alors pourquoi le Sénat, à son tour, n'a-t-il pas été convié à rendre le même hommage aux juges d'instruction ? que s'est-il passé dans l'espace de deux ans, pour que, devant lui, une opinion toute différente ait été exprimée ; quel motif a donc pu déterminer non seulement à ne pas manifester les mêmes sentiments, mais à introduire dans la loi des expressions de nature à déconsidérer le magistrat, à justifier les lieux communs de certaines plaidoiries de Cour d'assises, et à donner à l'étranger, comme le rapport du député belge en fait foi, une déplorable idée de nos mœurs judiciaires, singulièrement travesties.

Aujourd'hui, *lisons-nous dans le discours de M. Dauphin, à la tribune du Sénat,* le juge a le droit de poser à bout portant les questions les plus compromettantes et pouvant mettre l'accusé dans le plus cruel embarras, il peut commencer son interrogatoire par où il veut[1].

---

[1] Séance du 7 mai, p. 408.

Mais franchement n'est-il pas heureux qu'il en soit ainsi. Un juge d'instruction qui ne mettrait jamais les inculpés dans l'embarras, qui ne saurait pas, par les questions loyalement posées, par la logique et la force de l'argumentation l'acculer à la nécessité de dire la vérité, remplirait fort mal sa mission.

Est-ce là le modèle que le projet entend proposer? veut-il éviter aux prévenus ces émotions salutaires, ces surprises, ces confrontations saisissantes qui arrachent souvent la vérité à celui qui croyait l'avoir enfermée sous un triple airain ? Veut-il que, par des avertissements complaisants, des préliminaires discrets, le juge s'applique à mettre l'inculpé sur ses gardes, à lui donner le temps de retrouver son sang-froid, de composer sa physionomie, de préparer son discours?

Ne voit-on pas aussi que des conflits surgiront à chaque instant des interprétations diverses qu'on entendra donner à ces recommandations ; lorsque le juge présentera les faits dans l'ordre du raisonnement, comme le comporte un interrogatoire sérieux, l'inculpé, le nouveau Code à la main, ne dira-t-il pas : « Je ne réponds pas, vous ne suivez pas l'ordre chronologique. » Lorsque le juge fera une question imprévue et de nature à provoquer un aveu, l'inculpé dira encore : « Je ne réponds pas, votre question est captieuse ou à brûle-pourpoint. » A quels signes reconnaîtra-t-on ce caractère ? Faudra-t-il consulter la Cour de cassation ou l'Académie pour savoir lequel a eu tort ou raison de celui qui a posé la question ou de celui qui a refusé d'y répondre? N'aurait-il pas suffi pour proclamer, dans un style plus noble et plus juridique, les principes qui inspirent notre procédure criminelle, de dire que le juge doit instruire à charge ou à décharge?

Prenons garde, en introduisant dans le langage austère de la loi des mots imprudents, de laisser supposer que des juges, chargés d'une mission de confiance, seraient capables de tendre des embûches aux inculpés, de se livrer, comme de vulgaires tripoteurs d'affaires, à des pratiques criminelles, de tromper, par des questions insidieuses, ceux que la loi place sous la protection de leur justice, d'en obtenir des aveux équivoques en les soumettant, comme de malheureux patients, « à de véritables tortures morales [1]. »

On ne doit pas admettre, *comme disait à la commission M. l'avocat général à la Cour de cassation, Arthur Desjardins*, que les juges adressent des questions captieuses, ni leur donner un conseil qui impliquerait légalement l'idée fâcheuse d'une sorte de suspicion [2].

C'est ainsi qu'un pays se déconsidère, s'affaiblit lui-même en appelant le mépris public sur ses propres magistrats, en semblant partager les injustes préventions d'une opinion qu'il serait plus sage d'éclairer, d'instruire, de ramener à ces habitudes de respect, sans lesquelles il n'y a pas de société possible.

Craignons encore que certains préceptes, à coup sûr mal compris, ne poussent un jour des magistrats à tomber dans une fausse sentimentalité, à se faire, par un excès de condescendance et de faiblesse, une popularité de mauvais aloi aux dépens de la société.

La loi peut tracer les règles de la procédure; elle est incapable de donner la conscience, la dignité morale, l'amour du devoir à ceux qui en seraient dépourvus. Les institutions, assurément, ont en elles-mêmes une certaine force pour le bien ou pour le mal, mais elles valent surtout par le mérite des hommes auxquels l'application en est confiée.

IX. — Les considérations que nous venons d'exposer ne seraient pas complètes, si nous n'insistions plus particuliè-

---

[1] Page 39 de l'exposé des motifs.
[2] Séance du 25 mars 1879.

rement sur certaines dispositions dont la mise en œuvre ne nous paraît pas avoir été suffisamment prévue.

Nous voulons parler du délai, dans lequel le premier interrogatoire doit être fait, des règles spéciales en cas de flagrant délit, de la désignation de l'avocat et enfin des difficultés que celui-ci rencontrera s'il veut remplir son nouveau rôle.

Une des préoccupations les plus légitimes du projet est que l'inculpé puisse s'expliquer le plus vite possible devant un magistrat; ce vœu se manifeste dans plusieurs articles.

Les articles 98 et 99, reproduisant l'article 93 du Code, prescrivent que tout inculpé, auquel est signifié un mandat d'amener, soit conduit, dans le plus bref délai, devant le magistrat qui a décerné le mandat; qu'il ne puisse être, en vertu de ce mandat, retenu plus de vingt-quatre heures dans le lieu affecté à cette destination ; qu'il soit interrogé au plus tard dans ce délai et plus tôt s'il est possible.

L'article 101 ordonne sa mise en liberté si ce délai s'est écoulé sans qu'il ait été interrogé et mis sous mandat de dépôt.

L'article 187 ajoute que tout inculpé, arrêté en état de flagrant délit, soit immédiatement conduit devant le procureur de la République.

On peut donc conclure de ces textes formels que, si vingt-quatre heures se passent sans que l'interrogatoire ait eu lieu et que le juge ait confirmé l'arrestation, la détention devient arbitraire et rend le directeur de la prison passible des peines édictées par l'article 120 du Code pénal.

Ces règles ont été puisées dans notre ancienne législation; on les retrouve dans l'article 1er du titre XIV de l'ordonnance de 1670.

Le premier président Lamoignon ayant fait observer que le délai de vingt-quatre heures était trop court pour permettre de procéder à un interrogatoire détaillé, l'ordonnance prescrivit qu'il fût au moins commencé.

Certains vœux des cahiers des États généraux allèrent jusqu'à demander un jugement immédiat.

Le décret le plus légal, et même le plus juste, *disait M. d'Autun* à l'assemblée électorale peut blesser la liberté en prolongeant la détention de l'accusé ; il sera statué que tout homme, arrêté en vertu d'un décret, sera présenté à ses juges naturels dans les vingt-quatre heures[1].

Il n'est pas surprenant que ces règles aient été de tous les temps : elles procèdent d'un sentiment humain. Il suffit de considérer ce que l'on éprouverait soi-même, si on était victime d'une injuste arrestation, pour comprendre la nécessité d'une prompte comparution devant le magistrat.

Mais si de la théorie on passe à la pratique, plusieurs questions se posent. Quel sera le point de départ du délai de vingt-quatre heures ? devant quel juge le premier interrogatoire sera-t-il subi ? quel sera son caractère ?

Le projet ne s'explique pas avec netteté sur la façon dont devra se calculer le délai, soit à partir de l'arrestation, soit à partir du moment où l'inculpé sera mis à la disposition de la justice par les agents qui ont exécuté le mandat ; ce délai, avec la sanction d'une mise en liberté immédiate, n'existe-t-il que pour le juge ? la police, tenue à des règles moins rigoureuses, pourra-t-elle s'en affranchir et retarder, par de prétendues nécessités de service, le moment où le magistrat sera avisé de l'arrestation et deviendra responsable.

Il semble, si on rapproche les dispositions des deux nouveaux articles 98 et 99, qu'il y ait un double délai de vingt-quatre heures, l'un pour la remise de l'inculpé à la justice, l'autre pour l'interrogatoire par le juge, de telle sorte qu'il pourra s'écouler quarante-huit heures avant que l'inculpé ne soit entendu.

Sans doute, ce temps passé soit dans les postes de po-

---

[1] Desjardins, *cahiers des États-Généraux de* 1789, p. 406.

lice, dont la commission d'enquête sur les établissements pénitentiaire faisait en 1875 un si triste et si véridique tableau[1], soit au Dépôt, paraîtra bien long surtout aux innocents arrêtés par erreur, mais il est difficile d'aller plus vite, à moins de transformer de fond en comble notre organisation judiciaire, et, par une réforme à laquelle nous souscririons volontiers, d'instituer dans chaque quartier un juge devant lequel les personnes arrêtées seraient amenées séance tenante et confrontées avec les témoins.

Mais si, dans l'état de choses actuel, des délais paraissent inévitables, il faudrait au moins ne jamais dépasser les limites extrêmes fixées par la loi. Or la publicité donnée à certaines statistiques et de récentes discussions dans les assemblées politiques permettent d'affirmer, sans commettre aucune indiscrétion, que l'administration ne considère pas ces délais comme absolument obligatoires, et qu'il arrive non seulement que des individus arrêtés en flagrant délit, ne sont livrés que très tardivement à la justice, mais que ceux-là même qui ont été appréhendés en vertu d'un mandat, signé par un juge, ne sont amenés devant lui que plusieurs jours après leur arrestation.

L'une des causes de ces pratiques, que la Magistrature a toujours condamnées, c'est, comme nous l'avons dit à propos des interrogatoires, que l'administration impose à ses commissaires de police l'obligation de faire de trop longs procès-verbaux. Toutes ces écritures devraient être simplifiées. Elles font double emploi avec l'instruction. Le commissaire de police devrait procéder par voie de simple rapport, accompagné des procès-verbaux de constatation

---

[1] Rapport de M. Bournat.

Art. 98. — Tout inculpé auquel est signifié un mandat d'amener est conduit dans le plus bref délai devant le magistrat qui a décerné le mandat, l'inculpé peut-être, en vertu d'un mandat d'amener, retenu plus de vingt-quatre heures dans le lieu affecté à cette destination.

Art. 99. — Immédiatement après son arrivée et au plus tard dans les vingt-quatre heures, l'inculpé comparaît devant le juge d'instruction.

de saisie et de la liste des témoins, avec indication sommaire des renseignements qu'ils paraîtraient pouvoir donner. Cela serait plus expéditif et moins dangereux, disons-le aussi, que ces procès-verbaux où l'avocat, depuis quelque temps surtout, va chercher des erreurs, des contradictions, des appréciations imprudentes, avec lesquelles il embarasse l'accusation.

Quoi qu'il en soit, il nous paraît nécessaire, en présence des habitudes établies, d'édicter une sanction pratique pour assurer la remise à la justice de toute personne arrêtée dans les vingt-quatre heures.

X. — Maintenant devant quel juge l'inculpé devra-t-il être amené?

Si l'arrestation a lieu au cours d'une instruction, elle ne peut être ordonnée que par le juge, chargé de l'affaire, et c'est devant lui que l'inculpé doit être conduit directement,

Si, au contraire, il n'y a pas encore d'instruction ouverte et que l'arrestation ait eu lieu en flagrant délit, le Parquet, après avoir entendu l'inculpé, désigne un juge pour procéder à l'interrogatoire et décerner, s'il y a lieu le mandat de dépôt.

En 1860, lorsqu'on organisa la procédure des flagrants délits, on imagina d'attacher spécialement à ce service un ou plusieurs juges d'instruction, dont la mission consistait à recevoir les affaires dans lesquelles le Parquet n'avait pu faire un renvoi à l'audience; ils commençaient par interroger tous les inculpés, ils les mettaient sous mandat de dépôt, puis, faisant un choix parmi eux, ils gardaient ceux dont l'affaire était susceptible d'une instruction rapide, et renvoyaient les autres au Parquet, qui les répartissait entre les différents juges.

Ce système, abandonné un instant en 1870, puis repris bientôt, n'était conforme, selon nous, ni à l'esprit de la loi, ni à la dignité du magistrat. Il pouvait présenter des avantages au point de vue administratif, mais il offrait de graves inconvénients au point de vue de la défense des inculpés.

Nous estimons que le véritable esprit de la loi, qui ne permet même pas l'interrogatoire par voie de commission rogatoire[1] c'est qu'un inculpé n'ait qu'un seul juge d'instruction et que celui qui fait le premier acte soit celui qui fasse le dernier. Il nous semble aussi que le magistrat est un peu abaissé dans sa dignité lorsque, n'ayant le dossier que provisoirement pour le premier interrogatoire, il devient en quelque sorte une machine à signer des mandats de dépôt.

Il est permis aussi de s'imaginer ce qui doit se passer, dans l'esprit de l'inculpé, avant d'avoir franchi les étapes successives devant l'amener jusqu'au juge chargé définitivement de son affaire.

Après être sorti des bureaux de la préfecture, il arrive devant le substitut. — Votre affaire ne comporte pas un renvoi immédiat à l'audience, lui dit ce magistrat, je vais vous envoyer devant un juge d'instruction.

On le reconduit au Dépôt et quelques heures après il est introduit auprès d'un juge ; là encore une nouvelle déception l'attend. Le juge lui demande son nom, lui fait connaître la qualification du fait incriminé, mais ne le laisse pas entrer dans de longues explications. — Votre affaire, dit-il, ne restera pas entre mes mains, réservez vos explications pour le juge auquel votre dossier va être distribué.

On le conduit à Mazas, et là, sans bien comprendre sans doute ces pénibles évolutions, il attend plusieurs jours que le magistrat, désigné en dernier lieu, puisse le faire venir à son tour.

La forme est respectée, un interrogatoire a eu lieu dans dans les vingt-quatre heures, mais l'esprit de la loi est-il bien observé ?

---

[1] Art. 150 du projet.

Plusieurs moyens avaient été employés sans succès pour remédier à cette situation. Le Parquet de la Seine vient d'adopter une combinaison, qui semble devoir donner d'heureux résultats. En tout cas, elle témoigne du désir de la Magistrature de faire tous les sacrifices pour protéger de son mieux la liberté individuelle.

Les juges d'instruction sont divisés en trois groupes. Successivement, et par huitaine, ils reçoivent toute la distribution des dossiers et disposent leur temps de façon à faire passer, avant tout autre travail, l'interrogatoire des détenus qui leur sont envoyés directement. Ils trouvent une certaine compensation au retard que ce service cause à leurs autres affaires en restant ensuite quinze jours sans recevoir de nouveaux dossiers. Les juges du petit parquet continuent à fonctionner de leur côté, mais ils n'interrogent plus que dans les affaires de peu d'importance qui doivent leur rester.

Par ce système, le Parquet impose à lui-même et aux autres un certain sacrifice; il laisse au hasard un certain rôle dans la répartition des dossiers, puisque chaque semaine, elle se fait, non pas sur la totalité des juges, mais seulement entre ceux qui sont de service; il gêne aussi la liberté des parties civiles d'adresser leur plainte au juge de leur choix. Quant aux inculpés, ils ont tout à gagner, ils trouvent, dans le juge chargé de leur affaire, un magistrat qui leur témoigne tout de suite de l'intérêt, peut statuer plus rapidement sur leur mise en liberté, cherche à se faire une conviction immédiate et reçoit cette première impression qui a quelquefois tant d'influence sur la solution définitive.

Il y a là plus qu'une question d'ordre intérieur; mais un véritable principe. Le législateur ne sortirait pas de ses attributions, si s'inspirant de ce qui vient d'être fait, il consacrait, au profit de l'inculpé, le droit si rationnel de n'être interrogé que par le juge requis afin de procéder à l'instruction, et s'il mettait au-dessus de toute contestation, cette règle fondamentale, parfois oubliée, qu'un dossier ne peut passer de mains en mains, et que, en dehors du cas de dessaisissement régulier, il ne doit y avoir qu'un seul et même juge depuis le premier acte jusqu'à l'ordonnance.

Un autre avantage du nouvel usage c'est qu'il restitue au premier interrogatoire son véritable caractère ; il en fait un acte sérieux et non plus une simple formalité.

Avec l'ancienne organisation, il ne dépendait pas du zèle des juges du petit parquet d'écouter à loisir les justifications des inculpés ; il y aurait eu, à cette époque une suprême injustice ou une ignorance absolue de la pratique à reprocher à ces magistrats de se borner à constater l'identité et à recevoir une déclaration sommaire, au lieu de faire un exposé complet de toutes les charges[1]. Ils ne pouvaient pas faire autrement.

Le temps leur manquait, tous ceux qui ont fait ce service peuvent attester que c'était à grand'peine qu'on arrivait à faire tous les interrogatoires dans le délai légal.

La combinaison actuelle permettra aux juges de service d'entrer tout de suite, non pas dans la discussion, ce qui, au début, pourrait avoir ses dangers, mais de laisser à l'inculpé la liberté de donner des explications aussi détaillées qu'il voudra. Il est même à souhaiter dans l'intérêt de la justice qu'il se montre disposé à parler beaucoup ; car d'après le projet, ce premier interrogatoire sera le seul que ne précédera pas la communication des pièces au défenseur.

XI. — C'est en terminant cet interrogatoire que le juge devra donner avis à l'inculpé qu'il a le droit de choisir un conseil et lui en désigner un, s'il le demande (art. 100).

Dans l'état actuel de la législation, rien n'empêche un

---

[1] Séance du 23 mai, p. 524.

inculpé de prendre un avocat ou de demander au bâtonnier de l'Ordre de lui en désigner un. Jamais un juge, sauf le cas exceptionnel d'interdiction de communiquer, ne refuse au défenseur l'autorisation de conférer avec son client, dans un parloir où rien ne gêne la liberté de leur entretien ; c'est donc par erreur qu'il a été dit dans la discussion[1] que le Code ne permettait pas d'accorder un conseil à l'inculpé avant une ordonnance de renvoi définitive.

La seule innovation du projet consiste à rendre obligatoire l'avis que, jusqu'à ce jour, le juge donnait par bienveillance et à faire désigner le défenseur par le magistrat lui-même.

Nous aimerions peut-être mieux un autre mode de désignation ; nous avons toujours considéré que le juge devait s'abstenir d'indication de cette nature. C'est une responsabilité qui ne lui appartient pas ; on attribuera à des préférences personnelles le choix qu'il aura fait, les avocats habituellement désignés deviendront suspects aux inculpés eux-mêmes.

On peut se demander si, dans le système du projet, la logique et l'équité n'exigent pas qu'il y ait un avocat dans toutes les procédures sans exception, et que son assistance soit obligatoire à peine de nullité dès le début de l'instruction, comme elle le sera aux termes du nouvel article 193[2], en cas de renvoi devant la chambre de mise en accusation et comme elle l'est aujourd'hui devant la Cour d'assises (art. 294).

L'économie de la loi repose, à tort ou à raison, sur cette idée qu'il n'y a pas de bonne instruction sans contradic-

---

[1] Séance du 7 mai, p. 409, discours de M. le garde des sceaux Humbert.

[2] Art. 193 du projet. — Si le prévenu n'a pas fait connaître le nom du conseil qu'il a choisi, le Président de la Chambre des mises en accusation leur en désigne un au moment ou il commet le conseiller rapporteur : cette désignation est comme non avenue si le prévenu choisit un conseil.

Art. 225. — Seront observés à peine de nullité de l'acte et de la procédure ultérieure les dispositions des articles 193 et suiv.

tion et sans contrôle ; dès lors la défense ne devient-elle pas une sorte de ministère public, auquel la société elle-même est tenue de pourvoir, sous peine de créer des inégalités entre les prévenus. Il ne peut pas y avoir plusieurs catégories d'instructions ; il ne saurait dépendre de la négligence, du découragement, de la pauvreté d'un inculpé, de supprimer des garanties établies dans l'intérêt public aussi bien que dans l'intérêt privé.

'En 1760, l'avocat au parlement de la Croix proposait de recourir au bâtonnier,

Qui distribuerait chaque affaire à l'un des avocats suivant ordinairement le Barreau.

En 1789, les cahiers exprimèrént unanimement le vœu qu'un conseil ou un défenseur fût donné à l'inculpé.

La loi, *disaient les trois ordres de Langres*, a pourvu à ce qu'il eût un ennemi ; elle a élevé contre lui le ministère public ; pourquoi ne lui susciterait-elle pas un défenseur ? Pourquoi ses intérêts ne seraient-ils pas confiées à un magistrat pendant toute la durée de la procédure ?

N'est-ce pas là le complément nécessaire des doctrines consacrées par le Sénat ? Quand on pose des principes, il faut y réfléchir et en subir les conséquences.

Mais, même en admettant que l'assistance de l'avocat ne soit pas rendue obligatoire, le droit pour tout inculpé de se faire désigner un défenseur par le juge imposera au Barreau un surcroît énorme de travail, des pertes de temps fort préjuciables.

Laharpe, dans son Cours de littérature, nous montre l'avocat Dupaty mettant son éloquence au service des malheureux, descendant dans les cachots pour en tirer des accusés sans défense et consacrant à leur salut son temps, ses talents et sa fortune.

En traçant ces lignes, il a assurément fait, sans aucune exagération, le portrait de tous les avocats. Cependant en présence des nouvelles charges qui les attendent, on peut se demander si l'État, qui se propose de les requérir, en quelque sorte, pour arriver à une meilleure justice, ne leur devrait pas une indemnité comme aux médecins dont les services sont rémunérés par des vacations. Les États généraux y avaient songé, plusieurs cahiers avaient exprimé le vœu que les honoraires du défenseur fussent supportés par la nation ou par les États provinciaux [1].

XII. — Nous devons aussi nous demander si, dans les dispositions destinées à assurer la défense des inculpés, la loi n'a pas omis une classe très nombreuse de prévenus ; nous voulons parler de ceux vis-à-vis desquels l'instruction est faite par le ministère public, en exécution de la loi sur les flagrants délits, et qui, aux termes de l'article 187 du projet, doivent être immédiatement traduits devant lui.

Une question analogue a été tranchée, au sujet des inculpés qui, arrêtés par les ordres du juge d'un autre arrondissement, doivent être, avant leur transfèrement, entendus par le procureur de là République. L'article 103 dispose que ce magistrat est tenu de les avertir qu'ils ont le droit de ne pas répondre, le président du Sénat fit observer à cette occasion [1], que le principe général de l'obligation d'avertir l'inculpé qu'il est libre de ne pas faire de déclaration, était imposée aussi bien au magistrat du parquet devant lequel se présente l'inculpé, qu'au juge d'instruction lui-même.

Ne devait-on pas conclure de là que les règles auxquelles sont soumis les interrogatoires faits par les juges d'instruction, sont applicables aux interrogatoires faits, dans certains cas, par les membres du ministère public.

Cependant, pas un étrange oubli, ni dans le projet, ni dans la discussion, aucune déclaration semblable n'a été faite en faveur de ces milliers d'individus interrogés et

[1] Desjardins, déjà cité, p. 306.
[2] Séance du 28 mai, p. 565.

placés sous mandat de dépôt par le procureur de la république. Le projet s'est contenté d'insérer, sous les n⁰ˢ 185, 186, les deux premiers articles de la loi du 1ᵉʳ juin 1863 sur les flagrants délits, sans se référer aux dispositions des articles 100, 138 et suivants, déterminant la forme de l'interrogatoire. Si on a cru nécessaire de prendre des garanties contre les juges d'instruction, d'assurer à l'inculpé la protection d'un défenseur, de le prévenir qu'il a le droit de se taire, ne doit-on pas lui donner les mêmes garanties vis-à-vis du ministère public? Si les périls signalés par le projet sont vraiment à redouter, n'est-ce pas surtout dans ce cas particulier où la loi, dans un intérêt de célérité plutôt que de justice, confond, dans la même personne, les fonctions de partie poursuivante et de juge.

Dira-t-on? A quoi bon s'occuper de ces vagabonds, de ces mendiants, de ces escrocs, de ces voleurs vulgaires, de ces misérables ramassés sur le pavé? La justice doit être également scrupuleuse pour tous; les erreurs judiciaires ne sont jamais tant à redouter que dans cette procédure accélérée, où ne se rencontre même pas l'action tutélaire et modératrice du magistrat instructeur; c'est peut-être à cette foule sans cesse renouvelée que peuvent se trouver le plus facilement mêlés des innocents, des malheureux qui méritent plus de compassion que de sévérité. Les procédés sommaires du petit parquet |sont exclusifs d'une défense sérieuse et réfléchie; souvent l'inculpé, s'il était conseillé, s'il avait un avocat, réclamerait une instruction qui pourrait le sauver, au lieu de consentir à être traduit tout de suite devant le Tribunal, où| sa condamnation est presque fatalement assurée, où il semble que l'idéal à atteindre est de consacrer le moins de temps possible à l'examen des affaires[1].

---

[1] Il suffirait pour remédier à ces inconvénients de reprendre l'amendement à la loi du 1ᵉʳ juin 1863 proposé par MM. Jules Favre, Ollivier, Henon, Picard et

XIII. — D'après le projet, une fois que l'avocat est désigné, il est obligé d'intervenir à chaque instant. Il faut qu'à la veille de chaque interrogatoire, il se dérange pour consulter le dossier, qu'ensuite il se rende à la prison pour conférer avec le client. Il peut accompagner le juge, toutes les fois que celui-ci se transporte, soit pour procéder à des constatations, soit pour faire des perquisitions, ces obligations ambulatoires exigeront des avocats, non seulement un dévouement sans borne, mais des loisirs peu compatibles avec une situation importante.

A l'audience civile, ils obtiennent facilement des remises; en matière d'instruction criminelle les ajournements sont impossibles. Il faut agir sur l'heure, sans hésiter la nuit comme le jour. La marche d'une information ne se règle pas à l'avance; un incident se produit tout à coup; un témoin apporte une révélation, un renseignement de police signale un fait, il faut que le juge interpelle l'inculpé ou fasse des constatations; aujourd'hui rien ne l'arrête, rien ne l'attarde, il envoie chercher l'inculpé ou il part en toute hâte.

Avec la loi votée par le Sénat, il devra toujours y avoir un certain intervalle entre la convocation faite à l'avocat et l'acte d'instruction annoncé.

Quel retard souvent préjudiciable et en même temps quel embarras pour le malheureux défenseur, averti que dans quelques heures il y aura un interrogatoire ou que le juge s'en ira en transport dès le matin pour ne revenir peut-être que le soir ! Que deviendront les clients plus intéressants dont il attendait la visite, les rendez-vous qu'il avait pris avec des confrères, les affaires indiquées aux audiences, à la Cour d'assises, par exemple, où il n'y a pas de remise.

<hr>

Darimon, — il était ainsi conçu : le prévenu sera toujours assisté d'un défenseur ; accueilli par la Chambre, il ne fut repoussé que par le conseil d'État D. P. 1863, 4ᵉ partie, page 115.

Que d'inconvénients ne pourrions-nous pas signaler encore, si nous voulions entrer dans les menus détails, les hommes initiés à la pratique de l'instruction en comprennent l'importance[1] et savent que pour rendre applicable la nouvelle loi il faudrait commencer par transformer de fond en comble l'organisation judiciaire.

XIV. — Est-à-dire qu'il n'y ait, en ce qui concerne la défense des inculpés, aucune amélioration a apporter au Code de 1808? Non, assurément, le projet serait excellent si consacrant, comme un droit pour l'inculpé les sages pratiques qui ne dépendent aujourd'hui que de la volonté du magistrat, il s'était contenté de leur donner un droit de réquisition, de laisser la communication du dossier facultative pendant l'instruction, de la rendre obligatoire cinq jours seulement avant le dernier interrogatoire et ensuite dans la période séparant les réquisitions du Parquet de l'ordonnance de clôture, de façon à permettre à l'inculpé soit de demander de nouveaux actes d'instruction soit de combattre les réquisitions du Parquet par des conclusions écrites.

La plupart des réformes que nous demandons ont été préparées par la pratique ; elles assureraient aux inculpés de suffisantes garanties sans affaiblir l'autorité du juge, elles protégeraient tous les intérêts sans favoriser, par d'imprudentes concessions, de dangereuses manœuvres, elles réaliseraient un progrès immédiat sans créer des impossibilités ; la communication du dossier, faite dans un moment opportun, faciliterait la défense sans entraver l'instruction ; l'obligation de déposer des conclusions écrites rendrait l'action de l'avocat plus active, plus féconde en la faisant reposer

---

[1] On peut se demander notamment comment l'avocat sera averti, par lettre, par huissier, à son domicile, au greffe de la prison ou bien dans un lieu affecté à cet usage? Comment constatera-t-on pour le calcul des délais l'heure à laquelle la notification leur aura été faite.

sur une étude sérieuse du dossier; l'interrogatoire, enfin,
ne deviendrait pas une formalité sans grandeur; il resterait un moyen de défense et un moyen d'instruction; il
serait toujours ce loyal et solennel appel adressé par la
justice à la conscience d'un homme, à sa sincérité, à son
repentir.

CHAPITRE IX

—

La détention préventive a toujours été considérée comme un mal nécessaire, auquel il convient d'apporter tous les tempéraments conciliables avec les exigences de l'intérêt public.

Le magistrat qui comprend vraiment la grandeur de ses fonctions et qui est bien pénétré de leur esprit, professe pour la liberté individuelle un religieux respect. Institué pour la protéger et en même temps armé contre elle, chargé tout à la fois de punir les entreprises dont elle peut être l'objet et obligé de lui porter atteinte, lorsque l'intérêt social l'exige, il ne doit user de sa puissance qu'avec une extrême modération et s'il se produisait un de ces abus, dont rien de ce qui est humain ne peut être exempt, il devrait être le premier à le réprouver hautement.

C'est dans ces sentiments que ses devoirs lui étaient tracés, même aux époques où rien n'affaiblissait encore son autorité. Nous ne croyons pas qu'on puisse tenir un langage plus ferme et plus élevé que celui de M. le garde des Sceaux de Serres disant aux magistrats, dans sa belle circulaire du 10 février 1819 :

Ils doivent n'oublier jamais qu'ils sont préposés à la défense de la paix et des mœurs publiques, des droits et des propriétés de tous... qu'un de ces droits les plus chers, une de ces propriétés

12

les plus précieuses est la liberté individuelle; que sous la Charte qui la garantit, elle ne doit éprouver ni redouter aucune atteinte, que personne, pour parler le langage de cette Charte, ne peut être poursuivi, ni arrêté que dans les cas prévus par la loi et avec les formes qu'elles a prescrites, et qu'alors même qu'il est indispensable de déployer la sévérité des lois il la faut concilier avec les droits de l'humanité.

C'est en se pénétrant de ces pensées et en se tenant à égale distance de ce qui énerverait l'action publique et de ce qui la rendrait trop rigoureuse, qu'il convient d'examiner les réformes à apporter au régime de la détention préventive. Un esprit paradoxal pourrait seul songer à la supprimer ; il est plus sage de chercher les moyens de la soumettre à certaines garanties, d'en abréger la durée, d'en adoucir le régime, d'en réparer les conséquences dommageables.

I. — Le projet maintient à la Magistrature, dans la personne du juge d'instruction, le droit de décerner des mandats d'arrestation, sans avoir besoin d'en référer au ministère public. Les réquisitions du Parquet sont même supprimées pour le mandat d'arrêt [1]; M. Bérenger a bien déclaré, dans la discussion au Sénat [2], qu'elles seraient encore nécessaires lorsque le mandat serait décerné contre un individu en fuite, mais le texte n'en fait pas mention.

En cas de flagrant délit, les dépositaires de la force publique et les simples citoyens doivent arrêter le coupable ; s'il n'est pas présent, des mandats d'amener peuvent être décernés par le procureur de la République, les officiers de police judiciaire et même le préfet de police [3].

En outre une loi peu connue du 10 vendémiaire an IV donne aux préfets le droit de détenir les vagabonds ou les gens qui ne justifient pas de leur identité, pendant deux

---

[1] Art. 94 du Code, 111 à 119 du projet.

[2] Séance du 28 mai, p. 566.

[3] Art. 10, 176, 177, 182 du projet.

décades, c'est-à-dire pendant vingt jours; la Chambre songera sans doute à abroger un texte si contraire aux principes de notre droit pénal, il faut toujours prévoir le réveil de ces lois endormies.

Sous le régime actuel, le mandat par lequel le juge ordonne que l'individu arrêté soit déposé dans une maison d'arrêt a une durée illimitée, dont le magistrat est le souverain appréciateur.

Le projet de loi donne au mandat de dépôt un caractère provisoire. Le Sénat en avait fixé la durée à quinze jours, avec faculté de renouvellement pour une égale période, soit trente jours au plus [1]. La commission de la chambre en réduit la durée à cinq jours, sans prolongation possible.

A l'expiration de ce délai il changera de nom et sera converti, sans réquisitions du ministère public, en un mandat d'arrêt, que le juge pourra proroger indéfiniment par périodes successives de trente jours, sous la réserve du pourvoi de l'inculpé [2].

Ces complications de procédure seraient de nature, d'après les auteurs du projet, à activer la marche des instructions, le juge tenu en éveil par ces échéances fixes, s'efforcerait d'être en mesure et éviterait le plus possible de prolonger par un renouvellement le crédit que lui donnerait la loi.

Nous ne saurions partager ces espérances, ce n'est pas en échelonnant les délais, en faisant subir au mandat primitif une série de transformations, qu'on donnera au juge plus de loisir et de facilité pour terminer rapidement les affaires. Nous craignons, au contraire, que ce formalisme ne tourne contre les inculpés eux-mêmes, et qu'il ne soit par trop facile pour le magistrat de mettre sa conscience et sa responsabilité en repos en se bornant à renouveler le mandat, à l'expiration de chaque période, sur l'avis que lui en donnera le directeur de la prison.

[1] Art. 108, 109, 110 du projet.
[2] Art. 117, 118 du projet.

Lorsqu'on s'imagine que le premier délai de cinq jours du mandat de dépôt suffit pour réunir les preuves des délits et des crimes, on montre une certaine inexpérience de la pratique. Un juge, n'ayant qu'une seule affaire dans son cabinet, pourrait peut-être réaliser ce tour de force, mais à Paris surtout il n'y faut pas songer.

Comment veut-on raisonnablement, en dehors de la procédure des flagrants délits, qu'on puisse en cinq jours saisir le juge, interroger l'inculpé, citer les témoins en observant des délais nécessaires, faire les confrontations, recueillir des renseignements, se procurer le casier judiciaire, procéder à un interrogatoire définitif, obtenir les réquisitions du Parquet, rendre l'ordonnance, citer devant le Tribunal et prononcer le jugement; la simple énuméra- de tous ces actes de procédure suffit à démontrer l'impossibilité matérielle de les condenser dans un temps si court.

Le mandat de dépôt deviendra une simple formalité, il sera forcément converti en mandat d'arrêt; on peut se demander si par ce résultat le projet n'aura pas mieux servi les intérêts du fisc que ceux de l'inculpé.

On sait, en effet, que le mandat de dépôt ne porte à l'inculpé d'autre préjudice que de le priver de sa liberté, tandis que le mandat d'arrêt, titre d'arrestation plus grave, plus solennel, l'atteint jusque dans sa fortune; à partir du moment où le juge le place sous ce mandat, il perd en quelque sorte la disposition de ses biens, meubles et immeubles, les aliénations qu'il consentira seront attaquées comme faites en fraude, et les hypothèques créées postérieurement seront primées par l'État, créancier privilégié pour le payement des frais de justice [1].

Cette rigueur se comprenait lorsque le mandat d'arrêt était réservé principalement aux inculpés en fuite ou aux inculpés détenus, passibles de peines afflictives ou infa-

[1] Loi du 5 sept. 1807.

mantes; l'article du Code aurait quelque chose d'excessif en venant frapper un homme dont le délit pourra être peu grave et qui ne se sera pas dérobé aux recherches de la justice.

Nous sommes bien loin de supposer que sous le prétexte de favoriser la liberté individuelle, la chambre haute n'ait eu d'autre intention que de faciliter le recouvrement des frais de justice : c'est cependant le résultat qu'elle a le plus sûrement atteint.

II. — Les détenus n'auront rien à gagner à la nouvelle combinaison des mandats; c'est ailleurs qu'il faut chercher des adoucissements à la détention préventive.

La principale cause de sa trop longue durée provient du nombre insuffisant des juges.

Sans doute, dans certains Tribunaux de province une instruction peut être conduite avec rapidité ; mais dans les grandes ville, à Paris surtout, le juge, accablé sous le poids d'un travail qui dépasse toute mesure, ne peut, malgré sa bonne volonté, arriver à des résultats satisfaisants. Il est le premier à gémir de la situation ingrate qui lui est faite, lorsque, recevant des lettres de détenus qui se plaignent à bon droit d'être en prison depuis un mois, six semaines, quelquefois plus, de n'avoir été entendus qu'à de rares intervalles, il cherche vainement à trouver une heure pour les appeler et leur adresser au moins de bonnes paroles qui leur font prendre patience.

L'attention du Sénat n'a pas été appelée sur cette situation déplorable ; a-t-on, au risque de laisser accuser les magistrats, craint de donner une mauvaise opinion de la moralité publique en confessant que, malgré des augmentations successives du personel, les vingt-huit juges d'instruction du tribunal de la Seine ne répondent plus aux besoins actuels, ou au milieu des idées générales soulevées par la discussion, a-t-on oublié les solutions pratiques? Quoi qu'il en soit, il eût été intéressant d'apprendre au Sénat que le même juge a souvent plus de cent affaires à instruire à la fois , que tout en donnant un tour de faveur aux dossiers concernant des détenus, il les laisse encore dans une trop longue attente, que les instructions, où les inculpés sont libres, subissent des retards de plusieurs mois, et même de plusieurs années, au grand dommage des intérêts civils qui en dépendent.

Aucun homme compétent ne contestera notre assertion ; il faut observer le juge à l'œuvre pour pouvoir se rendre compte de la disproportion qui existe entre le temps dont il dispose et le travail dont on le charge ; il faut le voir employant ses matinées aux opérations extérieures, transports, assistance aux autopsies, correspondance, classement des dossiers , rédaction des ordonnances , tenant ensuite son audience de midi à six heures du soir, entendant un grand nombre de témoins, interrogeant les inculpés, interrompu à chaque instant par l'avocat, qui vient parler de l'affaire, par le commissaire de police, qui demande des ordres, par les parents, qui sollicitent un permis, obligé de passer sans cesse d'un sujet à un autre, de faire marcher de front l'instruction des affaires les plus variées, n'ayant pour le service des écritures , ni secrétaire , ni attaché, mais un seul greffier astreint lui-même à un service beaucoup trop pénible ; il faut avoir été le témoin de ce travail incessant , de cet effort continu pour être convaincu que si les instructions durent trop longtemps il ne faut en accuser ni le zèle, ni l'activité.des magistrats, mais l'insuffisance manifeste de leur nombre.

Nous aurions voulu que tout cela fût dit au Sénat, que les chiffres instructifs des états mensuels fussent mis sous ses yeux, qu'on lui montrât le mal où il est vraiment, et qu'on lui enlevât l'illusion de croire que le nombre des juges restant le même, les détentions seront plus courtes parce que les formes de la procédure auront été compliquées.

III. — Le projet nous paraît avoir mieux servi les intérêts des détenus en améliorant sur deux points le régime de la liberté provisoire.

Le juge aura la faculté d'accepter, au lieu d'une caution en argent, souvent difficile à trouver, des titres de l'État ou garantis par l'État, soit tous autres titres admis par le mininistère public et la partie civile[1].

Il serait bon, pour résoudre une difficulté pratique, de dire que le juge pourra, en acceptant la caution au moment même ou l'inculpé est amené, se dispenser de délivrer préalablement le mandat de dépôt pour le lever quelque instants après.

Après la clôture de l'instruction, l'inculpé aura le droit de présenter une requête pour être mis en liberté provisoire à la juridiction devant laquelle il est ou sera traduit, Tribunal correctionnel, Cour d'appel, chambre d'accusation, Cour d'assises, et dans le cas où aucune juridiction ne serait saisie, à la chambre d'accusation[2].

Le projet ne réserve pas de recours à la partie civile contre la décision accordant la liberté, il l'autorise seulement à présenter des observations écrites[3], c'est, à notre avis, sacrifier trop complètement ses intérêts; le droit pour elle de former opposition nous semblerait être la conséquence du droit qu'on lui reconnaît de se pourvoir contre une ordonnance de non-lieu alors même que celle-ci n'est pas attaquée par le ministère public[4].

IV. — Le projet maintient le droit à la liberté, cinq jours après le premier interrogatoire, dans le cas où l'inculpé a un domicile, n'est pas en récidive, et lorsque la peine est inférieure à deux années de prison; le principe est bon,

---

[1] Art. 131 du projet.
[2] Art. 126.
[3] Art. 128, 129.
[4] Art. 160. 171.

mais trop absolu : sans doute il est logique d'établir une certaine proportion entre la durée de la prévention et la quotité de la peine. Nous souhaiterions même que le temps de la préventiou fut toujours déduit de la peine à subir, mais nous voudrions que la mise en liberté fût, non pas obligatoire, mais facultative, comme en Belgique ; dans certaines affaires cette obligation est très préjudiciable aux intérêts de l'ordre public ; ainsi les individus qui, dans une grève, empêchent par des défenses, des proscriptions concertées, la reprise des travaux et le rétablissement de l'ordre, ne sont passibles que d'un emprisonnement de trois mois, voilà donc le juge obligé de les remettre en liberté au risque de les voir, par leurs menées, prolonger l'agitation et apporter les plus sérieux obstacles à la répression du délit.

V. — Les dispositions que nous venons d'examiner ne tendent qu'à fixer les limites dans lesquelles peut s'exercer le droit d'arrestation préalable ; leur principal effet, sauf ce qui concerne la liberté provisoire, sera de créer de nouvelles formalités plutôt que de consacrer de nouveaux droits, c'est dans un autre ordre d'idées qu'il faudrait chercher une atténuation à la détention préventive ; on aura fait un grand pas vers une meilleure justice en améliorant le régime de la prison et en réparant le dommage causé à l'innocent.

Au XVIIIe siècle, la grande impératrice de Russie, formant le projet de donner à ses peuples des lois conformes aux droits naturels de l'homme, disait dans une instruction restée célèbre :

C'est une différence d'arrêter quelqu'un ou de le mettre en prison, il ne faut pas que le même lieu serve à mettre en sûreté un homme accusé d'un crime avec quelque vraisemblance et un homme qui en est convaincu.

« Les lois sont vicieuses ou barbares, *écrivait aussi Mably,* si la prison faite pour s'assurer de la personne d'un citoyen que l'on soupçonne de n'être pas innocent. commence par être une véritable punition. »

La détention du citoyen prévenu, *disait encore l'instruction sur le décret du 23 septembre* 1791, n'est pas une peine, et de même qu'un homme condamné ne pourrait être mis dans une prison d'arrêt, de même il est défendu de mettre dans les prisons une personne arrêté, fût-elle même décrétée.

L'article 120 du projet réproduisant l'article 604 du Code dit à son tour :

Les individus arrêtés préventivement doivent être détenus isolés les uns des autres.

Il est vrai que pour laisser la porte ouverte à un provisoire éternel, il ajoute :

Si la prison le permet.

Ces maximes sont belles, ces préceptes sont empreints d'un sentiment élevé, mais inspirés par une philosophie à laquelle suffisent souvent les formules pompeuses, ils sont restés à peu près stériles, et aujourd'hui encore, la plus grave atteinte que la société porte à la liberté des citoyens, c'est bien moins de les priver de leur liberté que de les soumettre à un régime aussi pénible que s'ils étaient condamnés.

Assurément de grandes améliorations ont été apportées au régime des prisons, mais n'ont-elles pas profité aux condamnés plutôt qu'aux prévenus ; la société a-t-elle fait tout ce qu'elle devait pour assurer à ceux qui sont couverts par une présomption d'innocence, une situation plus douce que celle qu'il convient de faire à ceux dont la captivité a le caractère d'une expiation ?

Il est permis d'en douter lorsqu'on voit les choses de près, telles qu'elles sont ; il faudrait qu'un magistrat eût le cœur bien frivole pour ne pas sentir, après avoir visité certaines prisons, qu'il commettrait un acte coupable s'il laissait une détention se prolonger, même une minute, au-delà du temps indispensable à la recherche de la vérité et aux intérêts de la sécurité publique.

Le régime de la prison n'est jamais trop sévère quand il s'agit d'un condamné, mais tout ce qui ajoute une souffrance à la privation de la liberté, quand il s'agit d'un prévenu, est un acte d'injustice et un abus de pouvoir.

Or même à Paris, malgré l'humanité bien connue des directeurs des prisons, y a-t-il une différence entre les prévenus et les condamnés, et si elle existe n'est-ce pas au préjudice des premiers?

On ne donne pas de travail au prévenu, parce qu'il pourrait le gâcher et faire perdre de l'argent aux entrepreneurs; s'il est illettré, il restera toute la journée oisif dans sa cellule, s'il veut lire on lui donnera des ouvrages dépareillés et le plus souvent sans intérêt ; n'ayant pas de travail, il n'aura pas d'argent et devra se contenter d'une nourriture insuffisante, s'il est pauvre et sans famille il gardera les haillons dont il était vêtu au moment de son arrestation, et il lui arrivera d'être amené devant le juge, en plein hiver, grelottant sous des vêtements en lambeaux.

Le condamné, au contraire, se distrait en travaillant, il reçoit une paie qui lui permet d'améliorer son sort, l'État lui donne au moins des vêtements qui le préservent du froid.

Il faut songer aussi qu'il existe un grand nombre de prisons où les perfectionnements du régime pénitentiaire n'ont pas pénétré, où l'inculpé innocent n'a même pas la consolation de pouvoir se réfugier dans sa cellule. Il n'est pas nécessaire d'aller bien loin pour en trouver un exemple navrant, il suffit de citer cette grande prison de Saint-Lazare, qui est une honte pour Paris, lieu horrible où malgré les admirables dévouements de la charité, si souvent méconnus, la contagion du mal se développe à son aise, où les détenues, entassées dans des salles sombres et étroites, se pervertissent les unes les autres ; hier encore, une inculpée nous disait : « *Pour une femme, il vaut mieux mourir que d'entrer à Saint-Lazare.* »

Voilà plus d'un siècle que législateurs et philosophes proclament dans leurs écrits le respect qui est dû à la personne des prévenus, les doctrines humanitaires ont été en honneur , elles ont produit de beaux livres , elles ont servi de drapeau à certaines réformes , elles ont inspiré dans les assemblées politiques, dans les congrès, d'éloquents discours, et, aujourd'hui, dans ce siècle si orgueilleux de lui-même , au milieu du luxe et des dépenses inutiles , se dresse, au cœur même de la capitale, une prison tellement horrible que le magistrat, qui songe un peu aux intérêts d'un ordre moral , se trouve placé dans cette alternative, ou de laisser la liberté à des coupables qui peuvent en abuser ou de les envoyer à une corruption certaine et irréparable.

Ces considérations auraient peut-être pu trouver leur place dans la discussion du projet, pour montrer que si la détention préventive est un mal , ce n'est pas par l'abus que les magistrats peuvent en faire, mais par le système défectueux que l'on met à leur disposition.

Des personnes peu au courant de ces matières, s'étonneront sans doute qu'une situation semblable ait pu se perpétuer sous l'œil même de la Magistrature , mais les prisons dépendent exclusivement de l'administration, tout ce qui concerne leur régime intérieur, tant au point de vue moral qu'au point de vue matériel, rentre dans ses attributions, qu'elle entend l'exercer sans partage ; les choses ne se passent pas en France comme en Angleterre, où la grande institution des *justices of the peace*, si différentes de celle que nous connaissons, exerce sur les prisons une surveillance des plus efficaces ; les magistrats considérables et indépendants qui sont revêtus de ces fonctions, font aux prisonniers de fréquentes visites , ils s'occupent non seulement de la légalité de leur détention, mais de tout ce qui peut les aider à la supporter, à en faire sortir quelque avantage au point de vue de leur amélioration morale ; avec un esprit libéral, ils ne craignent pas de faire appel à toutes les bonnes volontés, d'utiliser le dévouement des ministres des différentes confessions, des personnes charitables, et de ces associations privées que le sol libre du pays enfante en si grand nombre pour sa grandeur et sa prospérité.

Ce n'est malheureusemen pas ainsi que nous procédons, et c'est par là que nous montrons, pour la liberté individuelle, moins de respect que nos voisins ; il semble que le détenu soit la chose de l'administration ; il cesse d'être un homme pour devenir un numéro ; des règlements étroits, un esprit de centralisation s'opposent à toutes les actions individuelles et moralisatrices que l'on voudrait exercer sur lui, l'intérêt que le juge serait heureux de lui témoigner, le désir qu'il aurait de lui faire quelque bien, de lui procurer le moyen de se perfectionner, rencontrent plus d'obstacles que d'encouragements, il dépend bien de lui de mettre les gens en état d'arrestation ou de les rendre à la liberté, mais son pouvoir ne va pas au delà ; sans doute l'article 611 du Code l'oblige à faire tous les mois une visite dans les prisons, mais comme le caractère de cette visite est mal défini, on a pu contester au juge le droit de s'occuper du régime intérieur, on en est venu à écarter le plus possible son intervention tutélaire, à restreindre son rôle au simple enregistrement des réclamations des prévenus qui demandent à être appelés par leur juge d'instruction ; ces visites ne sont donc que des formalités, elles n'empêchent aucun abus, elles ne servent même pas à les signaler ni à provoquer la plus légère amélioration, et la Magistrature, par la faute du législateur, qui ne l'a pas suffisamment armée, est arrivée petit à petit à se désintéresser beaucoup trop du sort des détenus.

Si un député voulait développer ces réflexions, que nous nous bornons à indiquer, il est permis d'espérer que la Chambre, sans attendre que le projet de réforme de la dernière partie du Code lui soit présenté, voudrait profiter de l'occasion toute naturelle que lui offre la réglementation de la détention préventive pour relever, dans l'intérêt des inculpés, l'autorité de la Magistrature, et lui permettre d'exercer d'une façon plus sérieuse ce rôle de protection qui lui appartient à l'égard de tous ceux dont elle a momentanément suspendu la liberté.

VI. — La société aura-t-elle fait tout ce qu'elle doit lorsqu'elle se sera contentée de pourvoir libéralement aux besoins physiques et moraux des inculpés ? N'est-elle pas obligée de réparer le dommage causé par une détention injustement imposée ?

La question n'est pas nouvelle ; elle a été traitée avec une grande hauteur de vues dans le beau livre de M. Bonneville de Marsangy, sur l'amélioration de la loi criminelle, elle a donné lieu cette année à une proposition de loi, et à d'intéressantes publications[1] ; des avocats généraux en ont fait l'objet de leurs discours de rentrée[2] ; elle serait depuis longtemps résolue si elle n'avait été discréditée par de regrettables exagérations et servi de prétexte à des diatribes passionnées contre la Magistrature.

Le citoyen, victime d'une arrestation imméritée, n'est d'ailleurs pas privé des moyens d'obtenir une réparation. Si le juge a commis un excès de pouvoir, il peut le prendre à partie ; si la bonne foi du magistrat a été trompée, il peut poursuivre le plaignant pour dénonciation calomnieuse ou bien encore, ce qui, depuis quelque temps, tend à s'introduire dans les mœurs, demander devant le Tribunal civil

---

[1] *Indemnités aux victimes d'une erreur judiciaire*, Paul Coulet. *Gazette des tribunaux,* 22 mai 1883.

[2] Cours d'Orléans et d'Amiens.

des dommages-intérêts, en vertu de ce principe général que quiconque par sa faute cause un dommage à autrui, est tenu de le réparer ; c'est avec raison que pour faciliter l'exercice de ce droit, la commission de la Chambre, par une addition à l'art. 33 du projet, propose que la personne objet de la dénonciation ou de la plainte, ait, en cas d'information ou de poursuite non suivies de condamnation, le droit de se faire délivrer à ses frais une copie de la dénonciation.

Faut-il aller plus loin et rendre l'État et le juge pécuniairement responsables vis-à-vis de tout inculpé ayant bénéficié d'une ordonnance de non-lieu ; l'exagération d'un tel système le place en dehors d'une discussion sérieuse. Rien ne nuit plus au progrès des lois que ces prétentions incompatibles avec le fonctionnement régulier des pouvoirs publics. Nous comprenons parfaitement qu'une loi pénale, obligée de tout prévoir, même l'invraisemblable, renferme une disposition pour que le juge ne puisse échapper aux conséquences de sa prévarication ; mais le rendre responsable des erreurs de fait ou de droit commises de bonne foi, parce qu'il aura été trompé, par exemple, par de faux témoignages, c'est vraiment dépasser la mesure des opinions les plus hardies. Si de semblables doctrines venaient à prévaloir, ou bien il n'y aurait plus de juges, ou bien ceux qui consentiraient à remplir des fonctions aussi périlleuses, sacrifieraient à chaque instant le devoir à leur sécurité personnelle en rendant des ordonnances de non-lieu et en ne condamnant plus personne.

Mais, tout en protestant avec énergie contre ces doctrines, nous reconnaissons que l'équité exige que quelque chose soit fait dans l'intérêt des inculpés renvoyés de la prévention.

Il serait d'abord très facile de leur accorder une réparation morale, qui consisterait à leur délivrer sans frais une copie de l'ordonnance de non-lieu et du jugement d'acquittement. Le Parquet de la Seine vient d'entrer très heureusement dans cette voie en les informant du résultat de la poursuite par l'entremise des commissaires de police [1].

Cette pratique nous paraît entraîner pour le juge l'obligation de motiver ses ordonnances de non-lieu au lieu de se servir de la formule un peu trop énigmatique : *Attendu que la prévention n'est pas suffisamment établie ;* il ne faudrait pas, en effet, que celui dont la culpabilité est restée douteuse et au sujet duquel des réserves sont faites, puisse se prévaloir d'une ordonnance de non-lieu, comme l'inculpé dont l'innocence aurait été clairement démontrée ; les motifs de l'ordonnance rétabliraient la vérité de la situation et les inculpés se garderaient bien de produire et de publier une ordonnance laissant encore planer sur eux des soupçons.

Il nous paraîtrait également possible d'accorder une certaine indemnité pécuniaire en s'inspirant de ce qui se fait pour les témoins ; on leur alloue sur leur simple demande une taxe de 2 francs pour les hommes et de 1 fr. 25 c. pour les femmes, afin de les dédommager de leur perte de temps et du dérangement qu'ils éprouvent dans leurs travaux ; l'esprit de la loi, c'est que cette taxe ne soit réclamée que par les témoins ayant un salaire journalier. Cependant le juge l'accorde à tous ceux qui la demandent, même quand leur dérangement ne leur a occasionné aucun préjudice, sauf aux témoins recevant un traitement de l'État [2].

La situation d'un inculpé, dont l'innocence a été constatée, n'est-elle pas aussi intéressante que celle d'un témoin? Si la société se croit tenue d'accorder une indemnité à un homme auquel elle ne prend que quelques instants de la journée, pourquoi la refuserait-elle à celui dont elle con-

---

[1] Circulaire de M. le Procureur de la République, Camille Bouchez, aux commissaires de police 1884.

[2] Décret du 8 juin 1811.

fisque la liberté pendant plusieurs jours ? Nous demandons tout simplement, sans vouloir ouvrir la porte à des prétentions qui tourneraient bientôt à la spéculation et qui seraient ruineuses pour l'État, que la loi accorde aux inculpés libérés par une ordonnance ou un jugement, une indemnité réglée par un tarif officiel et proportionnée à la valeur de chaque journée de travail dont ils auront été privés.

Nous admettons même qu'à la différence de ce qui se fait pour les témoins, le juge ait un pouvoir d'appréciation, sous la réserve du droit du prévenu de se pourvoir, en cas de refus, soit devant la chambre d'accusation, soit devant celle des appels, suivant qu'il s'agirait d'une ordonnance ou d'un jugement.

Les dépenses qui résulteraient de ces indemnités seraient profitables à là société elle-même ; l'une des principales causes des arrestations répétées qui viennent frapper le même individu, c'est qu'il sort de la prison, non seulement moins bon, mais plus pauvre qu'il n'y était entré ; la misère, en son absence, a envahi son foyer, sa place a été prise à l'atelier, il est sans ressources, il n'a même pas ce léger pécule que les condamnés peuvent amasser par leur travail ; à la porte qui s'ouvre devant lui il trouve l'abandon, la défiance et la pauvreté avec tous ses périls. Faut-il s'étonner s'il succombe et s'il accepte, avec plus ou moins de résistance, cette déchéance morale dont une détention imméritée aura marqué la première étape.

En présence de tels dangers, il faut souhaiter d'abord que l'État favorise les œuvres de la bienfaisance privée, dont le concours serait si précieux, et en même temps qu'il intervienne lui-même, afin de diminuer le plus possible le dommage matériel et moral résultant d'une arrestation non suivie de condamnation. L'opinion publique appelle une solution ; elle ne saurait être retardée sous le prétexte que la question touche beaucoup plus à la matière des jugements qu'à celle de l'instruction préparatoire, ce qui

ne nous semble pas exact. C'est en général par l'instruction
que l'innocence de l'inculpé est établie ; lorsque le mal est
certain, que tout le monde est d'accord pour le constater,
et que les opinions ne varient que sur les moyens à employer,
il ne faut pas remettre au lendemain le soin d'y remédier.

VII. — De l'examen très rapide que nous venons de faire,
des questions se rattachant à la détention préventive, se
dégage cette conclusion que la Magistrature exerce une action
insuffisante, qu'il s'agisse d'opérer une arrestation, d'en
atténuer les effets ou d'en réparer les conséquences ; elle
n'est pas suffisamment armée pour protéger efficacement
la liberté individuelle.

Est-ce la légèreté de nos mœurs qu'il faut accuser, l'im-
prévoyance de nos lois ou cette inconséquence d'esprit
qui fait que si les représentants de l'autorité publique rencontrent rarement le respect extérieur, ils trouvent d'un
autre côté, dans l'indifférence de l'opinion, un encouragement à sortir de la légalité. On les injurie, on les bafoue,
puis une fois que l'humeur frondeuse est satisfaite et que
l'intérêt d'actualité n'existe plus, on oublie ; les abus qui ont
résisté à ces légers assauts, subsistent avec une nouvelle
force ; ils se retrempent dans les révolutions elles-mêmes.

Quoi qu'il en soit, si l'on considère les États voisins, on
trouve, sinon dans leurs lois, au moins dans leurs mœurs,
ce qui vaut encore mieux, un respect plus profond de la
liberté privée dans ses manifestations les plus diverses.

Les droits inhérents à la personnalité humaine se rattachent par des liens intimes ; de même que la lésion d'un
seul de nos organes porte le trouble dans l'ensemble, toute
atteinte à l'une de nos libertés compromet les autres ; c'est
pour cela que les pays où les citoyens sont le plus à l'abri des
arrestations arbitraires, sont ceux où la législation intervient
le moins dans la direction de leur personne morale, où des
entraves ne sont pas mises à leur volonté, où l'État s'im-

misce rarement dans la vie privée, où l'activité de l'esprit ne se heurte point à chaque pas à des réglementations administratives, où la bureaucratie ne prétend pas se mêler à tout et se substituer à l'action individuelle, où les idées socialistes n'ont porté aucune atteinte au principe de la propriété, où le père de famille, maintenu dans ses droits naturels, peut exercer son autorité, soit par l'éducation qu'il lui plaît de donner à ses enfants, soit par la libre distribution des biens qu'il a acquis; ce respect pour les droits naturels de l'homme rehausse sa dignité vis-à-vis de lui-même et vis-à-vis des autres, elle lui donne un prestige qui le protège, et la liberté de sa personne physique est assurée par la liberté de sa personne morale.

Il est arrivé trop souvent en France que la loi, par sa prétention de pénétrer jusques dans le domaine de la conscience, a diminué la valeur de l'homme. En voulant dominer les esprits, elle est arrivée, dans plus d'une occasion, à considérer l'individu comme appartenant à l'État. Faut-il s'étonner que le jour où la volonté et la responsabilité ne sont plus respectées, la liberté corporelle soit traitée avec sans façon, qu'on admette, comme une chose toute naturelle l'abus du droit d'arrestation et qu'on en abandonne même l'exercice à des fonctionnaires de l'ordre administratif.

On cite souvent l'exemple des Anglais; nous trouvons que nos lois criminelles sont par bien des côtés fort supérieures, mais nous ne saurions assez admirer, même dans ses exagérations, leur respect de la liberté individuelle.

Ce peuple, qui doit sa grandeur à ce fier sentiment, supporterait-il un seul instant ce que nous voyons tous les jours d'un œil indifférent.

Nous n'avons, pour citer un exemple frappant, qu'à rappeler ce que nous avons dit à propos de la police judiciaire.

On sait qu'en dehors du cas de flagrant délit, où tout le monde peut arrêter un coupable, le législateur proclame qu'aucune arrestation ne peut être faite sans un ordre écrit du magistrat instructeur ; c'est un principe tellement fondamental qu'on l'inscrirait volontiers sur le frontispice de nos palais de justice.

Or, si on consultait au hasard un certain nombre de procès-verbaux, on verrait que, dans la pratique, on ne fait aucune distinction et que les commissaires de police décernent des mandats d'amener, aussi bien lorsqu'il s'agit d'un flagrant délit que d'un fait remontrant à une époque ancienne ; cependant ces fonctionnaires ignorent d'autant moins la loi que les formules imprimées de leurs mandats visent les articles 40, 49 et 50 du Code d'instruction criminelle relatifs au flagrant délit ; leurs intentions à coup sûr sont excellentes, mais ne voit-on pas, par ce seul exemple, combien le respect que nous professons en théorie pour la légalité et la liberté diminue quand on arrive à la pratique.

L'esprit des Français est à renouveler à fond en tout ce qui concerne la liberté individuelle

a dit un illustre réformateur [1] ; cela n'est que trop vrai. Si on veut voir lesc hoses de haut et non par le menu, ce sont nos mœurs qu'il faut changer et certaines tendances qui nous rendent indulgents pour l'arbitraire, à la condition que nous en profitions ; les vraies garanties, ce ne sont pas des règles de procédure toujours faciles à tourner, mais l'opinion publique et les idées générales.

Nous rendons-nous bien compte des différences profondes que l'état social de l'Angleterre offre avec le nôtre et de l'influence qu'il exerce sur la question particulière qui nous occupe.

Si le policier anglais est si circonspect quand il s'agit de porter la main sur un citoyen, c'est qu'il le respecte comme un homme véritablement libre, il voit en lui une personnalité qui jouit, sous la protection de lois immua-

---

[1] Leplay, correspondance.

bles, de l'intégrité de ses droits naturels, qui peut, comme Montaigne le disait de nous autrefois,

s'il veut se tapir en son foyer, être aussi libre que le duc de Venise[1];

dont l'État respecte la conscience, dont l'autorité, comme chef de famille, est à l'abri de toute atteinte, dont rien ne gêne l'initiative ; derrière lui il aperçoit, pour protéger sa personne, pour assurer l'inviolabilité de son domicile, l'opinion du pays tout entier, une Magistrature indépendante, entourée du respect public, dont aucune puissance n'oserait suspendre le cours régulier, s'appuyant sur les plus antiques traditions, n'ayant rien à redouter ni de l'ingérence de l'administration, ni des usurpations des pouvoirs politiques et capable d'en imposer, par sa majesté, à ceux qui oseraient violer les garanties acquises à tous les sujets du royaume.

Cela vaut peut être mieux pour la liberté que de classer suivant une nouvelle méthode, les mandats d'amener, de dépôt et d'arrêt.

---

[1] *Essais*, 1, XLII.

CHAPITRE X

Les actes portant atteinte à la loi pénale, revêtent les formes les plus diverses et soulèvent, à côté du point de droit et du phénomène psychologique, des questions spéciales que le juge ne peut résoudre par ses propres lumières.

Quelque sagace que soit un juge d'instruction, a dit un médecin légiste, il est impuisant en certaines matières; il ne peut tout embrasser : les arts et les sciences ont pris une telle extension ou fait de tels progrès, que l'esprit humain est obligé de se restreindre dans la connaissance de quelques-unes d'entre elles. [1]

Il s'agira de rechercher un empoisonnement habilement dissimulé, de demander aux organes le secret d'une mort mystérieuse, de déterminer, au point de vue de la responsabilité, l'intégrité des fonctions cérébrales. Dans d'autres circonstances, la justice s'adressera à la science pour déterminer les causes d'un accident, pour découvrir d'habiles falsifications, ou bien encore le travail d'un comptable l'aidera à porter la lumière au milieu des obscurités calculées d'une comptabilité frauduleuse.

---

[1] *Des experts en justice.* Rapport de M. Devergie au congrès international de médecine légale, 1878.

Le magistrat, tout en conservant la liberté de son contrôle et en vérifiant par lui-même toutes les fois que cela lui sera possible, n'en est pas moins obligé de s'en rapporter aux renseignements que lui fournira la science; il y a même des expertises où la présence du juge serait inconvenante, des constatations dont il ne saurait être le témoin sans manquer au respect dû aux personnes qui en sont l'objet.

Ce serait de la part du magistrat une ridicule et dangereuse prétention que de vouloir, avec ses propres idées et ses connaissances superficielles, résoudre des problèmes devant lesquels le savant lui-même se prend quelquefois à hésiter, sans doute il doit suivre les expertises, faire des observations, réserver son jugement, mais éviter, s'il ne veut tomber dans de grossières erreurs, de préférer ses théories personnelles à l'opinion des hommes spéciaux, ayant acquis par l'habitude même, une connaissance plus exacte des choses.

Le rôle de l'expert est donc considérable, souvent prépondérant; il complète celui du juge et exige les mêmes qualités de désintéressement, d'indépendance, de courage, et le même soin à démontrer l'innocence d'un inculpé qu'à démontrer sa culpabilité.

Le public, ne voyant apparaître l'expert que dans les affaires portées à l'audience, lui reproche d'être l'auxiliaire habituel de l'accusation; il oublie qu'un bien plus grand nombre d'affaires se terminent par les ordonnances de non-lieu dues aux impartiales constatations de la science. Dans sa leçon d'ouverture du cours de médecine légale, M. le docteur Brouardel protestait contre ces suppositions, il démontrait plus récemment, par un relevé statistique, que sur une moyenne de cent expertises, cinquante-trois avaient donné des résultats conformes à la prévention, et quarante-sept des résultats contraires ou non démonstratifs[1].

[1] *Revue scientifique de France*, 10 mai 1879, et Rapport à la Société de médecine légale, février 1884.

Cependant, malgré les services immenses qu'ils rendent à la société avec une abnégation qui n'est guère de notre temps et un dévouement que rien ne rebute, les experts, pas plus que les juges d'instruction, n'ont trouvé grâce devant la calomnie.

Les attaques dirigées contre eux avaient pu les laisser indifférents et ne pas ébranler leur crédit tant qu'elles paraissaient uniquement inspirées par des rancunes personnelles ou des préventions venant de l'ignorance ; mais ils éprouvèrent une pénible émotion qui se manifesta par une protestation collective, et se sentirent atteints dans leur dignité professionnelle, dans leur probité scientifique, le jour où des paroles officielles tombant de très haut, vinrent représenter les expertises

Comme se faisant par des hommes pour qui leur opinion scientifique personnelle, des négligences inévitables dans des opérations sans contrôle, et la trop longue fréquentation des chambres d'instruction sont autant de causes d'erreur[1].

Cette phrase, bien que son auteur se soit empressé de l'expliquer et de la modifier par une note [2], où, exprimant le sentiment de toute la Magistrature, il rendait hommage au savoir, à l'impartialité et au dévouement consciencieux des experts, a été souvent exploitée depuis. Il ne pouvait en être autrement. Plus d'une fois sa citation a amené à l'audience, entre l'avocat et l'expert, des débats très vifs et causé au ministère public les plus graves embarras[3].

On a créé ainsi une agitation à laquelle il importe de mettre un terme dans l'intérêt de tout le monde. La question a été posée avec trop d'éclat pour la laisser en suspens. Les experts, les juges d'instruction sont les premiers à

[1] 3 novembre 1880, discours de rentrée de M. le procureur général Dauphin.
[2] *Annales d'hygiène publique et de médecine légale*, 3ᵉ série, tome IV, page 497, 1880.
[3] *Gazette des Tribunaux* du 25 mai 1884. — Affaire Autweiler.

l'exiger ; comme ils ont été pris directement à partie, ils n'admettraient pas qu'après avoir mis leur partialité en doute, on put se dispenser de protéger par certaines garanties l'exercice de leur ministère et de raffermir leur autorité.

II. — Les principales solutions admises par le Sénat consistent à faire dresser tous les ans une liste des experts par les Cours d'appel sur l'avis des facultés, des Tribunaux civils et des Tribunaux de commerce ; à autoriser l'inculpé à désigner sur cette liste, dans un délai de quarante-huit heures, un expert qui le représentera, à lui donner communication du rapport dans le même délai à partir de son dépôt [1]. Ce ne serait qu'en cas d'urgence, ce qui sera le plus fréquent, car il est rare qu'une expertise puisse être retardée de deux jours, ou avec l'autorisation de la chambre du conseil, dont nous aurons dans un autre chapitre à critiquer l'intervention, qu'une désignation pourrait être faite en dehors de la liste [2].

Nous trouvons excellent le mode de recrutement des experts par la désignation des corps savants et judiciaires ; c'est là un principe fécond, dont l'avenir verra peut-être une application beaucoup plus étendue ; ce qu'il faut souhaiter quant à présent, c'est que cette intervention des représentants de la science élève à un tel degré, dans la considération publique, les fonctions de l'expertise que les hommes les plus éminents s'empressent de les rechercher comme un honneur au lieu d'y voir un désagrément à éviter. Il a été déclaré dans la discussion que la liste n'aurait d'effet que dans le ressort pour lequel elle serait faite [3] : cette restriction ne s'explique pas ; les hommes désignés par n'importe quelle Cour doivent offrir les mêmes garan-

---

[1] Art. 62, 68, 65.
[2] Art. 66, 68.
[3] Séance du 23 juillet, p. 925.

ties : la même présomption de capacité doit exister en leur faveur, et ce serait faciliter les instructions surtout en province, que de donner au choix du juge et de l'inculpé les limites les plus étendues.

Les autres dispositions paraissent justifier de sérieuses objections ; nous rappelons d'abord les dangers de la communication obligatoire du rapport à jour fixe, que nous avons signalés à propos de la sincérité des interrogatoires ; nous demandons au nom de l'intérêt public que le juge reste maître de fixer le jour où cette communication devra avoir lieu et que l'expert, désigné par l'inculpé, ne puisse lui faire connaître les conclusions avant que le juge l'y ait autorisé.

Si nous recherchons maintenant quel sera le caractère des expertises, telles que le conçoit le projet, nous aurons d'autant plus de peine à le préciser que les auteurs de la loi semblent eux-mêmes divisés d'opinion à ce sujet.

Nous n'avons point songé à faire des expertises contradictoires, *déclare le rapporteur ;* nous n'avons pas voulu que les faits d'une instruction fussent examinés par plusieurs experts délibérant ensemble et faisant un rapport ; nous ne connaissons qu'un seul expert faisant un rapport, c'est l'expert nommé par le juge d'instruction..., celui désigné par l'inculpé aura seulement le droit de faire à l'expert de la justice des observations sur la manière dont il procède, de lui faire remarquer qu'il devrait faire telle opération, qu'il y a telle chose à vérifier qu'il oublie. *Et plus loin, il ajoute :* Quant à une expertise contradictoire, nous l'avons trouvée extrêmement dangereuse pour le résultat même de l'expertise.

Cependant dans l'exposé des motifs, dans les rapports des commissions du Sénat et de la Chambre, dans la discussion il est, à chaque instant, question d'expertise contradictoire et on en célèbre les mérites.

<hr>

[1] Séance du 28 juillet 1882, p. 920.

Ces appréciations diverses peuvent laisser l'esprit du commentateur dans une certaine perplexité sur le point de savoir si le projet nous a doté de l'expertise contradictoire, de l'expertise contrôlée, ou de l'expertise compliquée, qui, pour nous servir des expressions un peu obscures de l'exposé des motifs [1],

Serait une série de contre-expertises simultanées et parallèles à l'expertise principale.

Était-ce bien la conclusion qui semblait devoir découler des appréciations sévères portées sur les experts ? Si on avait vraiment pensé, comme on l'a dit, qu'ils prenaient, dans la fréquentation des juges, des habitudes de complaisance et de parti pris, qu'ils étaient disposés à subir cette influence qui fait que, dans un certain millieu, on est toujours entraîné à voir des coupables, que l'habitude avait émoussé la vivacité de leurs impressions, que des relations presque journalières altéraient insensiblement et inconsciemment leur impartialité [2]; ne fallait-il pas un remède plus radical et ne pas se contenter de modifier le mode de confection de la liste ? Parce que l'expert, au lieu d'être choisi par le président du Tribunal, le sera par la Cour, sur la recommandation des facultés, il n'en restera pas moins l'expert habituel de la justice, celui qu'elle consultera tous les jours; dès lors, on pourra récriminer, comme par le passé, à propos des prétendus dangers qu'on attribue à un contact trop intime avec le magistrat instructeur, et déjà, à propos de ces futurs experts, l'un des orateurs ne disait-il pas :

Ils seront de véritables fonctionnaires, des auxiliaires attitrés, assermentés du juge d'instruction et du procureur de la République [3].

---

[1] Page 29.

[2] M. Dauphin, M. Bérenger. Séance du 26 mai, p. 549.

[3] M. Lenoel. Séance du 26 mai, p. 550.

A nos yeux la pratique actuelle des expertises est bien loin de mériter les critiques dont elle est l'objet; nous savons qu'il n'existe pas plus de juge capable de vouloir imposer les conclusions d'un rapport, que d'expert disposé à subir une aussi détestable pression; le serviteur de la science a pour la vérité absolue, le même respect que le serviteur de la loi,. tous ne cherchent leur conviction que dans l'examen consciencieux des faits qui leur sont soumis.

Mais si, moins au courant des choses, nous partagions le sentiment de ceux qui s'imaginent que l'expert officiel est l'auxiliaire complaisant de l'accusation, nous affirmons que nous ne nous contenterions pas de la modification votée par le Sénat. Il nous paraîtrait fâcheux d'imposer à l'inculpé un expert discrédité à l'avance, de l'obliger à choisir son représentant dans la liste plus ou moins étendue des hommes revêtus de cette investiture officielle que nous aurions nous même signalée comme un motif de suspicion; nous irions, sans hésiter, jusqu'à lui permettre de prendre son expert partout où il le jugerait à propos, comme les parties sont libres de le faire en matière civile (art. 305 du Code de procédure).

Mais ceux-là mêmes, qui ont provoqué la réforme, s'effrayent de ses conséquences logiques: en accordant à l'inculpé un choix illimité, on va, disent-ils, associer à l'exper- de la justice des hommes sans valeur, sans moralité peut-être, qui viendront non pas le contrôler, mais le gêner dans ses opérations, les fausser par des manœuvres déloyales; on cite l'exemple de l'Angleterre où les résultats de cette manière de procéder sont tels, qu'aucun médecin jouissant d'une certaine considération, ne veut plus figurer aux expertises pour ne pas être discuté par le premier venu.

Tout cela est vrai; l'on voit par là le danger d'avoir pris un faux point de départ, c'est-à-dire la défiance, le mépris en quelque sorte de la liste officielle, pour ne pas arriver à un autre résultat que sa reconstitution sur de nouvelles bases.

Ne peut-on pas penser que sur cette question, comme à propos des pouvoirs du juge d'instruction, la réforme a été prise par le mauvais côté ; au lieu de s'attacher à donner une satisfaction apparente à des opinions fondées sur des préventions superficielles contre les personnes, il eût mieux valu organiser les expertises dans des conditions plus satisfaisantes pour la science ; on eût ainsi, tout à la fois, facilité aux experts l'accomplissement de leur mission et évité le danger de faire juger les questions scientifiques par des personnes incompétentes.

Ce double avantage serait obtenu, à notre avis, non par la lutte, mais par la participation obligatoire de deux experts au moins à toute expertise et par l'établissement d'une commission supérieure, statuant souverainement sur les questions controversées.

La désignation de deux experts aurait pour effet d'alléger les responsabilités et de créer par la collaboration même un contrôle qui n'aurait rien de blessant et ne provoquerait pas ces antagonismes facheux, que l'esprit du projet est de nature à faire naître.

Il y a des opérations dans lesquelles la vérité s'impose, mais l'expert trouverait dans d'autres cas plus compliqués une grande sécurité vis-à-vis de lui-même et une grande force vis-à-vis du public, si au lieu d'être seul à soutenir ses conclusions, il pouvait s'appuyer sur l'opinion d'un confrère.

D'un autre côté, la présence d'un second expert serait de nature à prévenir les erreurs involontaire qu'un seul pourrait commettre, il se produirait entre eux une sorte d'émulation. Comme l'esprit du savant est toujours tendu vers le progrès, les deux experts, dans leur recherches, seraient stimulés par le désir de découvrir une particularité intéressante, de signaler un aperçu nouveau, de se donner l'un et l'autre la mesure de leur science et de leur perspicacité.

C'est ce qu'exprimait parfaitement dans les termes suivants un rapport présenté cette année au nom de la société de médecine légale :

On peut être certain que devant un confrère, même un ami, un médecin ne péchera pas par négligence, et qu'à la précision des recherches se joindra une grande modération dans les conclusions ; justifier devant un témoin compétent, ayant droit de critique une déduction scientifique, nécessite une démonstration et exclut la pos. sibilité de transformer une simple opinion en une affirmation [1].

La désignation de deux experts ne serait pas d'ailleurs une innovation ; tous les jours, dans les affaires délicates, le juge procède de cette façon ; c'était même autrefois un usage à peu près général, auquel on ne renonça que par des motifs d'économie. Ce fut sous ce régime qu'Orfila et Devergie firent ces expertises qui ont contribué à l'illustration de leur nom, et leur dignité ne se trouva jamais offensée par l'adjonction d'un autre savant.

L'un des experts serait choisi par le juge et l'autre par l'inculpé ; si celui-ci ne faisait pas usage de son droit, la désignation aurait lieu d'office de telle sorte qu'il ne pût dépendre de l'incurie d'un inculpé de supprimer cette garantie, instituée dans un intérêt général de justice.

Les deux experts auraient absolument les mêmes prérogatives, la même situation, ils seraient institués au même titre, non pas pour se combattre et s'espionner, mais pour s'éclairer, non pas pour servir un intérêt particulier, mais pour atteindre plus sûrement la vérité par un commun effort, ils rédigeraient un unique rapport où leurs opinions se produiraient sous les mêmes garanties. Cela ne vaudrait-il pas mieux que cet expert que le projet accorde timidement à l'inculpé et qui, réduit au triste rôle de surveillant, n'aurait même pas, quoique payé par l'État et

[1] (Février 1884). M. Brouardel.

ayant prêté serment, le droit de faire la moindre manipu-
lation et devrait se borner à prendre des réquisitions.

En outre, nous voudrions, pour donner plus de latitude
au choix à faire par le magistrat ou par l'inculpé, qu'il
pût s'exercer en dehors de la liste annuelle ; nous mettrions
seulement cette réserve qu'il ne porterait que sur des
hommes appartenant à des catégories déterminées, telles
que les membres de l'Institut, de l'enseignement supérieur,
les agrégés, les médecins des hôpitaux.

IV. — L'expertise se trouverait ainsi constituée dans
les conditions les plus simples, les plus favorables à la
manifestation de la vérité ; néanmoins on n'aurait encore
obtenu qu'un médiocre résultat si on n'avisait au moyen
de faire juger par une autorité compétente, soit les controverses qui pourraient s'élever entre les deux experts,
soit les griefs articulés par la défense.

C'est surtout sous ce rapport que le Code présente des
imperfections et des lacunes, dont il n'a même pas été
question dans les travaux préparatoires du projet et dans
la discussion.

Il est vrai de dire que les partisans du projet semblent
croire que ses dispositions vont mettre un terme aux discussions si regrettables dont la Cour d'assises était souvent le théâtre et que désormais les experts seront toujours
d'accord.

Représentez-vous, *disait M. Bérenger,* ce que vont devenir les
expertises, si désormais poursuivies sous le contrôle d'un représentant de la défense, elles prennent ce caractère de loyauté, de haute
impartialité qui s'attache à tout ce qui a subi la contradiction et
demandez-vous si elles n'auront pas plus d'autorité devant le jury
et devant l'opinion. [1]

A notre avis, rien ne sera changé ; on a pu constater, en
effet, à des époques récentes que les expertises les plus

___
[1] Séance du 21 mai, p. 106.

violemment discutées ont été celles où, de sa propre autorité, le juge accordait aux inculpés le droit que le projet entend leur conférer.

Prenons, par exemple, une affaire qui a donné lieu à des récriminations poussées jusqu'à l'outrage.

En 1878, un pharmacien de la rue Maubeuge fut accusé d'avoir empoisonné sa femme en lui administrant, à des intervalles variables, des doses faibles d'une substance arsenicale. Le magistrat, très perplexe et désireux de faciliter le plus possible la défense, ne se contenta pas de désigner trois experts pour rechercher le poison, mais il autorisa l'inculpé à se faire représenter par un savant et à le choisir non seulement dans la liste des experts assermentés, mais dans tous les corps savants.

Cette expertise, disait le *Journal de médecine*[1], a été conduite avec plus de soin que celle d'aucun autre procès criminel... Il est vraiment difficile de concevoir qu'on ait pu environner la justice de meilleures garanties[1].

On provoquait, *lisons-nous encore dans la relation médicale du procès* [2], un débat pendant l'instruction entre les experts nommés par le juge et choisis par l'accusé. Pour juger des divergences existant entre eux, on avait recours à un *superarbitrium*, à une consultation demandée à un membre de l'Académie et de la Faculté. On réalisait ainsi à l'avance les réformes demandées depuis, débats contradictoires pendant l'instruction, assistance de l'inculpé aux expériences, contrôle par des savants pris en dehors de la liste officielle des experts.

On ne pouvait plus complètement devancer l'œuvre du Sénat.

Cependant l'expertise n'en fut pas moins critiquée avec une violence inusitée par des médecins qui n'y avaient pas figuré et que l'accusé ne fit appeler que devant la Cour

---

[1] Art. 10824, n° de juin 1878.

[2] *De l'emprisonnement arsenical par des doses médiocres et reitirées de poison*, par MM. Bergeron, Delens et Lhote, 1878, chez Baillière.

d'assises. L'audience fut transformée en une arène, où le débat scientifique, animé par la passion, perdit toute sa dignité et laissa le jury sous une pénible impression dont le malheureux accusé eut beaucoup à souffrir. La presse ensuite voulut dire son mot; nous ne parlons pas, bien entendu, de ceux qui traitèrent les experts de « suppôts des Parquets, de pourvoyeurs des bagnes, de patentés, d'inféodés, d'accapareurs, etc. » Toutes sortes de réformes dont les unes ne tendaient à rien moins qu'à l'abolition de la loi pénale elle-même furent proposées, et, chose étrange, ce que l'opinion réclama avec le plus d'insistance, ce fut cette expertise contradictoire dont le juge venait de faire un essai si peu encourageant.

On reprochait à la justice de ne tenir aucun compte des intérêts de l'inculpé. Cependant elle lui avait accordé les garanties les plus larges.

On demandait que l'inculpé fût représenté et défendu dans le débat de l'expertise ; on oubliait qu'il avait été autorisé par le juge à se faire assister et que la liberté de son choix avait été si complète qu'il avait désigné un savant, son ancien professeur.

On critiquait vivement ce qu'on appelait la manie des magistrats de nommer toujours les mêmes experts, d'absorber leurs aspirations naturelles et la liberté de leurs doctrines au profit de l'expert légiste ; on oubliait que le juge, sans se laisser rebuter par bien des refus, avait fini par obtenir le concours d'un des maîtres de la science, n'ayant jamais participé à aucune opération de médecine légale [1].

Cet exemple montre bien qu'il y aurait une grande illusion à espérer que l'expertise imposera plus de respect parce que plusieurs experts y auront coopéré.

Le meilleur moyen de lui assurer l'autorité qu'elle doit

[1] M. le professeur Gübler.

avoir, c'est de ne la laisser discuter que devant des hommes compétents, dont la position scientifique soit telle, comme on l'a dit, que leur décision fasse loi.

Nous ne connaissons rien qui donne une plus grande preuve de la frivolité de notre esprit que ces audiences où des médecins, qui n'ont ni participé à l'expertise, ni examiné les pièces, viennent à la dernière heure, jeter dans le débat des doctrines imprévues, comme si ce n'était pas dans le calme du laboratoire que les constatations scientifiques devraient être discutées, et non pas *in extremis*, devant une foule impatiente, au milieu des ardeurs de la lutte.

Nous trouvons que c'est faire offense au bon sens, à la science, que de tolérer ces discussions dans lesquelles magistrats et avocats, aussi incompétents les uns que les autres, viennent, à l'aide de quelques mots, dont ils se sont garnis la mémoire, de dénominations dont ils ne connaissent pas la valeur exacte, de citations empruntées à des livres imparfaitement compris, de questions mal posées, d'objections sans valeur pour le savant, mais capables de jeter la confusion dans les esprits, disserter devant des jurés, qui souvent savent à peine lire, sur les problèmes les plus délicats de la médecine et de la toxicologie.

V. — Pour mettre un terme à ces inconvénients déplorables, à ces scandales funestes, il suffirait d'instituer, dans chaque faculté de médecine une commission supérieure des expertises ; ce serait devant elle que seraient portés l'examen et le débat des questions scientifiques soulevées soit par le désaccord des experts soit par les objections de la défense. L'inculpé, interpellé au début de son interrogatoire. déclarerait s'il accepte ou non les constatations et les conclusions de l'expertise ; dans le cas où il déclarerait les contester, il serait sursis jusqu'à ce que la commission supérieure eût prononcé, ce serait devant elle qu'il produirait des consultations, et que son défenseur discuterait le rapport. La question scientifique serait définitivement tranchée par la décision de la commission et ne pourrait être reprise à l'audience sous aucun prétexte.

La création de ces commissions supérieures ne saurait rencontrer de difficultés sérieuses, elles élèveraient beaucoup le niveau de la médecine légale en créant des centres d'étude où aboutiraient les recherches, où seraient examinées les questions les plus intéressantes et où il se formerait un corps de doctrine qui, tout en se perfectionnant sans cesse, s'imposerait avec la même autorité que les arrêts de la Cour de cassation en matière de jurisprudence.

L'exemple en a été donné par l'Allemagne ; si nous avons la bonne fortune de pouvoir invoquer à l'appui de nos idées l'opinion du professeur de médecine légale à la faculté de Paris, c'est qu'ayant vu fonctionner en Allemagne le tribunal des « superarbitres », il a pu apprécier quels services cette haute juridiction rendait à la justice et à la science.

La participation de deux experts à toutes les opérations et l'établissement d'une commission souveraine seraient donc les bases les meilleures sur lesquelles on pourrait asseoir le système des expertises, mais il y aurait encore à le perfectionner dans ses détails par une série de mesures depuis longtemps réclamées.

Pour que l'expertise échappe à certaines critiques, il ne suffit pas de la soumettre à des règles de procédure d'une complication plus ou moins ingénieuse, il faut que tout en conservant son caractère scientifique, elle réponde à son objet par la précision des constatations, par la netteté des réponses, il faut enfin que l'expert ait lui-même des aptitudes reconnues et qu'on mette à son service des moyens d'études suffisants.

La meilleure manière de ne laisser en dehors des investigations des experts aucun des points sur lesquels la justice a besoin qu'ils se prononcent, c'est d'exiger l'intervention du juge ; nous ne partageons donc pas l'avis de ceux qui redoutent pour eux le contact du magistrat, nous voudrions au contraire qu'il fût plus fréquent. Expliquons-nous : il y a deux phases dans toute expertise, la constatation et la conclusion ; autant il convient que l'expert ne soit livré qu'à ses propres inspirations lorsqu'il s'agit de conclure, autant il nous paraît nécessaire que, dans la période des constatations matérielles, le juge qui connaît l'affaire, qui a vu l'arme, le lieu du crime, qui a entendu les témoins, soit auprès de lui pour appeler son attention sur des détails dont la valeur aurait pu lui échapper et l'empêcher de perdre de vue l'objet judiciaire des recherches.

La législation allemande attache avec raison beaucoup d'importance à la présence du magistrat ; elle en fait une obligation, elle recommande aux experts de prier le juge de leur faire connaître toute circonstance de nature à faciliter leurs recherches, à leur faire visiter le lieu où a été trouvé le corps, à leur communiquer les renseignements déjà recueillis ; de son côté, le magistrat doit veiller à ce que les descriptions et les constatations soient notées avec soin[1].

Le magistrat y trouve ainsi l'avantage de pouvoir se faire une conviction plus raisonnée, en même temps sa présence imprime plus de solennité aux opérations, elle rappelle les conséquences terribles qui pourraient résulter d'une négligence ou d'une erreur ; quelquefois aussi il éclairera l'expert en cherchant à s'instruire lui-même ; l'on peut lui appliquer ce que disait, à propos des élèves, le savant professeur que nous aimons à citer :

La présence de quelqu'un, même peu compétent, mais qui vous contrôle et à qui on est obligé de démontrer la valeur que l'on attribue aux lésions, force à prouver et à reviser constamment avec les progrès de la science la détermination des signes sur lesquels on s'appuie[2].

---

[1] Art. 1 et 10,27 du règlement sur les autopsies.

[2] Service des autopsies à la Morgue. M. Brouardel, 1878.

En France le magistrat n'assiste à l'autopsie que s'il le juge utile ; mais comme le devoir n'a rien d'attrayant, il peut être tenté de s'y soustraire : nous demandons [que l'obligation lui en soit imposée par la loi.

Faudrait-il aller aussi loin que la législation allemande, qui veut que le procès-verbal, ce qu'elle appelle le protocole de l'autopsie, soit écrit par le greffier du juge sous la dictée du médecin ; à vrai dire, dans des sujets qui ont une phraséologie spéciale, la plume de nos greffiers serait exposée à de trop fréquents lapsus ; mais tout en laissant au médecin ou à son secrétaire le soin de la rédaction, ce serait à notre avis une excellente réforme, une sauvegarde contre des confusions possibles, de la part du médecin s'en rapportant à sa mémoire ou à des notes volantes, que d'exiger que les constatations, destinées à servir de base de rapport futur, soient immédiatement consignées dans un procès-verbal et authentiquées, en quelque sorte, par la signature du juge.

Dans ces vérifications si importantes, d'où dépend souvent le sort de l'accusé, les moindres détails nous semblent mériter un soin si scrupuleux que nous ne croyons pas pouvoir, à propos des devoirs du juge, ne pas parler d'une pratique administrative qui est pleine de danger ; tous ceux qui ont ouvert certains dossiers criminels ont pu y remarquer deux rapports, l'un dressé par un médecin de quartier, désigné par le commissaire de police, l'autre par le médecin légiste, commis par le magisrat ; or il arrive tous les jours que ces deux rapports, dont l'un a été fait à la hâte, et l'autre avec lenteur, sans parler de la valeur des hommes, se contredisent, et viennent obscurcir les affaires les plus simples ; nous pourrions aussi signaler ce qu'il y a de pénible pour certaines personnes à être soumises à une double visite ; il nous paraît abolument inutile et même dangereux, de laisser aux officiers de police judiciaire, sauf au procureur de la République, à raison de sa qualité de magistrat, le droit que leur maintient l'article 177 du projet, d'ordonner des visites médicales en cas de flagrant délit ; nous demandons au moins qu'ils ne puissent désigner d'autres experts que ceux figurant sur la liste annuelle.

Espérons aussi que le jour où la présence du juge deviendra une des garanties de la parfaite régularité des expertises, on s'occupera de mieux préparer son éducation professionnelle ; il peut être aujourd'hui complètement étranger aux moindres notions de la médecine légale et ne pas savoir apprécier les mesures qu'il faut ordonner, les compétences auxquelles il convient de recourir ; si on voulait prendre les affaires dans lesquelles des contre-expertises sont venues rétablir la vérité, on verrait presque toujours que l'erreur primitive venait de ce que le juge s'était adressé à une spécialité ne répondant pas à la nature des recherches.

VI. — Nous venons d'indiquer, effleurant à peine les questions les plus intéressantes, les garanties qui résulteraient de l'assistance du juge ; mais ce qui importe avant tout, c'est d'assurer le bon recrutement des experts et de mettre à leur disposition l'outillage nécessaire.

Il ne faut pas s'imaginer que l'intervention des Cours d'appel et des facultés va faire sortir de terre une légion d'hommes compétents : l'obligation d'augmenter beaucoup les listes pour pourvoir à l'application de la loi nouvelle, suscitera au contraire de graves difficultés, et si, pendant quelque temps au moins, le personnel ne fait pas défaut sous le rapport du nombre, on peut craindre qu'il n'en soit pas de même sous le rapport de la qualité.

Comment fera-t-on quand il s'agira de trouver des savants en assez grande quantité pour suffire au fonctionnement de toutes les expertises désormais en partie double ; aujourd'hui il n'y a à Paris pour le service de la médecine légale que onze médecins, trois chirurgiens, six aliénistes, et onze chimistes ; dans ces limites restreintes, on arrive à obtenir le concours d'hommes du plus grand mérite, disposés à sacrifier le profit matériel au bien public, à certaines considérations de carrière, à l'attrait d'études particulières, mais qu'adviendra-t-il le jour où, au lieu de ces trente et un experts, il en faudra bien davantage pour répondre aux demandes des inculpés.

Espérons que l'enseignement spécial que nous avons vu créer à la Morgue, il y a six ans, portera ses fruits et que la ville de Paris secondera par de larges subsides, une entreprise qui intéresse à un si haut degré la science et l'administration de la justice.

Souhaitons aussi qu'on comprenne la nécessité d'assurer aux experts des honoraires en rapport avec l'importance de leurs travaux et de leur situation, de payer un savant qui donne au pays son intelligence, son temps, sa santé, un peu plus cher qu'un manœuvre et de réformer ces tarifs de 1811, tout à fait dérisoires et même impertinents, comme l'a fort bien dit M. Bérenger [1].

Le public ignore tout cela, il s'imagine que les expertises sont très fructueuses pour ceux qui en sont chargés ; tous les journaux ne racontaient-ils pas dernièrement à propos d'un grand procès criminel que les frais montaient à 30,000 francs, tandis qu'ils n'avaient pas atteint 1,500 fr., dans lesquels les honoraires des médecins ne figuraient pas pour plus de 200 francs [2].

VII. — Ce qui est non moins nécessaire, c'est que le matériel scientifique corresponde aux nécessités du service et aux progrès de la science.

Voilà bien des années que les magistrats et les experts se plaignent de la déplorable insuffisance des ressources

[1] Séance du 26 mai, p. 550.
[2] Affaire Campi. — *Gazette des Tribunaux*, 9 mars 1884.

dont il leur est permis de disposer ; on est très exigeant à leur égard, mais on oublie facilement que l'État a aussi l'obligation de veiller à ce qu'aucun obstacle ne vienne entraver leurs recherches.

Au lieu de molester les confrères qui ont reçu la lourde tâche d'éclairer la justice, demandons qu'on leur donne toujours moyens et facilités pour le faire,

disait avec raison le *Journal de médecine* à la suite d'une affaire retentissante [1].

Peu de temps après, le Dr Bergeron publiait dans la *Gazette des Tribunaux* un intéressant article, où il signalait, avec une légitime amertume, la situation déplorable faite à la médecine légale.

Dans un rapport sur l'organisation de la Morgue, le Dr Brouardel écrivait à la même époque :

J'avais signalé à M. le garde des sceaux les *desiderata* que présente l'organisation actuelle des expertises médico-légales, j'avais insisté sur ce point que cette organisation compromet, par son insuffisance, les intérêts de la justice et la réputation des experts.

Depuis, certaines améliorations ont été obtenues, mais les progrès à réaliser les dépassent de beaucoup, et si, à Paris, grâce à des effort personnels, l'organisation des services et des laboratoires a été perfectionnée, on peut dire qu'en province, même dans les villes où il y a des facultés de médecine, rien n'a été fait pour réglementer scientifiquement le service des expertises.

Il y a certaines améliorations qui n'entraîneraient aucune dépense et qui pourraient être réalisées sur l'heure même par voie de décrets ou de circulaires ministérielles.

Les ministres de la Justice et de l'Instruction publique ne pourraient-ils, par exemple, faire, sur la marche à suivre

[1] Juin 1878.

dans les opérations médico-légales, un règlement analogue
à celui du ministère des Affaires religieuses, scolaires et
médicales en Allemagne ; règlement dont la Société de
médecine légale a approuvé les principales et très sages
dispositions ; ce serait pour les magistrats, pour les médecins une sorte de guide , de formulaire, et un moyen de
mettre un peu d'uniformité dans la manière d'opérer ; ainsi
nos experts ont deux procédés , l'un consiste à décrire
l'état de tous les organes, à faire mention de toutes les expériences ; l'autre, à ne citer que les lésions constatées et
à donner sommairement des conclusions dans le rapport
écrit. Les inconvénients de ce dernier système ont été souvent reconnus ; tout récemment encore ils se sont manifestés devant la Cour d'assises de la Savoie , à propos d'un
empoisonnement par la strychnine [1]. Rien ne serait plus
simple et plus utile que de prescrire une méthode générale
et d'obliger l'expert, comme le fait le règlement que nous
citions tout à l'heure, à décrire non seulement les lésions
qui lui paraissent être la cause de la mort , mais tous les
organes en particulier, de façon que le rapport puisse répondre par lui-même à toutes les questions qui pourraient
être faites.

Nous verrions dans ces réglementations un véritable
progrès plus pratique que les dispositions nouvelles du
projet.

VIII. — Une des questions les plus intéressantes se rattachant à l'organisation des expertises est celle de leur publicité. En fait, depuis la création très récente d'un cours
de médecine légale à la Morgue, on pratique devant un
public d'élèves l'autopsie de toutes les personnes qui
meurent subitement, par suite de crime, de suicide ou
d'accident sur la voie publique et même chez elles.

---

[1] *Gazette des Tribunaux,* 7 mars 1884.

Au point de vue scientifique nous comprenons parfaitement les avantages de cette publicité : elle est le meilleur,
disons même le seul moyen de former des experts, en même
temps qu'une garantie de plus de la régularité des opérations.

Mais il y a d'autres considérations d'un ordre moral
qu'on ne saurait dédaigner ; le transport à la Morgue, dans
un amphithéâtre d'anatomie, où rien ne rappelle la dignité
de la mort, des personnes victimes d'un crime, est une
de ces nécessités sociales qu'il faut restreindre dans certaines limites. Sans doute il est quelquefois impossible au
médecin de procéder sur place à des investigations anato-
miques ; mais dans bien des cas le juge pourrait se dispenser d'imposer aux familles l'humiliation, la douleur de se
voir enlever le cadavre qu'elles entouraient de leur pieux
respect et user avec plus de délicatesse d'un droit qu'il tient
de la force des choses et non d'un texte de la loi.

Cette usurpation sur les droits les plus sacrés de la
famille, au nom de l'intérêt social, ne sera-t-elle pas encore
plus blessante, si ce corps, arraché à ses linceuls, est
exposé sur la table de marbre, non plus seulement sous
l'œil de la justice, mais devant de nombreux spectateurs.

Aussi, tout en étant partisan de la publicité des autopsies
médico-légales, nous ne l'admettons qu'à la condition de
réserver aux juges et aux familles un droit de veto.

A Berlin, lorsque la justice estime qu'il y a intérêt à ce
que les résultats de l'examen restent secrets, elle fait prêter serment aux élèves présents. A Berne, la justice s'est
réservée le droit d'interdire la publicité de l'autopsie : empressons-nous d'ajouter qu'en France les médecins, d'accord avec les juges d'instruction, sont toujours disposés à
accueillir les tempéraments de nature à concilier les intérêts
privés et les intérêts de la science.

Il nous semble toutefois que c'est au pouvoir législatif
seul qu'il appartient de régler ces questions, elles peuvent à un
moment donné, faire naître des conflits entre les familles et

la justice ; le principe général de notre procédure criminelle, c'est que l'instruction est secrète : or l'expertise n'étant qu'un des actes de l'instruction, doit être également secrète ; il y a donc, théoriquement parlant, une certaine irrégularité à procéder comme on le fait aujourd'hui ; les familles auraient, à notre avis, le droit incontestable de s'y opposer; la loi, qui règle avec soin les formalités des perquisitions et le sort des objets saisis, devrait s'occuper également du sort des cadavres sur lesquels la justice est obligée de mettre la main.

La Chambre, suivant l'exemple des pays étrangers, pourrait s'occuper de cette question et déterminer par un juste compromis entre l'intérêt public et le respect des personnes, les exceptions qu'il convient d'apporter, en principe, au secret des instructions.

IX. — Nous voulons, en terminant, dire un mot des expertises de comptabilité ; elles sont aujourd'hui d'un usage journalier, et comme les affaires dans lesquelles le magistrat les ordonne, touchent le plus souvent à des intérêts considérables, elles méritent une attention particulière ; elles ont pour objet non pas, comme en matière médicale, d'instruire le juge sur des choses excédant sa compétence, mais de lui épargner des vérifications qu'il n'aurait pas le temps de faire lui-même.

Nous nous demandons avec inquiétude comment on pourra augmenter le nombre de ces experts, quand déjà leur recrutement présente tant de difficultés ; il ne faut pas compter en effet, comme quand il s'agit de travaux scientifiques, sur l'amour de la science, le désir de se faire un nom et d'acquérir des titres académiques, pour attirer des hommes de valeur vers ce genre d'expertises ; elles ont le seul avantage d'être plus productives que les autres, parce que le temps pendant lequel elles durent, permet d'accumuler un plus grand nombre de vacations.

C'est surtout en cette matière que nous voudrions voir modifier le mode de calcul du décret de 1811, avec le système d'un nombre limité de vacations par journée, l'expert, s'il dépose dans un bref délai son rapport, n'a qu'une rémunération insuffisante ; il serait bien plus conforme à la bonne administration, à la dignité de la justice, de l'encourager à activer ses recherches et de le payer d'après la valeur du travail et non sur le temps qu'il a duré.

Il est souvent obligé de prendre des employés pour le dépouillement des comptabilités, le classement des pièces, etc., mais comme il ne serait pas juste qu'il fît lui-même les déboursés, c'est la partie civile, à laquelle le projet refuse cependant, à tort suivant nous, le droit d'intervenir dans l'expertise, qui fait l'avance de ces frais extraordinaires ; on l'invite à verser un supplément de provision ; n'y a-t-il pas là quelque chose de contraire à la gratuité de la justice et aux convenances ; n'est-il pas regrettable que l'on puisse supposer qu'une expertise serait exposée à marcher plus lentement si le payement des frais n'était pas assuré ?

Ce n'est point sans doute à la négligence d'experts, d'autant plus surchargés de travail qu'ils inspirent plus de confiance par leur expérience et leur probité, qu'il faut attribuer la lenteur vainement excessive des expertises, mais à leur trop petit nombre ; on voit, malgré les réclamations des magistrats, des expertises durer des années au grand dommage des plaignants, qui n'arrivent enfin à obtenir satisfaction que quand le mal est consommé ; il y a là une situation déplorable bien digne d'éveiller les préoccupations du public et la sollicitude du Gouvernement.

Que sera-ce donc quand les inculpés viendront prendre une partie des experts de la liste officielle pour les expertises contradictoires ? Où trouvera-t-on, si on ne veut descendre jusqu'aux teneurs de livres sans emploi, et aux agents d'affaires de bas étage, des hommes ayant cette considération, et cette irréprochable intégrité sans lesquelles l'expertise devient un véritable danger pour la justice.

Le meilleur moyen de recruter un personnel offrant de complètes garanties et d'imprimer une marche rapide aux affaires ne serait-il pas d'instituer, auprès des grands Tribunaux et surtout à Paris, au Palais-de-Justice, sous l'œil des magistrats, un bureau de dépouillement et de vérification des comptabilités.

On mettrait à la tête de ce service un homme dont le nom ferait autorité, on lui assurerait une situation importante, il aurait sous ses ordres un personnel d'experts et d'employés ; enfin on pourrait organiser un contrôle de l'inspection des finances, analogue à celui qu'elle exerce sur la comptabilité des chemins de fer.

Les magistrats auraient à leur disposition immédiate un moyen très pratique, moins coûteux que les procédés actuels, de faire examiner rapidement les comptabilités et de procéder en quelques heures à des recherches qui exigent aujourd'hui des semaines et des mois.

Enfin, à la différence de ce qui doit se passer pour des expertises médico-légales, où nous n'admettons que la compétence du savant, que le contrôle de la science, nous voudrions que dans toutes les expertises sur ces questions de finance ou de comptabilité à la portée de tous, l'inculpé et la partie civile fussent tenus de déposer entre les mains de l'expert des dires que celui-ci serait obligé de discuter et d'insérer dans son rapport.

La première condition d'une expertise, portant non pas sur une question scientifique, mais sur les agissements personnels de l'inculpé, sur le caractère des opérations commerciales auxquelles il s'est livré, sur la régularité de ses écritures, est qu'il soit entendu, qu'il puisse donner ses explications ; il y aurait une égale injustice, une même cause d'erreur et de surprise à l'audience à ne pas autoriser le plaignant, qui, en se portant partie civile, assume la responsabilité de frais souvent considérables, à fournir à l'expert les renseignements, les explications de nature à éclairer son jugement.

Sans doute, il serait possible de trouver d'autres moyens de remédier aux inconvénients graves que nous avons signalés, mais personne ne nous contredira si nous nous contentons d'affirmer qu'il est urgent de faire quelque chose.

Il arrivera un moment où, malgré le zèle des hommes, la lenteur des expertises en comptabilité, les frais considérables qu'elles entraînent, provoqueront un mouvement d'opinion qui, en dépassant la mesure, compromettra, avec l'institution elle-même, les réformes pratiques dont il appartient à la Magistrature de prendre l'initiative pour en régler la portée.

CHAPITRE XI

—

I. — Nous aurons examiné les principales attributions
du juge d'instruction quand nous aurons parlé des pé-
nalités qu'il peut, en vertu de son pouvoir personnel, appliquer dans certains cas ; il ne nous restera plus qu'à
signaler les nouvelles atteintes portées à son autorité, à
propos des voies de recours contre son ordonnance.

Son rôle est de préparer le jugement des affaires ; cependant, par une dérogation aux principes, il peut prononcer certaines peines contre ceux qui mettent obstacle
à ses recherches.

C'est ainsi qu'il a le droit de condamner à l'amende les
témoins défaillants, soit qu'ils ne veuillent pas comparaître,
soit qu'ils refusent de répondre.

Il importe peu, *disait Bentham*, dans son *Traité des preuves judiciaires*, qu'un témoin ait été amené devant le juge, si, quand il est
là, il refuse de parler. Ce refus est un délit contre la justice. Quels
que soient les motifs qui excitent le témoin à cet acte de désobéis-
sance, il faut trouver une contre-force suffisante pour les vaincre :
autrement le sort de la cause, c'est-à-dire de chaque cause, le pouvoir
entier de la justice et des lois, est prosterné aux pieds de tout individu dont le témoignage est nécessaire dans la circonstance.

Toute personne ayant connaissance d'un fait utile à la manifestation de la vérité judiciaire est donc tenue de dire la vérité lorsque la justice l'interpelle.

La loi n'a exempté de cette obligation rigoureuse que les personnes auxquelles on peut être, à raison de leurs fonctions, obligé de confier des secrets. L'avocat est de ce nombre ; aussi, quand il plaide, il ne doit jamais invoquer son propre témoignage, à moins de trahir ses devoirs.

Le projet consacre ces exceptions ; elles ont leur principe dans les sentiments les plus délicats de la conscience.

Il ne parle que des confesseurs. Il serait fort utile de déterminer les états, professions ou fonctions qui sont tenus au secret. Faut-il par exemple y comprendre les agents de change, les banquiers dont le témoignage et les livres sont si souvent nécessaires à l'instruction ? Les termes trop vagues de la loi [1] sont de nature à justifier les prétentions les plus ridicules ; on a vu des logeurs d'une certaine catégorie prétendre que le secret dû aux habitudes mystérieuses de certains de leurs clients rentrait dans leurs obligations professionnelles et en quelque sorte officielles.

La nouvelle loi permet au juge de condamner à une amende de 100 francs le témoin qui refuse son témoignage et de décerner mandat d'amener s'il ne comparaît pas [2].

Des incidents récents semblent démontrer la nécessité d'édicter une répression plus sévère et peut-être même de faire du refus de déposer un véritable délit, en même temps que la peine du faux témoignage s'appliquerait à la déposition faite devant le juge d'instruction.

Il faut recourir à des moyens de coercition quand on a eu le tort d'affaiblir les moyens moraux ; on n'a plus une vue très nette du devoir social, chacun est disposé à agir

---

[1] Art. 72 du projet et 378 du Code pénal.
[2] Art. 70.

à sa guise, à se permettre toute sortes d'excentricités judiciaires, depuis le chef du jury qui modifie la formule des réponses suivant la nuance de ses opinions, le témoin qui s'arroge à lui-même le droit de garder le silence, jusqu'à l'inculpé, qui, suivant les préceptes subversifs d'une jeune école, se fait une célébrité en refusant de s'expliquer devant le juge ou en se vantant de répondre par des mensonges à la loyauté de ses questions.

Le projet reproduisant l'ancien article 34 permet aussi au juge d'instruction de condamner à un emprisonnement de dix jours et à 100 francs d'amende l'individu, même le simple témoin, qui, dans le cas de flagrant délit, contrevient à la défense de s'éloigner du lieu du crime [1].

Il nous semble exorbitant que le juge unique puisse prononcer une peine excédant celle de simple police ; il serait plus correct de faire de cette infraction un délit correctionnel ; la nécessité de la répression n'est pas urgente, les magistrats, qui disposent de la force armée, peuvent facilement contraindre les gens à ne pas s'éloigner.

II. — Il nous reste à dire un mot des voies de recours contre les ordonnances, à montrer que sous le prétexte de compléter le système de la contradiction, on enlève au juge la direction des instructions.

Actuellement c'est à la chambre d'accusation, juridiction d'un ordre supérieur, qu'il appartient de reviser les ordonnances du magistrat instructeur, sur le pourvoi du ministère public, de l'inculpé et de la partie civile.

Le ministère public a le droit de se pourvoir contre toutes les ordonnances refusant de déférer à ses réquisitions [2].

L'inculpé et la partie civile, moins favorisés, n'ont cette

---

[1] Art. 178 du projet.
[2] Art. 135   id.

faculté que s'il s'agit d'une demande de mise en liberté sous caution ou d'une question de compétence [1]. Ils sont aussi autorisés à fournir des mémoires écrits dans les affaires criminelles transmises à la chambre d'accusation [2].

En outre, la partie civile peut former opposition aux ordonnances de non lieu [3].

Le projet maintient cette voie de recours ; il conserve au ministère public le privilège de se pourvoir contre toutes les ordonnances réglant définitivement la procédure.

Il étend les droits de l'inculpé et de la partie civile.

Il permet à l'un de déférer à la chambre d'accusation les jugements de la chambre du conseil statuant sur une demande de mise en liberté provisoire et toutes les ordonnances de clôture dans les quatre cas suivants :

1° Incompétence ;

2° Si le fait n'est pas prévu ou puni par la loi ;

3° Si l'action publique est éteinte ;

4° Si une nullité a été commise au cours de l'instruction [4].

Il autorise la partie civile à se pourvoir contre les ordonnances faisant grief à ses intérêts civils, c'est-à-dire refus d'instruire, déclaration d'incompétence, non-lieu ou renvoi en simple police [5].

Enfin, par une heureuse innovation, le projet admet, non pas le débat public devant la chambre d'accusation, mais le débat oral et contradictoire entre le ministère public et les conseils de la partie civile et du prévenu [6].

Nous regrettons seulement, dans un esprit d'équité, que les privilèges de la défense soient plus ou moins étendus,

---

[1] Art. 114, 128, 129, 131, 135, 539 du Code.

[2] Art. 217 id.

[3] Art. 128 id.

[4] Art. 171 du projet.

[5] Art. 46, 47, 163, 164, 171 id.

[6] Art. 194 id.

selon qu'il s'agit d'un délit ou d'un crime et que l'inculpé ne puisse soumettre à la juridiction d'appel l'ordonnance qui le renvoie en police correctionnelle.

Nous ne saurions partager sur ce point l'avis de la commission de la Chambre, qui invoque les intérêts de l'inculpé lui-même pour lui contester l'exercice de ce droit.

Ses adversaires, le ministère public, la partie civile, peuvent, en toute matière, demander l'annulation de l'ordonnance de non-lieu rendue en sa faveur; et il n'aurait pas le droit de se pourvoir contre l'ordonnance, qui déclare les charges suffisantes pour le déférer au tribunal.

Est-ce juste? est-ce maintenir entre l'accusation et la défense cette égalité dont parle souvent le projet[1]?

Nous n'ignorons pas que l'inculpé pourrait craindre que la confirmation par la chambre d'accusation de l'ordonnance du juge n'exerçât une certaine influence sur l'esprit des magistrats; mais cela le regarde. C'est à lui à consulter ses intérêts. Personne ne l'oblige à se pourvoir. S'il veut le faire, pourquoi ne pas lui en donner le moyen. Ne sommes-nous pas dans un pays où l'appel est de droit commun. Pendant l'instruction on ne craindra pas, comme nous allons le voir, d'exagérer à son profit le droit de recours, de lui permettre de soulever des difficultés à chaque pas, et quand il s'agira de l'acte le plus grave, de cette ordonnance de renvoi, qui souvent assure la condamnation, on le laissera désarmé, et il faudra, coûte que coûte, qu'il comparaisse devant ce tribunal, où il aura moins de chance d'acquittement que devant un jury facile à attendrir.

Si le Sénat s'était contenté de multiplier les cas de recours et de faire cesser sur ce point les inégalités regrettables qui existaient entre le ministère public, la partie civile et l'inculpé, il eût donné satisfaction à un sentiment de justice que tout le monde partage.

---

[1] Jules Favre, *la Réforme judiciaire*, p. 130.

Si on admet, comme le dit avec raison le rapporteur,

Que quand il s'agit d'un lopin de terre ou d'une somme minime, un tribunal composé de trois juges ne juge pas en dernier ressort, comment, quand il s'agit de l'honneur, de la liberté de la vie, on voudrait laisser à un juge unique le soin de statuer en dernier ressort sur les mesures préparatoires !

Nous sommes parfaitement de cet avis, et l'autorité nécessaire que nous demandons pour le juge d'instruction, deviendrait périlleuse si elle ne trouvait son correctif dans un droit de recours très étendu.

Mais nous y mettons cette condition que ce recours soit organisé de façon à respecter les principes généraux de notre organisation judiciaire, à ne pas diminuer l'autorité du juge, à ne pas le soumettre à un contrôle incompétent, à ne pas transformer l'appel en une action dirigeante.

Or c'est précisément ce que fait le projet en attribuant àl a chambre du conseil le jugement de tous les incidents qui pourront s'élever au cours de l'enquête et donner lieu à une réclamation de la part de l'inculpé, de la partie civile, ou du ministère public.

La chambre du conseil, telle que le projet l'organise, est une conception toute nouvelle, et nous devons nous arrêter un instant à en déterminer le caractère.

Elle ne ressemble en rien à l'ancienne chambre instituée en 1808 et supprimée en 1856; celle-ci était chargée de uger et non d'instruire, parce qu'à cette époque le juge d'instruction instruisait, mais ne jugeait pas.

Officier de police judiciaire plutôt que juge, le magistrat instructeur devait se borner à instruire sur les plaintes dont il était saisi. à recueillir les preuves, à décerner les mandats; maisil nel ui appartenait pas encore de prononcer sur la mise en prévention et de régler la compétence. Ce rôle, e plus considérable de tous, était réservé à la délibération de la chambre du conseil; d'un autre côté, celle-ci aurait excédé ses pouvoirs si elle avait voulu, hors le cas de liberté provisoire, qui comporte un jugement sur le fond, s'immiscer dans la direction de l'instruction, en faire dévier la pensée ou en modifier le plan par une intervention arbitraire. Les deux pouvoirs n'étaient donc pas exposés à se heurter et à se confondre.

En 1856, on fit disparaître la chambre du conseil. Elle n'avait pas répondu aux espérances. Elle avait enlevé aux juges le souci salutaire de leur responsabilité sans rien ajouter aux garanties des justiciables. Ses décisions n'étaient que des enregistrements. Dans la plupart des tribunaux, elle était tout à la fois chambre du conseil et chambre de jugement, elle se renvoyait à elle-même l'affaire qu'elle devait juger comme tribunal correctionnel.

Bien que le rétablissement de cette chambre du conseil ait été demandé depuis, nous ne croyons pas que la transmission de sa compétence au juge d'instruction ait diminué les garanties des inculpés; elles les aurait plutôt augmentées, en rendant le juge plus sévère sur la valeur des preuves destinées désormais à justifier sa décision aux yeux de sa propre conscience.

Quoi qu'il en soit, l'ancienne chambre du conseil ne troublait pas l'ordre hiérarchique des tribunaux. Elle diminuait à coup sûr l'importance du juge en ne lui laissant pas la fonction vraiment magistrale qui consiste à rendre l'ordonnance de non-lieu ou de renvoi; mais elle ne le soumettait pas, dans la direction de la procédure, au contrôle de magistrats du même degré.

Mêlée à tous les incidents de la procédure, si elle prend son rôle au sérieux, la direction de l'instruction passera dans ses mains; elle pourra, comme le dit l'exposé des motifs, ordonner des mesures que le juge aurait refusées ou dont il n'aurait pas osé assumer la responsabilité et changer la direction de l'instruction.

Nous aurions plutôt compris que, revenant sur la réforme

opérée en 1856, et craignant de constituer un seul magistat arbitre de la mise en prévention d'un citoyen, on eût enlevé au juge le droit de rendre l'ordonnance de clôture. Mais on ne comprend pas que, pour d'autres actes beaucoup moins importants, on l'ait placé sous la tutelle, non pas d'une juridiction supérieure, mais de ses propres collègues.

Le bon sens, les convenances, le respect de la justice n'exigent-ils pas qu'à la décision rendue en appel s'attache l'autorité d'un juge d'un ordre plus élevé.

Sans doute le magistrat instructeur ne peut trouver mauvais que la loi autorise un recours contre ses actes; au contraire, il le désire.

Est-ce, *comme l'a dit le rapporteur*, parce qu'un juge est un juge de premier degré, qu'il perd pour cela sa dignité, son honneur, sa considération ? mais alors, il faut dire que les lois actuelles sont offensantes pour les magistrats de première instance et même pour ceux d'appel, car les Tribunaux de première instance voient tous les jours leurs décisions portées devant la juridiction supérieure des Cours d'appel, et les Cours d'appel sont elles-mêmes justiciables de la Cour de cassation. On n'a jamais admis que l'introduction d'un second degré fût une offense faite aux magistrats.

Cela est parfaitement juste, seulement les raisons que donne le rapporteur se retournent contre sa propre argumentation, puisque, dans la plupart des cas, ce n'est ni à la Cour d'appel, ni à la Cour de cassation, ni, en un mot, à des juridictions supérieures, mais à des magistrats du même ordre que le projet entend déférer les ordonnances du juge.

A une certaine époque on était tombé dans l'erreur que nous avons déjà signalée en rendant, sous prétexte de célérité et d'économie, les Tribunaux des chefs-lieux juges d'appel des Tribunaux d'arrondissement. On finit par reconnaître que ce système était détestable et qu'il n'offrait aucune garantie aux inculpés ; la loi du 13 juin 1856 vint rétablir l'ordre des choses en remplaçant les Tribunaux sous le seul contrôle des Cours d'appel, et le rapporteur, M. Nogent Saint-Laurens, disait avec raison :

L'appel ne se conçoit que s'il est porté devant une juridiction dont la supériorité incontestable se manifeste, non seulement par le nombre, mais en outre par le titre, le costume, la préséance, l'étendue et la variété des attributions, les lumières et l'expérience des magistrats, et surtout par le pouvoir qui leur est conféré d'une manière générale.

La Chambre du conseil rachètera-t-elle au moins l'irrégularité juridique de son intervention par son expérience des questions qui lui seront soumises, par une connaissance du service supérieure à celle que peut en avoir le magistrat instructeur lui-même.

Disons-le bien franchement, elle n'aura, à ce point de vue, aucune autorité, parce que ses membres, étrangers à la pratique de l'instruction, seront bien plus embarrassés que le juge pour résoudre certaines difficultés.

Prenons un exemple entre mille : voici un juge d'instruction qui croit utile, dans une affaire d'une importance exceptionnelle, d'adjoindre à l'expertise un savant ne figurant pas sur la liste officielle ; il aura beaucoup de peine à le trouver, il sera obligé de frapper à bien des portes ; sans ses relations personnelles et le concours des experts qu'il emploie, il se heurterait à des refus. D'après le projet, la recherche d'un expert en dehors de la liste appartiendra à la chambre du conseil. Pourra-t-elle, comme le juge, faire des démarches directes auprès de tel ou tel savant, poursuivre avec lui des négociations ? Aura-t-elle, sur la valeur du spécialiste ces indications, ces renseignements discrets que le juge peut trouver dans la fréquentation de ceux auxquels il confie habituellement des expertises. Tout cela lui sera impossible, ou bien le juge viendra lui souffler à l'oreille le nom de l'homme qu'il aura lui-même choisi, ou bien il sera obligé de subir un expert ne répondant pas au but qu'il se proposait. L'intervention de la chambre du conseil sera ainsi tantôt un leurre, tantôt un péril.

Ne voit-on pas aussi que cette véritable subordination du juge à la chambre du conseil sera de nature à créer de perpétuels conflits, à compromettre les instructions, à entraver à chaque instant leur marche?

Si on estime qu'un seul juge n'offre pas de garanties suffisantes, si on veut tenter l'expérience de faire diriger l'instruction par un corps délibérant et non par une volonté unique, ne vaudrait-il pas mieux donner au magistrat des assesseurs plutôt que des contrôleurs inexpérimentés et revenir au système de la loi du 16 septembre 1791, qui faisait assister de deux citoyens le juge chargé de l'information.

La chambre du conseil se laissera guider par le juge, et elle ne sera qu'un rouage inutile ; ou bien elle voudra prendre son rôle au sérieux, et comme les aptitudes pratiques lui manqueront, son autorité viendra sans cesse contrarier celle du juge.

Celui-ci, requis par le ministère public, la partie civile ou l'inculpé, d'ordonner une mesure, aura répondu par un refus, la chambre du conseil lui imposera des actes de nature à modifier complètement le plan de son instruction et l'obligera à se prêter à tous les caprices de l'inculpé [1].

Voudra-t-il prolonger la durée des mandats? Non, dira la chambre, vous allez mettre l'inculpé en liberté [2].

Aura-t-il suspendu momentanément la communication d'un détenu avec le dehors, la chambre sera d'un avis contraire [3].

---

[1] Art. 51 du projet.
[2] Art. 118-126 id.
[3] Art. 123 id.

Voudra-t-il conserver une pièce à conviction, la chambre en ordonnera la restitution [1].

Aura-t-il condamné à l'amende des témoins défaillants ou à la prison une personne qui, malgré la défense à elle faite, se sera éloignée du lieu du crime, la chambre lui donnera tort en le relevant de la peine prononcée [2].

Tels sont les cas dans lesquels elle aura à intervenir. Le malheureux juge, sans cesse déconsidéré par ces petits succès que l'inculpé remportera sur lui, ne pourra pas faire un seul pas, maintenir une seule mesure, si ses collègues ne veulent lui en octroyer la permission. Il lui faudra une certaine énergie pour ne pas devenir indifférent aux affaires et ne pas tout concéder plutôt que de s'exposer à des échecs et à des retards.

Autant il s'inclinerait avec déférence devant les arrêts d'une juridiction supérieure et éloignée de lui, où il apercevrait toujours des criminalistes autorisés, d'anciens magistrats du Parquet ou de l'instruction ayant une longue expérience, autant il lui sera difficile de subir le contrôle de ses égaux bien souvent moins anciens et moins exercés que lui. Les cours sont placées assez haut pour que leurs arrêts soient respectueusement acceptés. On s'incline devant leur jurisprudence. On aime à faire juger par elles les questions délicates. Mais la chambre du conseil ne pourra jamais conquérir cette autorité morale. Si elle donne raison au juge, on l'accusera de [céder à un sentiment de confraternité. Si elle lui donne tort, il se produira, dans le sein du Tribunal ces conflits irritants que connaît surtout la province, ces antagonismes peu favorables à la bonne administration de la justice, ces luttes intestines qui déconsidèrent le vaincu aussi bien que le vainqueur.

Ajoutons que, pour les inculpés eux-mêmes, il sera fâ-

---

[1] Art. 60 du projet.
[2] Art. 178 id.

cheux de soumettre leur opposition au Tribunal de première instance. La chambre d'accusation, au contraire, offre cet avantage, qu'elle est en quelque sorte un juge d'instruction du second degré, et qu'elle ne prononce pas de condamnation ; mais la chambre du conseil, en province, où les services sont remplis par les mêmes magistrats sous des appellations différentes, verra revenir devant elle à l'audience correctionnelle les affaires qui lui auront déjà été soumises dans la période de l'instruction. L'opinion qu'elle se sera faite, à propos d'un incident de procédure ne lui laissera pas une pleine liberté d'appréciation. Sans doute, on dit que devant la chambre du Conseil on ne plaidera pas l'affaire au fond ; et le rapporteur de la commission ajoute :

Le défenseur aura intérêt et devoir de ne pas laisser dégénérer la discussion en un débat sur le fond et de réagir contre des impressions prématurées.

L'avocat, auquel d'ailleurs n'appartient pas la direction du débat, ne sera-t-il pas le premier à chercher ses arguments dans les faits du procès lui-même ; peut-on concevoir, par exemple, des magistrats qui statueraient sur la nécessité d'entendre tel ou tel témoin, sur une demande de liberté provisoire ou de prolongation de mandat, sans se préoccuper des probabilités plus ou moins grandes d'innocence ou de culpabilité.

On a objecté que la chambre du conseil se trouverait, plus que la chambre d'accusation, à la portée des justiciables. Ceux qui voulaient maintenir les appels aux tribunaux des chefs-lieux faisaient déjà le même raisonnement, et cependant nous ne croyons pas qu'on ait eu à regretter d'avoir rendu aux Cours leur compétence rationnelle.

L'éloignement, les difficultés de procédure n'ont jamais empêché les appels sérieux. En revanche, ils ont un peu diminué ceux qui ne s'appuyaient sur aucun grief légitime ; il en sera de même en matière d'instruction. Avec la chambre du conseil, les inculpés ayant sous la main un moyen de gêner l'information par toutes sortes d'incidents, de tactiques procédurières, de moyens dilatoires, ne manqueront pas d'en user. Ils feront de l'obstruction, comme on dit au parlement. Avec la chambre d'accusation, au contraire, on y regardera à deux fois, on ne s'adressera à elle que dans les cas graves et vraiment dignes de la sollicitude de la justice.

En résumé, nous n'admettons pas l'intervention d'une autorité directrice autre que celle du juge d'instruction ; nous voulons que le recours contre ses actes soit très étendu, mais qu'il ne puisse être exercé que devant des magistrats du second degré. Nous contestons à la chambre du conseil, aussi bien en droit qu'en fait, la compétence qu'on veut lui donner ; nous prétendons que si elle doit être rétablie, ainsi que l'ont demandé d'excellents esprits, ce ne peut être que dans les conditions antérieures à la loi de 1856, c'est-à-dire pour statuer sur la prévention, après l'instruction faite et non pas pour diriger l'instruction elle-même.

En vérité, plus on entre dans le détail de la loi nouvelle, plus on est frappé de sa constante préoccupation d'affaiblir l'autorité du juge, non seulement par les pouvoirs qu'on lui retire, mais aussi par la défiance qu'on lui témoigne.

Ceux-là mêmes qui montrent le plus d'empressement à paralyser son action, seraient les premiers à la vouloir plus puissante si leurs intérêts personnels étaient en jeu. On veut qu'il réussisse dans ses recherches, on le critique, on l'outrage si ses efforts viennent se briser contre des mystères impénétrables, des intrigues où l'on devine souvent une intelligence supérieure à celle de l'inculpé ; on prendrait volontiers contre lui le parti des criminels ; en même temps on désorganise la police qui le sert, on abroge les lois qui lui donnent une certaine force, on lui retire les moyens de ne pas être trop au-dessous des difficultés de sa tâche.

C'est à ce point de vue que la nouvelle institution de la chambre du conseil nous paraît funeste. Le juge perdra le sentiment de sa reponsabilité. Il s'effacera sans cesse devant l'anonymat de cette chambre, il n'apportera plus, dans la direction des instructions, cette énergie, cette initiative, cette unité de vue, qui, si elles ne triomphent pas toujours de la ruse et du mensonge, conduisent quelquefois au succès.

Nous nous permettrons enfin de faire observer que les innovations du projet relatives à l'intervention de la chambre du conseil et de la chambre d'accusation laissent planer certains doutes sur la façon dont devront se concilier désormais les droits et l'indépendance du magistrat instructeur avec le rôle de ces juridictions.

Deux questions surtout nous paraissent mériter l'attention du législateur.

Il s'agit d'abord de savoir si la Chambre du conseil et la chambre d'accusation peuvent, en annulant l'ordonnance du juge, lui faire des injonctions.

Que deviendrait son indépendance, si, transformé en instrument indispensable et aveugle, il pouvait être contraint de prendre des mesures réprouvées par sa propre conscience.

Quelle serait d'un autre côté l'utilité d'une juridiction supérieure si ses arrêts ne liaient pas le juge.

Il convient, pour tout ménager, de faire une distinction très rationnelle entre les actes d'*instruction* et les actes de *juridiction*, c'est-à-dire entre les actes consistant dans des opérations matérielles, telles que auditions de témoins, confrontations, expertises, perquisitions, et ceux constituant, sinon le jugement, au moins une sorte de préjugé.

Les mesures de simple instruction n'impliquent aucune conviction de la part du magistrat ; il recherche la vérité

sans parti pris et ne saurait se refuser à procéder au supplément d'informations que la sagesse de la chambre d'accusation croit devoir lui prescrire.

Les actes de juridiction, au contraire, supposent qu'il
s'est déjà formé une opinion sur la question de culpabilité.

Cette distinction est généralement admise lorsqu'il s'agit
de ses rapports avec le ministère public ; on considère
qu'il est libre de ne pas déférer au réquisitoire tendant
à lui faire décerner un mandat d'arrestation ; il jouit
comme magistrat de l'indépendance de ses fonctions ;
s'il croit que la mesure est intempestive ou inutile, il peut
la refuser [1].

La conscience du juge, ce sanctuaire inviolable, n'a-t-elle
pas droit aux mêmes respects, aux même ménagements de
la part de la Cour, instituée précisément pour la protéger
et pour la raffermir.

Sous le prétexte qu'elle a le droit de diriger l'information,
la Cour peut-elle prescrire au magistrat de traiter comme
un coupable un homme qu'il croit innocent? il faudrait
aller jusqu'à soutenir qu'elle pourrait lui interdire de rendre
une ordonnance de non-lieu ou lui dicter une ordonnance
de renvoi.

La Cour de cassation ne le pensait pas lorsque, à propos
d'intérêts beaucoup moins graves, elle se plaisait à
affirmer l'indépendance du magistrat instructeur en tant
que juge.

Un juge d'instruction n'avait pas voulu prononcer une
amende contre un témoin défaillant et, répondant à des
réquisitions du ministère public, avait rendu une ordonnance déclarant qu'il n'y avait lieu de leur faire droit ; la
chambre d'accusation saisie par une opposition du Parquet,
enjoignit au juge de prononcer l'amende.

Sur le pourvoi du garde des sceaux, dans l'intérêt de la

___

[1] Dalloz, v° *Instruction crim.*, n°ˢ 447, 634. — Carnot, t. I, p. 398, 400.
— Duverger, t. III, p. 79. — Ortolan, t. II, p. 89.

loi, la Cour suprême annula l'arrêt, et dans son réquisitoire le Procureur général Dupin déclara que l'injonction était une atteinte portée à l'indépendance du juge d'instruction,

Qui, ayant statué dans la limite de ses attributious, ne pouvait être contraint à changer sa décision, à prononcer à raison des mêmes faits, une amende qu'il ne croyait pas méritée, et à faire ainsi un acte contraire à sa conviction [1].

Ce sont là, suivant nous, les vrais principes, le nouveau code s'honorerait en les faisant revivre.

Est-ce à dire qu'un juge d'instruction pourra paralyser l'action publique ? en aucune façon, les moyens de l'en empêcher ne manquent pas.

Un magistrat, dont la résistance coupable ou l'entêtement ridicule arrêteraient le cours de la justice, s'exposerait non seulement à l'action disciplinaire organisée par les articles 479 et suivants du Code d'instruction criminelle, mais encore aux peines du déni de justice. Sans prévoir de telles extrémités, la Cour, investie de son droit d'évocation, ne peut-elle pas toujours s'emparer d'une poursuite [qui périclite entre les mains du juge de première instance ?

La seconde question, non moins grave, est de savoir si la chambre d'accusation, lorsqu'elle est saisie pendant l'instruction par une opposition à une ordonnance du juge sur un incident de la procédure, peut charger un autre juge du même tribunal du supplément d'instruction, ou, ce qui revient au même, mander au procureur de la République de choisir lui-même cet autre magistrat.

Ceci nous oblige à préciser une fois de plus les effets légaux du réquisitoire introductif saisissant le magistrat instructeur.

---

[1] 30 déc. 1842, Cour de cass., ch. crim. — Dalloz, *Rép.*, v° *Instruction crim.*, n° 430.

Dans les tribunaux où il n'y a qu'un juge, il ne peut y avoir ni préférence, ni changement; l'attribution des affaires s'opère d'elle-même.

Lorsque le tribunal comporte plusieurs juges d'instruction, il se fait entre eux, par le Parquet, ou, ce qui serait le procédé légal [1], par le président du tribunal, une répartition des affaires, par lesquelles ils se trouvent saisis individuellement d'une façon spéciale et irrévocable.

Chaque juge d'instruction est une personnalité juridique, la fiction de l'indivisibilité ne lui est pas applicable ; elle n'existe que pour les membres du Parquet obéissant à une direction unique, pouvant se substituer les uns aux autres, étant toujours censés agir collectivement au nom de l'institution elle-même et par délégation de leur chef.

Le juge est un pouvoir indépendant, distinct, n'étant rattaché au procureur de la République par aucun lien de subordination, existant par lui-même [2], il constitue, selon les expressions de la Cour de cassation, *une juridiction séparée*, et ces expressions sont encore plus exactes depuis que les attributions de la chambre du conseil lui ont été dévolues [3] ; chaque cabinet d'instruction est une véritable chambre ayant son organisation, son greffe particulier.

Ce serait une erreur juridique que de prétendre confondre tous les juges du même tribunal dans une sorte de collectivité anonyme dont le Parquet aurait le libre maniement.

Il ne s'agit pas seulement de la dignité du juge, mais du sort de la défense elle-même.

Le ministère public deviendrait absolument maître des instructions s'il lui était loisible d'enlever à l'inculpé le juge primitivement désigné: il n'y aurait plus de justice, plus de garanties, plus d'unité dans la direction, plus de respon-

---

[1] V. suprà, p. 36.

[2] Mangin, *Instruction écrite*, t. II, p. 14.

[3] Répertoire de Dalloz, v° *Instruction crim.*, p. 139. — Affaire Bonnet, 10 avril 1829.

sabilité, et pour remplir des fonctions ainsi abaissées, il faudrait aller chercher des commissaires de police et ne plus garder des magistrats.

L'ancien Code reconnaît formellement les principes que nous rappelons, puisqu'il oblige le Parquet à remettre au juge d'instruction dans les trois jours le dossier communiqué.

Le projet à son tour ne vient-il pas de les confirmer en donnant au juge le droit de rendre l'ordonnance de clôture sans réquisition lorsque le Parquet ne lui renvoie pas les pièces[1].

Le souvenir d'un triste incident, que nous avons déjà rappelé, suffisait à montrer au Sénat les inconvénients du remplacement arbitraire d'un juge par un autre, et si la Chambre haute n'eût pas adopté l'amendement, l'esprit élevé et intègre du rapporteur de la commission du parlement l'eût certainement repris et fait triompher.

Comment pourrait-on concilier le devoir impérieux de rendre le dossier avec le prétendu droit de le distribuer à un autre juge !

Deux juges se trouveraient simultanément chargés, l'un en vertu d'un premier réquisitoire, l'autre en vertu d'une désignation postérieure ; tandis que le premier, fort de son droit, continuerait l'instruction, l'autre la poursuivrait de son côté, et l'on aboutirait ainsi aux plus regrettables conflits.

Enfin, bien que les mesures d'ordre intérieur ne soient pas des arguments de droit, ne pouvons-nous pas faire remarquer que le Parquet de la Seine, par la suppression récente de l'intermédiaire du juge d'instruction du petit parquet, a voulu précisément revenir à une plus scrupuleuse observation de la loi en ne donnant qu'un juge à chaque inculpé[2].

---

[1] V. suprà, p. 38.
[2] V. suprà, p. 165.

Assurément dans la pratique les dossiers passent quelquefois d'un cabinet à un autre, par exemple au moment des vacances, ou lorsqu'un juge apprend qu'un de ses collègues a une affaire identique ; il serait plus régulier que la transmission du dossier n'eût lieu qu'en vertu d'une ordonnance de dessaisissement ; si jamais un inculpé entendait se prévaloir de ces irrégularités pour demander la nullité de l'instruction, nous ne savons trop comment la Cour de cassation s'y prendrait pour rejeter le pourvoi ; quoi qu'il en soit, il serait fâcheux que des usages inspirés par un esprit de conciliation et de bonne entente pussent être, dans des cas graves, invoqués contre les juges d'instruction et considérés comme l'abdication de droits auxquels ils ne pourraient renoncer sans violer la loi elle-même ; il ne faut pas que la crainte de laisser s'accomplir des prescriptions au préjudice des droits les mieux établis vienne troubler les rapports de bon voisinage entre le domaine du juge et celui du Parquet.

Tous les jurisconsultes sont d'accord pour reconnaître que le ministère public, chargé de l'accusation, ne saurait, sans un véritable excès de pouvoir, commettre successivement plusieurs juges dans la même affaire.

Sur quel texte pourrait-on s'appuyer pour attribuer à la chambre d'accusation un droit aussi exorbitant, aussi dangereux, ou lui permettre de le déléguer au Parquet.

Nous n'en connaissons aucun.

L'article 228, qui permet à la Cour d'ordonner des informations nouvelles, et qui, d'ailleurs, s'applique aux mises en accusation, c'est-à-dire aux affaires closes par une ordonnance de transmission, n'implique en aucune façon la faculté de changer le juge au cours de l'instruction.

Sans doute, l'article 431 du Code, dans la crainte que l'influence d'une cour ne se fasse trop sentir, défend, après l'annulation d'un arrêt par la Cour de cassation, de prendre le juge dans le ressort de la Cour dont l'arrêt est annulé, s'il y a lieu de procéder à de nouveaux actes d'instruction.

Sans doute, lorsque la Cour d'appel réforme le jugement pour cause d'incompétence, à raison d'une nouvelle qualification donnée du fait, l'affaire ne peut, aux termes de l'article 429, être renvoyée devant le juge qui aura rendu le jugement ou fait l'instruction.

Il suffit pour écarter l'argument d'analogie qu'on chercherait à tirer de ces prescriptions, de faire remarquer qu'elles s'appliquent à des procédures terminées par des ordonnances de clôture, et où, par conséquent, le juge ayant complètement achevé son œuvre, n'est plus saisi, n'a plus qualité pour instruire.

De même, d'après le nouvel article 219, le projet ne prescrit à la cour de désigner un autre juge, qu'autant que le premier aura été régulièrement dessaisi par l'exercice du droit d'évocation sur les réquisitions du procureur général [1].

Les auteurs du Code, pas plus que ses réformateurs, ne songent donc à contester que tant que l'instruction est en cours, elle doit rester dans la même chambre d'instruction, et que les incidents de procédure donnant lieu à des pourvois, ne sauraient autoriser, sous quelque prétexte que ce soit, à transporter arbitrairement le dossier d'un magistrat à un autre.

Tous les actes d'instruction faits par le nouveau juge ainsi désigné, seraient entachés d'une nullité radicale.

L'arrêt de la cour de cassation du 12 août 1829 a rappelé, dans les termes les plus précis, ces principes essentiels, et dans son *Traité d'instruction criminelle*, M. Faustin-Hélie n'admet pas davantage qu'ils puissent être contestés.

C'est au même juge, dit-il, que le renvoi de la procédure doit être fait après l'annulation ou la confirmation de l'ordonnance.....

[1] V. Infrà, p. 107.

Le juge, en effet, n'a point été dessaisi du fond de l'affaire ; l'opposition n'a frappé qu'un seul de ses actes, c'est cet acte seul qui a été déféré à la chambre d'accusation... Elle doit, après avoir statué sur l'incident, renvoyer la procédure à la juridiction qui s'en trouve régulièrement saisie, car les juridictions ne peuvent être saisies ou dépouillées qu'en vertu d'une disposition de la loi, et nulle disposition n'autorise, dans le cas spécial dont il s'agit, le renvoi devant un autre juge [1].

La Cour d'appel, d'ailleurs, n'est pas désarmée ; là encore, elle puise dans son droit d'évocation, franchement exercé, le moyen de réprouver de fâcheux écarts, de triompher de l'inertie ou du mauvais vouloir, de dessaisir régulièrement le magistrat qui compromet les intérêts publics et de déléguer un conseiller qui peut, à son tour, commettre un juge d'instruction. Que les Cours n'hésitent pas à user de leur prérogative, même à propos des moindres incidents : il n'y a pas de petites affaires quand de grands principes sont en jeu ; mieux vaut la solennité de l'évocation, que des expédients irréguliers de nature à créer des incidents fâcheux. Peut-être peuvent-ils quelquefois offrir certains avantages pratiques au point de vue de l'administration intérieure ; cela nous touche peu, et nous alarme presque ; en pareille matière il ne faut pas considérer ce qui est opportun et commode, mais ce qui est légal.

C'est précisément parce que ce droit d'évocation est le moyen le plus digne de retenir le magistrat dans le devoir de sa fonction, de suppléer au besoin à son insuffisance ou à sa faiblesse, que nous voulons le voir maintenu dans nos codes, et que nous nous inquiétons si vivement à la pensée que son emploi pourrait être subordonné au bon plaisir des procureurs généraux.

On ne saurait donc nous reprocher de prétendre soustraire le juge à la haute et indispensable surveillance des

---

[1] Faustin Hélie. — *Instruction criminelle*, t. VI, p. 309.

cours ; il faut que leur puissance soit souveraine et respectée de tous, mais il convient aussi que la juridiction du magistrat instructeur soit formellement reconnue.

Le rôle élevé des Cours, dans la pensée de ceux qui les ont instituées, ne consiste pas seulement à réprimer les infractions ou les irrégularités commises par le magistrat instructeur, mais à protéger l'intégrité de son pouvoir, à mettre ses attributions au-dessus de toute atteinte, à ne pas laisser altérer le caractère juridictionnel de sa fonction, à repousser, sans aucune espèce de compromission, des doctrines qui ne tendraient à rien moins qu'à livrer le juge à la discrétion du Parquet, à favoriser les funestes tendances que nous avons combattues dans le projet, à fournir des arguments à ceux qui rêvent de supprimer le droit d'évocation, sous le prétexte qu'on n'en fait pas usage.

C'est de la Cour que doivent venir les leçons, les exemples, les encouragements ; elle ne peut s'étonner que le juge, dans son isolement, dans l'instabilité de sa fonction, dans sa faiblesse vis-à-vis de l'accusateur, si fortement armé, et tenant dans ses mains la disgrâce ou la faveur, ne tourne les yeux vers elle, comme vers une puissance protectrice de ses droits.

C'est le plus bel hommage qu'il puisse rendre à une autorité qui est pour lui la représentation de la loi elle-même[1].

---

[1] Infrà, chap. VI, du droit d'évocation des cours d'appel.

CHAPITRE XII

Notre but serait atteint si les considérations qui précèdent contribuaient à signaler le véritable caractère de la loi nouvelle, à montrer combien ses auteurs se sont éloignés du point du départ, puisque, devant régénérer le Code d'instruction criminelle, issu à leurs yeux d'un pouvoir despotique, ils ont fini par supprimer, non pas à l'égard des inculpés, plus largement favorisés, mais au préjudice de l'universalité des citoyens, les garanties que ce pouvoir avait eu la sagesse de respecter.

L'expression aurait mal servi notre pensée si l'on nous supposait la prétention ridicule de revendiquer, au profit du juge d'instruction, un privilège d'infaillibilité, un pouvoir sans limites.

Personne plus que nous n'a le sentiment très humble des erreurs auxquelles il est exposé et ne comprend davantage l'utilité de soumettre ses actes au contrôle et à la contradiction.

Une haute surveillance venant non pas de l'accusation elle-même, mais des Cours indépendantes et souveraines, l'assistance d'un défenseur, la communication du dossier dans des conditions déterminées, le droit de réquisition et d'opposition devant la chambre d'accusation accordé au ministère public, à la partie civile et à l'inculpé : tout cela nous semble constituer un légitime progrès et répondre très largement à la nécessité de tempérer le pouvoir du magistrat, sans compromettre l'ordre social, en s'abandonnant aux séductions des idées novatrices.

On peut, sans être ennemi du progrès, discuter la valeur d'une réforme au lieu de l'accepter aveuglément, par cela seul qu'elle se nomme réforme ; sans doute, ceux-là mêmes qui devraient être voués par état à la conservation des lois ne doivent pas s'immobiliser dans une vénération intolérante, et se tenir au seuil des institutions humaines, comme ces gardiens jaloux prêts à frapper le profane qui oserait pénétrer dans le temple sacré ; mais ce serait un autre excès, plus dangereux encore, que de supprimer le respect des choses, et de livrer le sort de nos lois à la mobilité des opinions.

Sous le prétexte que tout changement a contre lui la coalition des abus, des préjugés et des intérêts, il semble que ce qui s'abrite sous le nom de réforme puisse passer partout à voiles déployées, comme le navire dont un pavillon complaisant couvre la cargaison suspecte.

Ce serait abuser de la trop grande patience du lecteur que de résumer nos propositions en amendements ; nous avons cherché à les exprimer avec assez de netteté pour éviter de leur donner une forme aussi solennelle.

Sans entrer dans les détails des réformes secondaires, nous avons considéré les divers éléments d'une information judiciaire :

Le magistrat du Parquet, auquel est confiée la défense de la société, et qui est exposé par cela même à faire une trop large part aux intérêts d'un ordre général et politique ;

La partie civile qui apporte dans la lutte des idées purement personnelles ;

L'avocat, qui, par le concours de son expérience, la loyauté de ses conseils, de sa parole, supplée à l'insuffisance de l'inculpé, mais que les ardeurs de la discussion et la recherche du succès peuvent entraîner au delà de son rôle ;

Le juge, dont la première vertu est une impartialité que rien ne doit troubler.

Puis à ses côtés ceux qui l'aident dans sa tâche :

La science, qui trahirait sa mission, si dans ses investigations indépendantes elle avait un autre souci que la découverte du vrai ;

La police, dont le devoir est d'obéir et d'assurer, par son courageux et intelligent concours, l'exécution des ordres de la justice.

I. — C'est à la société qu'il faut d'abord songer ; elle demande à être protégée ; il convient donc de répudier les dangereuses concessions qui sacrifieraient ses intérêts à ceux des inculpés.

Aux difficultés déjà si grandes que le magistrat rencontre pour déjouer la fraude, n'ajoutons pas de nouveaux obstacles.

Que l'assistance obligatoire du défenseur aux interrogatoires, aux dépositions ne vienne pas gêner la libre expression de la pensée des inculpés ou des témoins, arrêter sur leurs lèvres un aveu prêt à s'échapper.

Une communication prématurée de la procédure, des expertises, permettrait au prévenu, à ses complices restés libres, à des amis trop dévoués, nous ne voulons pas dire à l'avocat, de s'entendre, de concerter leurs réponses, et de faire disparaître les preuves.

II. — L'inculpé a droit à une égale protection ; assurons donc largement les légitimes prérogatives de sa défense.

Qu'aucun citoyen ne puisse, hors le cas de flagrant délit, être arrêté que sur l'ordre d'un magistrat.

Qu'il soit interrogé par le juge chargé de l'affaire dans les vingt-quatre heures à partir de l'arrestation effective et que cette obligation reçoive une sanction pratique.

L'interrogatoire, devant le commissaire de police, ne devra plus être qu'une constatation d'identité, et les aveux faits à ce moment ne pourront être opposés que s'ils sont confirmés.

L'inculpé sera d'office pourvu d'un défenseur après le premier interrogatoire.

Il sera confronté avec tous les témoins, et représenté dans les expertises.

Aucun acte d'instruction, demandé par des conclusions écrites, ne pourra être refusé.

Le juge qui lui aura été désigné ne pourra pas lui être arbitrairement enlevé.

Les pièces de la procédure seront communiquées au défenseur le plus souvent possible, au plus tard avant l'interrogatoire définitif, et ensuite entre les réquisitions du Parquet et l'ordonnance de clôture.

Un recours égal à celui du ministère public sera ouvert devant la chambre d'accusation contre toutes les ordonnances du juge, statuant soit sur des incidents de procédure, soit sur le renvoi, qu'il s'agisse de crime ou de délit.

Si l'innocence du prévenu est proclamée, il pourra être indemnisé de la perte de son travail.

Hâtons-nous enfin d'améliorer le régime des prisons ; que l'État se souvienne que le premier de ses devoirs est de ne pas traiter comme des malfaiteurs des inculpés présumés innocents.

III. — La partie civile, elle aussi, a des intérêts qu'il convient de sauvegarder.

Elle doit pouvoir saisir directement le juge d'instruction,

qu'il s'agisse de délits ou de crimes ; obtenir communication des pièces dans les mêmes conditions que l'inculpé, être armée d'un droit égal de réquisition et d'opposition, et poursuivre elle-même l'exécution des ordonnances de renvoi, en cas d'inaction du Parquet.

IV. — La science, consultée par la justice, s'inquiète de la situation fâcheuse où on la place souvent.

Empressons-nous de lui offrir les garanties qu'elle sollicite, les ressources qui lui font défaut.

Que la liste des experts soit arrêtée par les Cours, sur la présentation des facultés.

Que le juge et l'inculpé puissent au besoin choisir l'expert parmi les membres des corps savants.

Il y aura toujours deux experts dont l'un pourra être désigné par l'inculpé.

Celui-ci, s'il déclare accepter les conclusions du rapport, ne pourra plus les discuter ; s'il les conteste, il sera renvoyé devant une commission statuant en dernier ressort.

L'intérêt de la science, qui réclame la publicité des autopsies, devra être concilié avec le respect de la mort et le droit des familles.

La réforme consistera bien moins dans des mesures de défiance que dans l'amélioration des procédés scientifiques.

V. — Enfin la police, si dévouée, si courageuse, si intègre, oublierait volontiers, dans son zèle pour le bien public, que, dans les matières judiciaires, elle doit se contenter d'être l'auxiliaire de la justice ;

Que l'article 10 soit supprimé, au nom du grand principe de la séparation des pouvoirs ;

Que, loin de donner au préfet de police l'autorité d'un véritable juge d'instruction, on ne le considère que comme un officier de police judiciaire placé sous la surveillance des Cours ;

Que des prescriptions impératives accompagnées d'une sanction disciplinaire, viennent rappeler à tous les officiers de police, parmi lesquels nous voudrions voir figurer le chef de la Sûreté à Paris, l'obligation d'informer sur-le-champ la justice de tous les faits délictueux, d'exécuter ses mandats sans retard ni discussion et de lui rendre compte directement.

VI. — Toutes ces réformes apporteraient de sensibles perfectionnements à notre procédure criminelle ; mais le résultat se réduirait à bien peu de chose si au-dessus de tout on n'assurait l'indépendance du juge.

« Plus nous y avons réfléchi, *écrivait récemment un magistrat,* plus nous avons lu tout ce qui a été dit ou écrit sur la matière, plus nous sommes convaincu que la seule réforme sérieuse, la seule réelle, est l'indépendance du juge d'instruction entre deux parties luttant à armes égales [1].

A cet égard, le projet mérite bien des critiques ; il semble avoir marché au rebours du véritable progrès, à moins qu'on ne considère comme un perfectionnement d'absorber au profit du ministère public les droits dont étaient investis, non seulement les magistrats dans la personne des Cours et des juges d'instruction, mais aussi les simples particuliers.

Faut-il faire table rase de tout cela, comme s'il s'agissait d'usages démodés, incompatibles avec l'esprit autoritaire et centralisateur des gouvernements modernes ; est-ce désormais sous l'autorité du pouvoir ministériel que l'action populaire doit se plier.

La tendance est d'autant plus menaçante que le législateur, en même temps qu'il accroît l'autorité du Parquet vis-à-vis du juge, semble diminuer l'indépendance du Parquet vis-à-vis du Gouvernement.

---

[1] **Eyssautier**, conseiller à la Cour d'appel d'Alger, *Projet de loi sur l'instruction criminelle*, 1884.

On enseignait autrefois que si le pouvoir exécutif pouvait ordonner une poursuite, il n'avait pas le droit de contraindre le ministère public à la soutenir à l'audience.

Obligé de se conformer aux ordres qu'il reçoit, il devient ensuite, *selon l'expression de Teilhard*, l'homme de la justice, et les ordres supérieurs ne règlent plus ses conclusions.

Il est, *disait encore Regnaud de Saint-Jean-d'Angély*, le défenseur de la justice, et non de l'opinion du ministre [1].

D'autres personnes, au contraire, rêvent un ministère public soumis à toutes les exigences de la politique, n'étant dans son Parquet et à l'audience que le subordonné pur et simple du pouvoir central. Cette doctrine n'est-elle pas celle qui a obtenu l'approbation du Sénat?

Dans la séance du 7 juin 1882, le rapporteur répondait dans ces termes aux revendications de M. Oscar de Vallée :

Je ne suis pas de votre avis : le procureur général est soumis aux ordres du ministère de la Justice ; il n'est pas obligé, personnellement, de suivre ses ordres, cela n'est pas douteux; s'ils sont contraires à sa conscience, il peut se démettre de sa charge, mais tant qu'il est en fonctions l'écriture est serve, et il est obligé de prendre les conclusions qu'on lui impose; le procureur de la République, c'est le procureur général; le procureur général, c'est le ministre de la Justice; le ministre de la Justice, c'est le Gouvernement.

Devant le Corps législatif de 1867, une interpellation de Jules Favre à propos la démission de M. Séguier, avait déja posé cette question, et M. le garde des sceaux Baroche, repoussant le reproche d'avoir méconnu l'indépendance du Parquet, s'écriait avec indignation [2] :

Moi, j'aurais imposé à un procureur général ou impérial des conclusions dictées par moi ou dictées par un autre? jamais : je connais trop bien les règles judiciares, je suis assez vieux dans la carrière du palais et de la justice pour le savoir.

[1] Séance du Conseil d'État du 16 octobre 1804.
[2] L'incident Séguier. — Chez Décembre-Alonnier, 1869.

Cet hommage rendu dans des termes aussi nets à la liberté des conclusions du ministère public, même en matière politique, ne suffisait pas alors au libéralisme de la minorité de l'assemblée, et l'un de ses orateurs répliquait en son nom :

La loi est confiée à ces corps indépendants qui constituent l'ensemble de la Magistrature ; mais si vous ramenez toutes ses forces et toutes ses actions dans une seule main, qui est la main du pouvoir exécutif, on donne tout à M. le ministre, c'est-à-dire tout au Gouvernement : il arrive alors que nous sommes témoins de ce scandale de voir la loi appliquée : suivant l'opinion politique, aux uns, non appliquée aux autres. Vous transformez vos magistrats ; en commissaires, vous êtes vous-même leur chef suprême, et vous administrez sous le costume de magistrat[1].

Faudra-t-il donc nous reporter en arrière pour trouver une appréciation plus juste, un respect plus sincère de l'indépendance du Parquet, n'a-t-on pas le droit de s'inquiéter en voyant l'action publique dévolue sans partage aux procureurs généraux à l'heure où on prétend les absorber dans le Gouvernement lui-même.

Lorsque le rapport fut déposé en 1881, son honorable auteur ne semblait pas croire au danger imminent qui menaçait le principe de l'inamovibilité.

La réforme judiciaire, disait-il l'année précédente aux membres de la Cour

« Doit être l'amélioration des choses et non le renversement des hommes ; inamovibilité et justice sont deux idées liées et inséparables. »

Mais aujourd'hui que les faits sont venus donner un démenti à ces prévisions, il faut, plus que jamais, prendre garde de porter un nouveau coup à l'autorité morale du magistrat ; il serait fâcheux pour la considération dont nous voudrions le voir entouré, que l'opinion publique, justement alarmée, pût voir autre chose qu'une coïncidence acciden-

---

[1] Séance du 5 Avril 1869. **Ernest Picard.**

delle entre une loi suspendant l'inamovibilité et une réforme du Code d'instruction criminelle enlevant anx Cours, au juge d'instruction, des droits qui assuraient l'exercice impartial de l'action publique, pour en réserver au Gouvernement le monopole exclusif.

Il est donc plus que jamais indispensable de mettre les pouvoirs du juge et les garanties des citoyens à l'abri de toute atteinte.

Que les Cours étendent leur surveillance sur tous les agents de la police judiciaire.

Que le juge d'instruction cesse d'être un officier de police judiciaire, et ne soit plus qu'un magistrat soumis à l'action disciplinaire du droit commun, indépendant du procureur général, qui représente l'accusation, inamovible pendant la durée de ses fonctions.

Qu'il ne puisse être pris parmis les juges suppléants.

Que la répartition des affaires criminelles entre les juges soit faite comme pour les affaires civiles par le président du Tribunal.

Que le juge, une fois nominativement saisi, soit par le Parquet, soit par la partie civile, ait le droit, en l'absence de toute réquisition, d'atteindre au nom d'une justice impartiale tous les auteurs, tous les complices du fait dénoncé.

Que lorsqu'un offensé se plaint et se porte partie civile, le procureur de la République ne puisse lui fermer la porte de la chambre d'instruction.

Que la direction de l'information reste entre les mains du juge au lieu d'être partagée avec la chambre du conseil.

Qu'une sanction soit édictée pour garantir le retour du dossier communiqué au Parquet ou au garde des sceaux, et pour assurer l'exécution des ordonnances.

Ces vœux seront-ils entendus ? des opinions autrefois en honneur seront-elles répudiées ? les garanties que les libertés menacées, les droits méconnus, les intérêts lésés trouvaient dans les pouvoirs du magistrat, vont-elles disparaître, et le dernier terme de notre législation criminelle serait-il la subordination de la justice à l'action gouvernementale ?

Tout notre système politique, disait David Hume, et chacun de ses organes, l'armée, la flotte, et les deux chambres, tout cela n'est qu'un seul moyen pour atteindre une seule et unique fin, la conservation de la liberté des douze grands juges de l'Angleterre.

Nos législateurs n'ont peut-être pas les mêmes préoccupations, les doctrines opposées auxquelles il se sont ralliés, nous paraissent avoir trouvé leur formule dans cette maxime exprimée par le rapporteur lui-même :

L'État ne doit pas aux simples particuliers ses juges d'instruction[1].

Transformer les juges en agents du pouvoir, les placer quant à leurs fonctions de l'instruction sous la surveillance des procureurs généraux, confisquer l'action publique au profit de l'État, n'accorder le secours d'une information judiciaire qu'à des privilégiés, multiplier les précautions contre le juge, n'en prendre aucune contre le ministère public, est-ce le progrès, est-ce la réforme que suggère un amour véritable de la liberté ?

Le projet fait courir aux droits des particuliers, aux garanties judiciaires de très graves périls ; certaines personnes ne voyant qu'un de ses côtés, les droits concédés aux prévenus, les entraves apportées aux recherches, se diront : la loi désarme le juge, compromet son pouvoir, énerve son action, affaiblit le prestige des corps judiciaires, donc la loi est libérale ! Elles ne songent pas au reste, qui est le plus important, elles ne voient pas, dans leur aveugle satisfaction, que si on compromet l'autorité du juge vis-à-vis des inculpés, on la compromet bien davantage en face du pouvoir ministériel.

[1] Séance du 10 Mai 1882, p. 441.

Sommes-nous donc si loin du temps où Royer-Collard disait :

La Magistrature doit être une institution gardienne des droits de la société et capable de rendre un long gémissement quand elle est frappée (1824).

Dans les états monarchiques, où les institutions offrant une plus grande force de résistance, conservent mieux leurs prérogatives, on a compris cependant la nécessité de mettre l'indépendance du juge au-dessus de toute atteinte. A plus forte raison a-t-elle besoin d'être garantie sous le régime des idées démocratiques, lorsque l'influence des personnes, les intrigues des partis, les prétentions des corps électifs, interviennent parfois dans les affaires publiques.

On a dit bien souvent que l'indépendance et la fermeté du juge, utiles sous tous les régimes, étaient plus nécessaires encore sous la République [1].

N'est-ce pas la magistrature qui constitue dans l'ordre moral l'obstacle le plus sérieux aux coups de la force, aux attentats contre la loi.

Les gouvernements qui ont compris sa mission, n'ont-ils pas été les premiers à reconnaître qu'ils s'affaiblissaient eux-mêmes en amoindrissant son autorité.

N'ont-ils pas, dans l'intérêt du pays, su plus d'une fois contenir le ressentiment que sa résistance légale avait pu leur inspirer.

Dans le retentissant procès auquel donna lieu en 1868 la souscription ouverte pour élever un monument au représentant Baudin, tué sur une barricade, le 3 décembre 1851, Jules Favre, évoquant dans un mouvement de sa merveilleuse éloquence, l'image des grandes idées que la justice symbolise, et le souvenir d'un arrêt historique de la Haute Cour ne s'écriait-il pas :

---

[1] Picot, la *Magistrature et la Démocratie,* 1884.

Ce sont les enseignements que le peuple préfère ; ce sont ceux que la justice couvre aussi de sa majestueuse inviolabilité, et si j'avais dû vous parler de toutes ces choses, je vous aurais rappelé que quelques-uns d'entre vous sont nos complices, et que si l'on n'a pas touché à leur robe, c'est que l'arbitraire s'est arrêté devant la justice[1].

Indépendance et justice sont deux grandes idées que l'instinct populaire aimera toujours à associer ; le magistrat soupçonné de rendre des services, lui semble digne de tout son mépris ; une réprobation que, ni les palinodies du lendemain, ni les indulgences de l'histoire, ne parviennent à effacer, poursuit à travers les âges celui qui, investi d'une fonction, dont la violence seule semblait pouvoir le dépouiller, la livre lui-même pour la satisfaction d'une vulgaire ambition, à la discrétion d'un maître ou aux appétits de la politique ; les enseignements du passé l'attestent ; c'est surtout par leur courage, par la fierté de leur langage en face d'un pouvoir, pour lequel cependant ils eussent versé jusqu'à la dernière goutte de leur sang, que des magistrats de la vieille France sont restés légendaires ; au contraire les noms qui ont eu le malheur d'être mêlés à des œuvres d'iniquité ou de violence, à de honteuses transactions, resteront éternellement pesants sur les familles condamnées à en recueillir le fatal héritage.

Ces sentiments, ont rarement rencontré des contradicteurs, les écrits des moralistes, les discussions des assemblées, les déclarations des gouvernements eux-mêmes, fourniraient d'inépuisables citations pour prouver qu'ils sont de tous les temps et de tous les régimes.

Sans doute on a vu quelquefois des hommes ne se souvenir de la légalité, de l'indépendance de la magistrature, du respect dû à la justice, que le jour où ces grands principes, dont ils se souciaient assez peu quand ils étaient

---

[1] *Revue des grands procès contemporains*, par M. Lèbre, 1868.

au pouvoir, devenaient entre leurs mains des moyens d'opposition ; ces tardifs hommages rendus à la vérité ne sont pas à dédaigner, mais nous préférons le sentiment unanime, désintéressé, instinctif, des peuples qui leur fait toujours trouver dans la fixité du droit, dans la séparation des pouvoirs, dans l'autorité du magistrat, les plus précieuses garanties des libertés civiles : *per libertatem lex, quod sub lege libertas.*

Le législateur est donc sûr de répondre aux aspirations les plus universelles et les plus généreuses en multipliant les garanties autour de l'indépendance du juge ; certes, s'il est un magistrat pour qui il convienne de les réclamer, n'est-ce pas celui qui, en même temps qu'il a le droit de disposer de l'honneur, de la liberté de ses concitoyens, est plus exposé à subir l'action du pouvoir central.

Les esprits éclairés qui participent à la préparation de nos lois comprendront que le respect des institutions ne peut que gagner à voir fortifier l'autorité du juge, par un accroissement de sa liberté ;

J'aimerais mieux pour lui, pour la justice dont il est le ministre, *disait l'homme d'État que nous citions tout à l'heure,* l'abus possible de l'indépendance que les conséquences certaines de la subordination [1].

Nous espérons que la Chambre ne suivra pas le Sénat dans un vote contraire à de grandes idées. On doit considérer comme un heureux présage le choix du rapporteur qui, cette année, déposait un projet de loi pour rappeler la préfecture de police à l'observation de la légalité, et en 1880, en 1883, avait eu le courage de déclarer que, malgré les efforts des pouvoirs, qui avaient voulu les asservir, les magistrats étaient demeurés intègres et soucieux avant tout de leur devoir et de la loi.

---

[1] Jules Favre. — *Réforme judiciaire.*

C'est sans doute sous l'influence de ces idées que déjà la commission de la Chambre a manifesté des tendances plus libérales, a restitué aux Cours les prérogatives dont le Sénat les avait dépouillées et au juge le droit d'instruire à l'égard des complices sans être obligé d'attendre les réquisitions du Parquet.

Dans un discours de rentrée que nous avons eu souvent l'occasion de citer, car il a été le précurseur de la réforme, le chef du Parquet de la Cour de Paris débutait en disant :

Le temps n'est plus où les gouvernements obtenaient, au nom d'un principe, droit divin ou souveraineté du peuple, un respect souvent aveugle pour les rouages de leur organisation. A l'heure où nous sommes, tout peut être librement discuté, il n'y a plus de piédestal qui élève hommes ou choses au-dessus du contrôle.

Nous espérons qu'il y a dans ces appréciations un accent trop découragé, et que le pays, malgré des symptômes inquiétants, est encore capable d'observer vis-à-vis d'une institution, longtemps gardienne de ses droits, cette loi du respect dont un magistrat disait, dans un autre discours, que sans elle il n'est pas un État qui ne porte dans son sein le germe d'inévitables convulsions[1].

Si, au milieu de bien des ruines, il y a encore un piédestal qui n'ait pas été complètement renversé, dominant les entraînements des foules, les caprices de l'opinion, l'instabilité des événements, que ce soit celui sur lequel nous voudrions voir se dresser une justice assez forte pour protéger nos droits, assez indépendante pour mériter notre confiance.

[1] 1873, M. l'avocat général Benoist. Cour de Paris.

6476. — Tours, imprimerie Rouillé-Ladevèze, rue Chaude, 6.